대한
민국의
정의를
묻다

특혜국가와 적폐청산

대한
민국의
정의를
묻다

김광기 지음

21세기북스

그 어떤 것으로도 때를 만난 아이디어를 막을 수는 없다.
One cannot resist an idea whose time has come.

빅토르 위고(Victor Hugo)

차례

다소 긴 서론:
순실증을 앓는 그대에게

유시민의 《노무현은 왜 조선일보와 싸우는가》라는 책 머리말에는 〈딴지일보〉 김어준이 했다는 말이 나온다.

"우리는 대단히 편파적이다. 그러나 편파적이 되는 과정은 대단히 공정하다."

대단히 공감 가는 말이다. 그럼에도 나는 이렇게 말하고 싶다.

"나는 대단히 공정하다. 그러나 그러다 보니 그 끝에는 편파적이 될 수밖에 없었다."

그 말이 그 말 같아 보일 수 있겠지만 엄밀히 다른 말이다. 김어준의 말은 논리학에서 연역적인 방법을 택한 것이고 내 말은 귀납적이기 때문이다. 쉽게 이야기하면 김어준의 말은 두괄식, 내 말은 미괄식 정도로 풀어 쓸 수 있겠다. 그는 시작할 때 중요한 것이 편파성이라고 밝혔고, 나는 마치는 시점에 중요한 것이 편파적인 것이라고 말하고 있기 때문이다. 그러나 이런 말들에 대해 가타부타 따지는 것은 지금 그리 중요하지 않다. 귀납이냐 연역이냐가 내 중요한 관심사가 아니고 나는 상식이 무엇인지, 진리가 무엇인지에 대해 꽂혀 있기 때문이다. 물론 김어준도 나와 비슷하게 생각하리라고 짐작만 할 뿐이다.

진리에는 편파가 공정

편파적이라는 말은 원래 어느 한쪽에 치우쳐 공평함을 잃는다는 뜻이기 때문에 흔히 부정적으로 사용된다. 때문에 누군가는 '편파적'이라고 하면 부정적으로 볼 수도 있다. 그러나 어쨌든 나는 그런 부정적인 시각에 아랑곳하지 않는다. 대신 할 수만 있다면 그저 대놓고 진리에 편파적이고 싶다. 진리에 편파적이지 않다면 오히려 공정하지 않다고 믿기 때문이다. 즉, 진리가 아닌 것을 편파적으로 대하는 것은 불공정하지 않고, 그야말로 공정하고 공평하다는 뜻이다.

그러나 결코 편파에서부터 출발하고 싶지 않다. 시작이 편파적이라면 분명 불공정한 것이다. 편파적으로 시작하면서 그 와중에 아무리 공정하려고 애써봤자 십중팔구 불공정 시비가 불거지기 쉽다. 설사 불공정 시비까지는 아니더라도 진리와는 살짝 비켜서 곁길로 빠질 가능성도 크다. 그런 시비에 휘말리고 싶지도, 또 곁길로 새고 싶지도 않다. 내가 사회학자로 오랜 시간 훈련을 받아서일 것이다. 그렇다고 현상을 볼 때 항상 자신의 가치로부터 자유로워야만 한다는, 즉 '가치자유(value free)'를 견지해야 한다고 믿는 베버리안(베버Max Weber의 학풍을 따르는 학자)으로 치부되길 원치 않는다. 단지 어떤 현상을 바라볼 때, 연구를 진행하는 동안만은 개인적 가치관을 잠시 미뤄두고 그 가치관에서 자유로운 상태, 즉 앞서 말한 공정한 상태에서 사태와 사물을 봐야 탐구에 유익하다고 믿을 뿐이니까.

공정하다 보니 편파적이게 되었고, 진리에 편파적이어야 한다고 말하는 가장 큰 이유는, 진리란 흔히 생각하듯 복잡하지 않고 아주 단순하다고 믿기 때문이다. 확실히 진리는 애매모호하지 않고 명쾌하다. 그래서 어른들보다는 때 묻지 않은 어린아이들이 더 쉽게 진리를 알아차리고 그래서 진리에 더 가깝다. 오히려 나이 들고 많이 배운 사람들일수록 진리와 덜 친하고 진리에서 멀리 떨어져 있다. 굳은 머리는 백발과 긴 가방끈으로 멋지게 포장될 뿐, 그 속에서 밖으로 내는 생각들은 십중팔구 진리와는 거리가 멀기 때문에 실상은 악취가 진동한다. 세파를 통해 얻은 경험이란 아무리 사탕발림을 해도 맹신과 옹고집일 뿐 진리와는 거리가 멀 공산이 크다. 이를 두고 견강부회(牽强附會)라 한다던가, 아니면 확증편향이라 한다던가. 오랜 경륜과 평생을 통해 습득한 지식이란 그것을 쌓은 나이만큼 흠집투성이의 노안으로 변해 진리를 제대로 보질 못하게 가리는 경우가 많다. 사물을 제대로 보기에는 노안은 거추장스러운 장애물일 뿐이다.

물론 그렇지 않은 사람들도 있다. 배우면 배운 만큼, 나이 들면 든 만큼 진리와 가까운 사람들도 있다. 그러나 그런 원숙한 어른 또는 현자들의 특징은 어린아이만큼 순백인 영혼을 지니고 있다는 것이다. 그들은 말을 복잡하게 배배 꼬지 않는다. 어쭙잖은 상황논리로 사람들을 헷갈리게 하지도 않는다. 본 것을 본 대로 들은 것을 들은 대로 담백하게 전할 뿐이다. 마치 어린아이들이 거짓말을 잘 하지 못하듯 말이다. 반면 어른들은 거짓말 선수다. 거짓말은 어른들의 전유물이다. 그들에게 유일한 진리가 있다면 바로 그들이 거짓말을 밥 먹듯 능수능란하게 하고 있다는 바로 그 사실이다. 더 웃긴 것은 그들이 늘어놓는 거짓말은 하면 할수록 스스로 진실이라 믿게 된다는 점이다.

그러나 거짓은 거짓일 뿐 결코 진리가 될 수 없다. 만일 우리가 진리의 편에 선다면 우리는 거짓과 진리를 단박에 구분할 수 있다. 거짓은 진리의 반대이기 때문이다. 거짓은 헷갈릴 정도로 복잡하며, 반면 진리는 지나치게 단순하고 명쾌하다. 거짓은 변명과 토를 달지만 진리는 토를 달지도 변명하지도 않는다. 거짓은 늘 우회하며, 진리는 직진한다. 거짓은 위장하고 가장하지만, 진리는 늘 맨얼굴이다. 거짓은 세련되어 보이지만, 진리는 투박하다. 거짓은 세를 규합하려 들지만, 진리는 단독자로 당당히 나선다. 그러나 진리는 사람과 사람 사이를 통한다. 반면 거짓은 절대로 통하지 못한다.

진리가 아닌 것은 복잡하고 추상적이며 처음에는 매우 그럴듯해

보이지만 잠시만 지나면 심히 역겹고 반드시 구토를 유발한다. 모 아니면 도일 뿐 그 중간은 없다고 나는 믿는다. 회색지대는 거짓만큼 구차하고 치졸하다. 회색지대는 그래서 사실 거짓과 한통속이다. 회색지대는 거짓보다 더 교묘하며 그래서 어쩌면 거짓의 본류라 할 수 있다. 그래서 나는 진리에 관한 한 중도는 없다고 믿는다. 진리 편에 섰을 때 진리가 아닌 편에서는 편파적으로 보일 것이다. 그렇다고 해서 그 '편파적'이라는 비판을 피하고자 애매하게 중간에 선다면 이미 진리의 반대편에 선 것이나 다름없다. 공정하게 시작해서 진리에 이르면 진리에 편파적이어야 하는 것은 매우 당연하다. 다시 말하지만 그런 의미에서 그 사이의 중간은 없다. 그러나 진리, 즉 최종으로 편파에 다다르기까지는 대단히 공정하도록 죽을힘을 다해 애써야 한다.

　물론 거기에 문제는 있다. 한계를 지닌 인간인 이상, 어쩌면 시작과 끝의 전 과정을 공정에서 시작해 공정하게 마친다는 것은 매우 어려운 기획이다. 그러나 어렵다고 해서 애초부터 포기하고 팽개칠 수는 없다. 포기는 불가능을 전제로 한 게으름이요, 핑계이며, 동시에 비겁이다. 한계가 있건 없건, 가능하건 불가능하건 따지기보다는 부딪쳐 시도해야 한다.

공정함의 전제는 의심과 회의

　탐구에 있어 공정함을 잃지 않는다는 의미는 과연 무엇일까? 끊임없는 의심과 회의라고 생각한다. 즉 진리 추구에서 공정함 유지가 관건이라고 동의한다면, 아무리 진리가 단순하다 해도 그저 순진하기만 하면 진리에 무조건 다다른다는 생각을 버려야 한다. 그것은 오산이다. 순백의 영혼을 지니되 의심해야 한다. 진리는 단순하다고 믿고 한없이 단순해져야 하되, 동시에 공정함에 만전을 기해야 진리에 도달할 수 있다. 진리에 안착하려면 먼저 공정해야 하며, 공정하려면 의심하고 회의해야 한다. 의심과 회의라는 긴장의 끈을 한시라도 늦추면 결코 공정할 수도 없고, 또 진리에 다다를 수도 없다.

"뱀처럼 지혜롭고 비둘기처럼 순결하라!"

예수 그리스도의 말씀이다. 진리에 이르려면 지혜(의심)와 순결(단순함) 중 어느 것도 따로 놀게 해서는 안 된다. 둘 중 하나 어느 것도 소홀히 해서는 안 된다. 그 두 개가 반드시 병렬을 이루어야 한다. 그렇지 않으면 비진리에 당한다. 거짓에 속고 만다. 비진리에 서 있으면서도 자신이 비진리가 아니라 진리 편에 서 있다고 확신하는 순진한 이들이 여기에 속한다. 그들에게 결여된 점이 바로 의심이 없다는 것이다. 그러니 아무 생각 없이 아무 의심 없이 비진리를 진리로 받아들이는 것이다. 진리로 가기까지 진리로 확증될 때까지는 쉼 없이 의심해야 한다. 그러니 한편으로는 눈을 크게 부릅뜨고 지혜를 발동해 회의해야 한다. 동시에 다른 한편으로는 순백의 영혼을 지니고 있어야 한다. 그러면 어떠한 가장(假裝)이라도 정곡과 의표를 찌를 수 있고, 그 위선의 가면을 벗길 수 있다.

그것이 온전히 작동한다면 소위 '선한 의지'나 '통섭'으로 가장한 섞어찌개는 어불성설이라는 사실쯤은 능히 알게 된다. 도대체 이 세상에 선한 의지가 어디 있나? 의지와 의도만이 분명히 존재할 뿐. 거의 대부분의 사람은 그 진짜 의도를 들통나지 않게 반드시 감추려 든다. 모두가 자신의 의지와 의도는 선하다고 하면서. 물론 결과적으로 그 의지가 선하다고 판명되는 경우도 아주 없지는 않다. 그러나 어쨌든, 하릴없이 당하지 않고 살기를 바란다면, 처음부터 선한 의지를 가정하고 사는 것이 그리 현명한 처사는 아니다. 그렇게 하기보다는 조금 못돼 보이고 또 피곤하기는 하지만 "의도(저의)가 무엇이지?" 하고 의심하고 살아야 상책이다.

나는 데카르트(René Descartes)의 모든 사상에 동의하지 않는다. 그러나 데카르트가 말한 학문하는 방법에 대해서는 경청할 필요가 충분하다고 생각한다. 데카르트가 주장하는 학문하는 방법의 요체는 바로 "모든 것을 의심해야 한다(de omnibus dubitandum)"이다(Descartes, 1962). 그래서 데카르트가 말한 "나는 생각한다 고로 존재한다(cogito ergo sum)"는 원래 "나는 의심한다 고로 존재한다(dubito ergo sum)"로 바뀌어야 한다. 의심과 비판적 사고는 학문의 정수다. 유사 이래 학문하는 자들이 전가의 보도처럼 휘둘러오던 칼이다. 그 칼에 맞아 비진리는 철저히 난도질당한다. 학문 간의 대화를 이야기하는 통섭(나는 그것이 실제로 가능하다는 데 매우 회의적이지만)에도 의심과 비판은 반드시 전제되어야 한다. 그렇지 않으면 학문의 근처에도 가지 못한다. 회의와 비판 없이는 학문도 지성도 가능하지 않다. 만일 그것이 가능하다면 우선적으로 모든 사회학자들은 실직자가 되고 말 것이다. 사회학자들이 하는 일이라는 게 어떤 현상의 가면을 벗겨내는 것이기 때문이다. 의심하고 딴죽을 거는 것. 그것이 사회학자의 본연의 일이니까.

무의심이 빚은 박근혜·최순실 국정농단 게이트

그런데 일상생활조차 의심과 비판 없이는 가능하지 않다. 특히 민주주의는 의심과 비판 없이 불가능하다. 그 단적인 예가 박근혜·최순실 국정농단 게이트로 직격탄을 맞은 요즘의 대한민국이다. 대다수 대한민국 국민은 아무런 의심도 비판도 하지 않고 있다가 마른하늘의 날벼락을 맞고 혼비백산, 그리고 자존심은 땅바닥까지 내려갔다. 자신들이 뽑았던 위정자에 의해 철저히 당한 배신이니 굴욕도 이런 굴욕이 없다. 금과옥조처럼 여기던 민주주의는 산산조각 나버렸고 분노와 한숨만이 교차한다. 심지어 화병까지 나버렸다.

"도대체 이게 나라냐?" 어떤 특별한 사람들, 이를테면 골수 반체제 인사들이 내뱉은 말이 아니다. 평범한 국민들이, 보통의 시민들이 광장으로 쏟아져 나와 내뱉은 말이다. "염병하네!" 불량배들의 입에서 나온 말이 아니다. 이 나라에서 매일매일의 삶을 살아가고 있는 일반인들의 입에서, 최순실을 바라보던 청소부의 입에서 터져 나온 말이다. 오죽했으면 저런 탄식들이 나왔을까. 국민들은 철퇴를 맞았다. 믿는 도끼에 발등이 찍혔다. 너무 믿어서 아무 의심 없이 살아왔는데, 한없이 분하고, 한없이 한심하고, 한없이 어이가 없어서 쏟아낸 말들이다. 그 정도로 대한민국의 민주주의, 그리고 국가와 국민의 품격은 치명적인 손상을 입었다. 국민들의 자존심은 시궁창에 처박혔다. 어떤 이들은 국민들의 이런 상처를 '순실증'이라고 했다. 우울, 허탈, 무기력 그리고 분노 등이 지금 대한민국을 강타하고 있다.

그런데 나는 한편, 솔직히 잘되었다고도 생각한다. 행동하기 전에 생각하라는 교훈을 받아들이지 않고, 아무 생각 없이(비판적 사고 없이) 무턱대고 확신하고 행동하면 이렇게 큰 낭패를 본다는 것을 대다수 국민이 뼈저리게 깨달았다고 생각한다. 수업료치곤 매우 비싼 수업료를 치르고 있는 셈이다. 먹고살기도 힘든데 추운 겨울 주말마다 길거리에서 도대체 무슨 생고생이었단 말인가.

배우면 무엇 하나? 가방 끈이 길면 무엇 하나? 아무 생각 없이 믿고 살다가 믿는 그 도끼에 발등이 찍혔는데…. 대한민국 국민이 '헛똑똑이'였음이 만천하에 드러났는데 학식 따위가 뭐가 중요하단 말인가. 이 나라의 민주주의가 그 밑동부터 썩어 삭아가고 있었는데 짐작조차 못했었다니 말이다. 결국 맥 놓고 아무 의심도 하지 않고 행동부터 하다간 이렇게 치도곤이 나고 만다. 민주주의는 처음부터 의심, 끝까지 의심이다. 권력에 대한 감시와 감찰 없이는 결국 도리어 국민이 감시와 감찰의 대상이 되고 만다. 권력자들의 봉이 되고 만다.

조폭 박근혜·최순실 정부 그리고 조폭재벌

나는 박근혜 정권을 조직범죄(organized crime) 폭력집단으로 본다. 삼성을 비롯한 재벌총수들도 그렇게 본다. 왜일까? 그들이 한 행태가 조직범죄 폭력집단과 별반 다르지 않기 때문이다. 조직범죄란 여러 사람이 한 지도자 또는 지도 집단의 지시하에 위법행위로 돈과 이익을 취하는 행위를 말하며, 그런 범죄집단을 범죄조직 또는 조직폭력배라고 한다. 박근혜와 최순실 그리고 우리나라의 내로라하는 재벌총수들은 모두 조폭두목처럼 수단과 방법을 가리지 않고 돈과 이익을 탐했다. 그것도 매우 조직적으로, 그리고 매우 교활하게.

조직폭력배들은 매우 잔인하게 폭력을 행사한다. 그들은 다른 사람의 저항할 의지를 꺾고 자신의 의지를 관철할 수 있는 막강한 힘을 가지고 있다. 베버는 이를 권력(power)이라 칭했다. 박근혜는 그런 권력으로 전횡을 마구 휘둘렀고, 재벌들은 돈을 통해 그 권력을 사유화하며 초법적 위치에서 마음대로 행동할 수 있었다. 그래서 세금을 내지도 않고 경영권을 물려받을 수도 있고, 삼성처럼 명백한 범법행위가 밝혀졌어도 79년 동안 총수가 한 번도 구속되지 않았으며, 감방에 구속된들 원포인트 사면을 받을 수 있다. 허술한 국민 위에 박근혜라는 정치권력, 그 위에 삼성 등의 재벌이 있는 것이다. 말하자면 국민 머리 위에서 각종 조폭들이 활개를 폈던 것이다. 그래서 박근혜·최순실 국정농단으로 박근혜 정권과 재벌들의 실체를 알게 되어 화가 난 국민들 입에서 "이게 나라냐!"라는 한탄이 나오게 된 것이다.

그런데 이 대목에서 조금 우울한 이야기를 해야겠다. 아니 할 수밖에 없다. 그것은 바로 국가란 원래 태생이 폭력조직이라는 사실이다. 흔히 우리가 생각하는 고상한 이미지로서의 '국가(state)'에 대해 이런 식으로 말해서 그 허상을 철저히 허물어뜨렸던 학자는 여럿 있다. 예를 들면, 트로츠키(Leon Trotsky)나 베버 등이다. 그러나 여기선 미국 펜실베이니아 대학의 사회학자 콜린스(Randall Collins)의 이야기를 소개한다. 그는 "국가란 총과 여타 무기들을 사용할 준비가 된 사람들로 구성"되었다고 이야기한다. 또 국가란 "경찰과 군대" 없이는 불가능하다고 말한다. 종합하면, 국가란 무기로 무장한 경찰과 군대를 가진 폭력집단이라는 것이다. 물론 대부분의 경우 무기는 국가가 독점한다. 특히 현대국가일수록 무기를 국가가 독점할 것을 강력히 요구하는 경향이 있다. 어쨌든, 폭력에 기반한다는 점에서 콜린스는 국가나 범죄집단이나 별반 다르지 않다고 본다(Collins, 1975: 351-352).

국가가 원래 폭력조직이라는 주장은 약간은 과격해 보일 수 있지만 그리 낯설지만은 않다. 우리는 공권력이라는 말을 자주 들어왔기 때문이다. 사실 그 공권력이라는 말이 바로 폭력이다. 그러나 우리는 대부분 공권력에 대한 반감이 그리 크지 않다. 공권력이란 원래 공적인 목적을 위해 사용한다고 믿기 때문이다. 그래서 우리는 공권력을 용인할 뿐만 아니라 심지어 바람직하다고 생각한다. 공적인 목적에 사용되는 공권력이 곧 나의 안위를 위해 사용된다고 등 치시키면서 말이다. 즉 내가 불이익을 당할 때, 부당한 대우를 당할 때, 또 내가 위험에 처할 때 국가가 나서서 나를 위해 그 공권력을 동원해 나에게 도움을 줄 것이라고 믿는다. 그래서 국가의 폭력을 은연중 눈감아주고 용인하며, 심지어 그것이 폭력인데도 폭력으로 간주하지 않는 경우가 허다하다.

그런데 국가가 나를 위해서가 아니라 나를 위협하기 위해 공권력을 사용하고 최고권력자의 사익을 위해 사용한다고 생각하니 시쳇말로 '빠친' 것이다. 분노한 것이다. 공적인 목적으로 사용된다면 폭력도 공권력으로 기꺼이 미화해 부르며 허용하리라는 마음이 싹 가신 것이다. 공적인 조직으로 생각했던 정권이 하나의 사적조직으로, 일개 범죄집단이 되어버려서 더는 참을 수 없다는 게 국민들의 지배적인 생각이다. 박근혜와 최순실이 벌인 막장드라마에 그동안 잠자던 모든 감각이, 모든 의식이 마침내 기지개를 펴고 깨어난 것이다. 확실히 박근혜의 통치는 조직범죄다. 국민들이 박근혜를 믿고 의심하지 않고 마음 놓고 있는 동안 악랄한 조폭의 얼굴로 국민을 통치했으며, 국민을 갈취했으며, 국민들을 철저히 기만했다. "이게 나라냐!"라는 한탄은 바로 조직폭력배 범죄집단인 박근혜 정부를 두고 하는 말이다.

나는 국가가 더 나아지는 걸 바라는 것도 아니다. 어차피 국가는 폭력조직이다. 그러나 적어도 자잘한 조폭집단이 되어서는 결코 안 된다. 국가가 소소한 사익을 추구하는 범죄집단이 되어야 하는가?

그것은 결코 용인할 수 없다. 국민이 국가의 폭력을 허용하는 이유는 다시 말하지만 바로 국민의 안위를 위해 행사하고, 권력자의 사익을 위해 행사하지 않는다는 조건하에서다. 아마 국민들도 나와 동일한 의견일 것이다.

그러나 그 선을 넘어도 한참 넘었음을 대다수 국민이 알았다. 그래서 국민은 광장으로 쏟아져 나왔다. 진보와 보수, 좌와 우, 남녀노소, 지역, 학력차 등을 가리지 않고 뛰쳐나왔다. 최소한의 상식조차 거스른 국가폭력 앞에 촛불을 들었다. 촛불 든 외침은, 침몰한 배에 어린아이들이 갇혀 죽든 말든 전혀 관심도 없으며 먹고살게 해달라며 부르짖는 농민들에게 물대포를 쏴대고 거기에 맞아 숨을 거둔 농민의 시신마저 탈취하려 드는 공권력을 더는 묵인할 수 없다는, 가위 눌린 신음이다. 꽃이 채 피기도 전에 일본군에 개처럼 끌려가 순결한 몸과 정신이 갈기갈기 찢겨진 일본군 위안부 할머니들을 일본 정부 대신 알량한 푼돈으로 무마하려 드는 정신 나간 폭력을 단호히 거부한다는, 한 맺힌 목소리다. 국민들의 안위는커녕 오로지 자기 자신과, 오랜 시간을 같이 보낸 친구와 그 딸의 안위와 축재, 그리고 아버지의 명예에만 관심이 가 있던 그런 야비한 폭력과 공권력에 치욕을 느끼다 못해 허탈함에 시달리다 길거리로 쏟아져 나온 것이다.

대한민국을 미개사회로 전락시킨 박근혜와 그 부역자들

　국가와 조직범죄집단은 둘 다 폭력에 기반한다는 점은 같으나 그 유일한 차이점은 폭력을 담당하는 기구의 규모에 있다. 국가는 대규모의 공적인 정식기구를 지닌 반면, 조직범죄집단은 그렇지 못하다. 즉 조폭들의 폭력은 매우 사적이며 규모도 작다. 그래서 조폭들의 폭력은 매우 자잘한 이권에만 집착한다. 조폭들 사전에는 공적 이익의 도모란 없다. 그런 의미에서 대규모의 "관료조직이 형성되지 못한 사회[미개사회]에서는, 사적폭력[범죄]과 정치[국가]는 사실상 동일하다"고 콜린스는 말한다(Collins, 1975: 352, 대괄호는 저자 삽입).

　내가 박근혜 정권을 조폭이라고 말한 이유를 콜린스가 잘 설명하고 있다. 박근혜는 우리나라를, 우리나라의 민주주의를, 우리나라의 공적시스템을 완전히 무력화했다. 그래서 온전한 관료시스템과 행정시스템이 존재하지 않는 일개 미개사회로 전락시켜버렸다. 그렇게 된 것은 그녀의 탐욕 때문이고, 그녀와 한 몸통이기도 한 최순실의 탐욕 때문이다. 최고권력을 잡은 이가 그 권력으로 행사할 수 있는 공권력을 자신과 그 한통속인 일당의 탐욕을 채우는 데 사용했다. 그 결과 국가를 아무런 공식시스템도 없는 일개 미개사회로 왜소화해 국가와 국민을 철저히 능멸했다. 완전한 국민 기만이요 국가내란 사태다. 그렇게 무력화된 국가의 공적시스템은 제대로 작동하지 않았다. 만일 제대로 작동되었다면 이런 국정농단 사태는 벌어지지 않았겠지만, 그럴 기미가 조금이라도 보였다면 그전에 박근혜 일당들에게 분쇄되었을 것이다. 결국 국가의 공적시스템은 와해되고 관료들은 조폭 박근혜 정권의 부역자가 되어버렸다. 그 하수인이자 일당이 되어버렸다. 아뿔싸. 시스템이 제대로만 가동되었더라면, 박영수 특검처럼 말이다.

조폭들은 돈 되는 일이면 무엇이든 한다. 큰일 작은 일 가리지 않는다. 조폭이라고 큰 이권사업에만 개입하지는 않는다. 잡범이 하는 작은 이권에도 눈이 벌겋게 달려들어 싹쓸이한다. 최순실이 건드린 그 수많은 이권사업을 떠올려보라. 그렇다면 삼성이 한 일은? 재벌인 그들이 저지른 일은 박근혜·최순실과 다를 바 없다. 그러니 재벌도 조폭집단이다. 세금 한 푼 안 내고 경영권 승계하려고 벌인 일이 최순실 딸에게 말 사주고 미르와 K스포츠재단에 뒷돈을 주고 퉁친 일이다. 대삼성의 사장이 독일까지 건너가서 별짓 다 했다. 그런데 감히 누가 삼성을 글로벌기업이라고 나발을 부는가. 그런 파렴치한 잡범 짓을 했기에 삼성의 부회장 이재용이 쇠고랑을 찼는데, 글로벌기업의 총수가 쇠고랑 찬 모습이 전 세계에 나가면 기업 가치 손실이 만만치 않다고 누가 감히 헛소리를 늘어놓는가. 기업 가치가 떨어질 짓을, 체면 구길 짓을 누가 했나. 특검이 했나? 이재용과 삼성이 했나?

그런 비열한 위법행위가 과연 글로벌기업의 명실상부한 제1인자가 할 짓인가. 그런데 왜 그랬을까? 모두 다 자신의 이익을 싼 값을 치르고 확보할 수 있다는 얄팍한 셈 때문이다. 그리고 그렇게 하더라도 자신은 절대로 감옥에 가지 않게 보험을 든든히 들어놨다는 자만심 때문이다. 이재용 같은 재벌들에게는 체면이고 명분이고 그 무엇도 안중에 없다. 물론 법과 국민은 애초부터 전혀 고려 대상이 아니다. 마치 똥파리가 똥을 향해 돌진해 그 얼굴을 마구 파묻듯, 그저 이익이 생기는 곳이라면 결사적으로 물고 떨어지지 않는 것이 바로 조폭이고 박근혜·최순실이고 이재용을 비롯한 재벌들이다. 그들에게는 있는 것은 오로지 탐욕, 한없는 탐욕뿐이다.

최순실도 삼성이 말을 사서 빌려주는 정도로 만족했더라면 뇌물 사건의 결정적 증거는 피해 갔을지도 모른다. 그러나 삼성에게 말을 사내라고 했지 빌려달라고 했냐고 따져서 블라디미르인지 뭣인지 하는 말을 자기 소유로 만들었다가, 결국 뇌물의 스모킹건(결정적 증거)을 남기고 만다. 조폭들이 하는 짓이 다 이렇다. 폼생폼사. 큰 일에 살고 큰일에 죽을 것 같지만, 조그만 이권에 목을 매는 게 그들이 하는 짓이다. SK의 최태원의 사면과 관련해 안종범에게 보냈다는 "하늘 같은 은혜…" 운운하는 문자를 떠올려보라. 잔뜩 폼 잡고, 또 회개하는 마음 보인다며 성경책 들고 구치소를 들어가고 나오지만, 재벌들이 하는 짓들은 동네 조그만 집 담 넘다 꼬리가 잡힌 잡범들과 다를 바 없다. 다른 점이 딱 하나 있다면 재벌은 큰돈이 있기에 빠져 나올 수 있다는 바로 그 점, 그 돈으로 권력을 쥐락펴락할 수 있다는 바로 그 부분이다. 유전무죄 무전유죄!

불공정·부조리·불평등: 적폐의 열매

이렇게 재벌과 정치권력이 조폭 같은 짓으로 국민을 등치고 배신한 것은 비단 박근혜 정권에만 국한되지 않는다. 해방 이후 우리나라에 질기게 이어 내려온 오래된 폐해다. 즉, 적폐다. 박근혜는 그 극단적인 예에 불과하다. 그 정도와 다양성에서 차이는 보이지만 모든 정권에서 대체로 대동소이했다. 박근혜의 경우는 세상이 어떻게 변했는지도 모른 채 천박한 강남 친구와 조폭 같은 행태를 자행하다가 재임 중에 딱 걸리는 바람에 호되게 경을 치고 있어서일 뿐, 그 적폐는 압축된 근대화 과정을 겪으며 성장한 우리나라에 짙게 드리운 어두운 그늘이자 병폐다. 부인할 수 없는 엄연한 사실이다.

조폭 같은 행태에는 비단 정치권력과 재벌의 야합, 즉 정경유착만 있는 것이 아니다. 그 싸구려 냄새 나는 은밀한 불륜에는 항상 똥파리들이 꾀게 돼 있다. 언론, 검찰, 사법부, 입법부와 관료들 중 눈먼 이득이 코앞에 있고 선점하면 그만이라는 악마의 속삭임에 영혼을 판 자들은, 탐욕이 이글거리는 눈을 번득이며 먹잇감을 찾아 달려든다. 이들이 벌이는 범죄를 일컬어 범죄학에서는 화이트칼라 범죄(white collar crime)라고 한다.

그들은 자식에게 먹일 것이 없어서 빵집의 빵을 훔치는 범죄자들이 아니다. 먹을 것이 냉장고에 가득하지만, 은행잔고에는 셀 수 없는 돈이 쌓여 있지만, 더 좋은 것을 먹고 더 좋은 차를 타고 더 많은 돈을 소유하고 더 많은 재산을 자식에게 물려주기 위해 잔꾀를 쓰고 서로 야합한다. 위법행위를 일삼는다. 그러나 그들은 대부분 쇠고랑을 차지 않는다. 권력 주변에서 권력의 비호를 받거나 그 권력을 행사하는 자들이기에 그렇다. 그들은 내부정보를 주고받고 남들보다 유리한 위치에서 고지를 선점한 다음 이익을 취한다. 위법과 탈법의 귀재들이되, 적발되지도 않는다. 설사 적발된다 해도 쉽게 빠져나와 처벌을 면하고, 결국 범죄행위로 인해 취득한 이득으로 자신은 물론 후손까지 떵떵거리고 살 수 있는 시스템. 이런 시스템의 주역들은 바로 우리나라에 우글거리는 악질적인 정상배와 모리배들이다.

날마다 정상배와 모리배의 향연이 펼쳐지는 대한민국. 우리는 그 향연의 주역들을 부패 기득권세력이라고 한다. 부패 기득권세력은 그들만의 카르텔(담합)을 형성하고, 이익을 사회 전체 구성원과 나누지 않는다. 불법적이고 부당한 행위를 통해 그들만이 향유 또는 전유한다. 부패 기득권세력의 짜고 치는 고스톱은 이를 가능케 할 뿐만 아니라 영원히 계속되게 한다. 부패 기득권세력의 득세는 이 나라를 멍들게 하고 망조가 들게 한다. 그들은 부정부패의 온상이며 온 나라를 썩어 문드러지게 한 일등공신이다. 그들로 인해 이 나라의 불공정과 부조리 그리고 불평등은 악화되고 심화되었다. 해서 그들은 우리나라 적폐의 원인 제공자들이자, 적폐 유발자들이며, 적폐 그 자체다.

모든 적폐는 반드시 청산되어야 한다. 그 1차적 청산 대상자들은 바로 정상배와 모리배로 대표되는 부패 기득권세력이다. 그들을 청산하지 않고서는 아무리 애써도 우리나라의 불공정(불의), 부조리, 그리고 불평등을 줄여가고 해소할 수 없다. 그들만의 카르텔을 분쇄해야 한다. 바로 국민들이 정치개혁, 재벌개혁, 사법부·검찰개혁, 언론개혁, 교육개혁 등을 외치는 이유다.

그런데 비판의 화살을 단지 부패 기득권세력에게만 향해선 안 된다. 명백한 피해자인 평범한 국민에게도 적폐와 관련된 비난의 화살이 향해야 한다. 그래야만 하는 무엇보다도 중요한 이유는, 우리 평범한 국민이 의심하지 않았다는 사실 때문이다. 그것이 왜 비난받아야 하나? 의심하지 않았다는 것은 곧 공정하지 않았다는 말과 같기 때문이다. 공정하다는 것은 의심을 전제로 한다고 앞서 말했다. 거기서 연유한 논리다. 국민 스스로가 공정하지 않으면서 어찌 권력자들에게만 공정하라고 요구할 수 있을까.

불공정, 부조리, 그리고 불평등은 단지 부패 기득권세력의 전유물이 아니다. 하도 오랜 세월 지속되다 보니 일종의 학습효과가 되어 우리나라 국민의 일상에, 우리의 문화에 깊숙이 뿌리내리고 있다. 평범한 이들의 삶 속에서도 그 적폐들은 쉽사리 목도된다. 가만히 생각해보자. 우리 삶 속의 이 적폐들을 청산하지 않고서 부패 기득권세력만 일소한다고 해서, 우리를 좀먹고 괴롭히는 그 적폐들을 완전히 청산할 수 있을까?

그러나 절대로 오해는 마시라. 적폐의 원흉인 부패 기득권세력의 청산을 등한시하자는 이야기가 결코 아니다. 그것대로 제대로 하되 거기에 멈추지 말고, 나 자신부터 내 삶 속에 딱 달라붙어 있는 이 적폐들을 청산해야 완전한 청산이 완성된다는 말이다. 책상 위를 깨끗이 청소하고 난 뒤 가만히 내버려두면 또다시 먼지가 쌓이고 어지럽혀진다. 어지럽히는 습관 자체를 버리지 않는 한, 한 번 청소로 영원히 깨끗한 상태를 유지하기란 불가능하다. 과거 적폐의 근원인 부패 기득권세력을 일소했다고 치자. 그런데 그들이 있던 자리를 다시 채울 이가 과거 습관을 버리지 못하고 찌들어 있는 바로 나라면, 또는 그대로 물려받은 나의 자식들이라면? 단지 사람만 바뀌었을 뿐 적폐는 지속될 수밖에 없다. 그렇게 되면 몇 년 후 어느 순간에 제2, 제3의 박근혜, 최순실, 김기춘, 우병우, 조윤선, 안종범, 송희영, 진경준, 최경희, 류철균(이인화), 이재용 등이 나오지 말란 법이 없다.

지대추구 행위, 승자독식 그리고 연고주의: 적폐의 씨앗

이 책은 부패 기득권세력의 실상에 대한 신랄한 비판이자 그들을 수수방관했던, 그래서 지금은 그 세력의 절대적 피해자로서 이토록 생고생을 직사하게 하고 있는 일개 국민의 자아 비판서다. 즉, 권력자들을 노려보다가, 동시에 혹시나 하고 봤다가 역시나 하고 확인하게 되는 그 악의 씨앗. 우리 국민 내부의 부패 기득권세력이 품고 있는 그 악의 씨앗을 겸허히 시인하고 반성하는 책이다. 그런 면에서 우리 국민 모두는 부패 기득권세력과 똑같은 공모자이고 공범이다.

이 책은 적폐청산을 원하는 이들에게 일종의 훈수를 두는 책이다. 적폐청산을 잘 완수하기 위해 우리가 어디를 수술해야 하는지 그 정확한 환부를 가리키기 위한, 일종의 '적폐청산 가이드'다. 우리 사회의 불공정, 부조리, 그리고 불평등의 근원에 대한 지적은 그리 거창하지 않다. 조금만 시간을 내서 주위를 둘러보면 쉽사리 관찰되기 때문이다. 나는 그 뿌리를 크게 세 가지에서 찾는다. 지대추구 행위, 승자독식, 마지막으로 연고주의다. 그것들이야말로 적폐와 악(불공정·부조리·불평등)의 거대한 뿌리다. 대한민국이라는 나무에 깊이 그리고 단단히 박혀 서로 얽히고설킨 그 독을 잔뜩 품은 상한 뿌리 때문에, 반만년 역사를 가진 거대한 나무인 대한민국이 지금 고사하고 있다.

본문에 앞서 간략히 짚어보자면, 지대추구 행위란 정당한 대가를 치르지 않고 부당하게 이익을 편취하는 것이다. 일종의 불로소득을 추구하는 행위다. 대표적인 예는 바로 시세차익을 노린 부동산투기다. 이런 불로소득은 정상적인 노동을 통해서가 아니라 투기라는 방식을 통해 부당하고 과다한 이득을 보는 것이다. 이것은 단지 부동산투기에만 국한되지 않고 이재용 삼성 부회장에게서 보듯 뇌물을 통한 경영권 승계와 지배, 그리고 세금탈루 등을 통한 이익추구도 포함된다. 즉 정경유착은 지대추구 행위의 전형적 예이기도 하다.

승자독식이란 겉으로는 공정한 게임 같지만 속내는 전혀 그렇지 않은 게임에서 승자가 모든 것을 차지하는 것이다. 처음 승리한 자들이 계속해서 승리할 확률이 점점 높아지고 처음 패한 자들은 이후 게임에서도 계속해서 패할 수밖에 없는 게임을 미리 짜놓았기 때문에 불공정한 게임이라는 이름이 붙었다. 승자독식은 그런 불공정한 경쟁(게임)의 분배체계를 뜻한다. 모든 이들을 경쟁에 몰아넣으나 이미 기울어진 운동장에서 불공정한 게임을 하게 하고 모든 상(열매)은 승자에게만 주어지도록 짜인 판이다.

연고주의란 학연, 지연, 혈연이라는 모든 연줄을 의미한다. 그 연줄에 의해 각종 콩고물(이득)이 나뉘고 연줄을 동원하지 못하는 사람들은 아무런 재미를 보지 못한다. 따라서 연줄을 통한 이익에 탐닉하면 할수록 사람들은 다른 무엇보다 연줄을 신뢰할 수밖에 없고, 그것을 통해 모든 일을 해결하려 한다. 고용, 승진, 인사이동, 심지어 사법처리까지 연줄을 통해 해결하려 들면, 그 사회의 공식적인 체계는 와해된다. 이런 사회에서 이득을 보는 집단은 강한 연줄을 배경으로 가진 사람들이다. 그렇지 못한 사람들은 이득에서 철저히 배제된다.

지대추구 행위, 승자독식, 그리고 연고주의는 한국 사회를 부정부패의 지옥으로 몰아넣는 저승사자다. 바로 우리나라의 불공정(불의), 부조리, 그리고 불평등의 원조 뿌리다. 그 뿌리의 폐해가 너무도 커서 이제는 나무 전체를 시들어 죽게 만들 지경에 이르렀다. 이제 그 뿌리를 과감히 걷어내고 건강한 새로운 뿌리로 접붙여야 한다.

적폐청산: 가지 않은 길

오히려 잘됐다. '순실증'을 앓아 실의에 빠질 필요 없다. 만일 박근혜가 임기를 다 마치고 나중에 들통났다면 더 심각한 문제가 아니었을까? 퇴임 후 국정농단이 불거졌다면 정치보복, 정치탄압이라며 십중팔구 유야무야 구렁이 담 넘어가듯 지나갔을 게 뻔하다. 그렇게 넘어갈 수 있는 이유는 일반 국민들이 이 사태를 단순히 정치싸움으로 보고 방관자로 남았을 가능성이 크기 때문이다. 국민은 이 적폐를 반드시 청산해야 한다는 생각조차(이미 지난 과거의 일이니까) 못하고, 무엇이 국가인지 진지한 숙고조차 못 할 것이다. 단지 "어쩌다 내 손으로 저런 사람을 뽑았을까?" 하는 단순한 후회만 거듭했을 가능성이 높다. 처절한 반성은 없는. 즉 순응하던 방관자로 그치고, 지금처럼 광장에 나와 외치는 참여자로 거듭나지 않을 가능성이 농후하다.

위기는 기회다. 그래서 오히려 잘됐다. 이야말로 하늘이 준 기회다. 주입식교육을 받았기에 순응주의자, 기회주의자였던 우리 국민이 이 기회에 깨우치고 각성했다는 것, 바로 하늘이 준 기회가 아닐까. 천만다행으로 박근혜의 재임 중에 이 일이 불거졌기에 망정이지, 만일 그렇지 않았다면 정의로운 분노를 갖고 퇴진해야 한다고 주장한 이들은 80%에 달하는 국민이 아니었을 것이다. 고작 정치권에서만 모기 소리를 냈을 것이다. 그러나 천만다행으로, 국민들이 뽑났다. 정치색 불문, 나이 불문, 남녀 불문, 계층 불문, 학력

불문. 대한민국의 역사 이래 아마도 이런 적은 없을 것이다. 그야 말로 대통합이다. 탄핵 선고 직전의 태극기 부대? 국론분열에 끼지도 못한다. 박근혜 탄핵의 지지는 시종일관 8할 근처였으니까. 박근혜가 잘한 일이 있다면 역설적이지만 바로 그 국정농단이 국민들을 대통합으로 이끈 것이다. 사회학 용어를 빗대면, 박근혜 국정농단의 잠재적 기능(latent function: 드러나지 않고 숨은 기능)은 바로 국민대통합이다. 그렇게 보면 우습게도 누가 봐도 박근혜는 불세출의 영웅이자 걸출한 지도자다.

박근혜는 또한 우리에게 절호의 기회를 주었다. 바로 그녀의 아버지, 박정희와의 영원한 이별을 고할 수 있는 소중한 계기를 주었다. 그가 자초한 국정농단 때문에, 경제대국을 이끈 역군과 청렴결백의 화신으로서의 박정희 신화가 땅바닥에 떨어지게 되었다. 그녀의 표현을 빌리면, 그녀의 국정농단과 "엮여서" 아버지 박정희의 국정농단이 재조명되었다. 그리고 덩달아 권력의 심장에 총을 쏘았다던 김재규도 박정희 사망 수십 년 만에 역사의 재평가를 받기 시작했다.

또한 박정희의 시대가 얼마나 엄혹했는지를 그 시대를 접하지 못했던 세대들은 그 딸의 행위를 통해 미루어 짐작할 수 있게 되었다. 부전여전(父傳女傳)! 한술 더 떠 아버지 찬양 일색의 역사교과서까지 국정화했으니…. 어떤 다른 이가 벌인 일이 아니다. 그녀 스스로가 벌인 일이다. 박정희 시대와의 결별은 효녀 박근혜가 아버지에게 바친 마지막 헌화다. 참으로 다행 아닌가? 그 누구도 아닌 그의 혈육으로 인해 박정희와 비로소 이별할 수 있게 되었다는 것은….

해서, 지금은 구시대와 이별할, 그야말로 절호의 기회다. 해방 이후 그 지긋지긋한 적폐를 청산할, 하늘이 준 소중한 시간이다. 재벌을 두고 "너희도 공범이다"라고 이야기할 수 있게 된 것, 과연 상상이나 할 수 있었던가? 검찰과 법원을 비롯해 사법부를 가득 채운 율사들이 얼마나 치사하고 야비한지 알게 되어 그 개혁을 부르짖게 된 것, 하늘이 준 기회가 아니겠는가. 그리고 이 모든 일이 보수언론과 정치권력 간의 짬짜미 와중에 서로 간 힘의 갈등에서 불거졌으며, 이로 인해 국민 대다수가 보수언론의 민낯을 알게 된 상황. '박사모'조차 보수언론에 발길질을 해대는 이 상황, 이런 기회는 실로 자주 오는 게 아니다.

그러나 기회는 놓치면 그만이다. 기회가 왔을 때 그 기회를 놓치지 않는 게 중요하다. 버스는 왔을 때 잡아 타야 한다. 놓치면 버스는 떠난다. 놓친 버스는 다시 오지만 우리에게 주어진 적폐청산의 이 소중한 기회는 놓치면 다시는 오지 않을 수도 있다. 생각하기도 싫지만 만일 이 기회를 놓친다면 우리는 또다시 부패 기득권세력의 농간에 능멸당하며 굴욕 속에서 굴종해 노예처럼, 짐승처럼 살아야 한다.

남 탓하면 무엇 하나. 미워하면 무엇 하나. 허탈해하면 무엇 하나. 한숨만 쉬면 무엇 하나. 결국 나 자신만 멍든다. 정의로운 분노는 품되 '순실증'이라는 무력증의 블랙홀에 빠지지 말고 빠져나와야 한다. 그래서 이 사태를 기회로 삼아 우리 역사에서 다시는 그런 전

철을 되밟지 않도록, 우리가 해나가야 할 것들을 찬찬히 되짚어보고 하나하나 바꿔가야만 한다. 그래야 후세에 더는 부끄럽지 않게 될 것이다. 다행스럽게도 박근혜 탄핵과 파면, 그리고 정권교체로 순실증은 약간 가신 듯하다. 그러나 절체절명의 과제인 적폐청산을 제대로 완수하지 못한다면 순실증으로 대변되던 허탈감과 무기력증은 또다시 먹구름처럼 우리를 뒤덮을 것이다.

이제 단 두 가지 길이 있을 뿐이다. 지금까지와 같은 삶의 길, 그리고 과거의 삶과는 완전히 다른 미지인 삶의 길. 시인 프로스트(Robert Frost)가 읊었던 〈가지 않은 길(The Road Not Taken)〉에서처럼, 두 갈래 길 중 그 어느 것 하나를 택하면 후일 우리는 그것 때문에 너무나 많이 달라져 있을 것이다. 한 번도 가보지 못한 길에 대한 두려움과 공포는 반드시 존재한다. 그러나 헤쳐나가겠다는 결단이 있다면 우리는 지금과는 확연히 다른 미래에 도착할 것이다. 그것을 위해 각성, 결단, 그리고 실천이 필요한 때다.

인간은 망각의 동물이다. 망각하며 일생을 산다. 사실 망각하지 않으면 살 수 없는 게 인간이다. 물리적 또는 정신적 상흔이 망각되지 않고 쌓이기만 한다면, 그래서 모두 다 기억한다면 아마도 머리가 터져버릴 것이다. 그래서 망각은 인간이 그럭저럭 자신의 생을 유지하게 하는 방어적 기제로, 신의 선물임에 틀림없다.

지독히 길고도 추웠던 지난 2016년과 2017년 초 겨울 광장에 나가 촛불을 들던 기억도 몇 년이 지나면 희미한 한 장의 스냅사진으로만 남을 것이다. 말하자면 디테일(세밀한 것들)은 머릿속에서 사라질 것이다. 그러나 "악마는 디테일에 있다(The devil is in the details)." 해서 나는 기록한다. 흔히 기록하는 자를 기자(記者)라 한다. 나는 기자는 아니지만, 사회학자로서 이 시대를, 이 못난 시대를, 연필이 부러질 정도로 꾹꾹 눌러 기록하고자 한다. 시간이 지나면 망각할 것들을 절대로 잊지 말자는 의미에서 우리 시대의 부끄럽고 일그러진 자화 상을, 대한민국의 초상을 사회학의 안경을 끼고 기록하고자 한다.

PART 1

지대추구 행위, 승자독식
그리고 연고주의

처음의 사소한 이점이 결국에는 넘을 수 없는 벽을 만든다.
— 로버트 프랭크, 필립 쿡

chapter 01

지대추구 행위:
불로소득의 다른 이름

삼성 이재용의 뇌물은 지대추구 행위

삼성전자 부회장 이재용은 미르재단과 K스포츠재단, 정유라를 위한 말 구매 등으로 박근혜와 최순실에게 443억 원(검찰은 592억으로 기소)의 뇌물을 제공했다는 혐의로 특검에 의해 구속돼 수사를 받았다. 이로써 이재용은 국민연금의 찬성이라는 혜택을 받아 삼성물산과 제일모직 등을 합병할 수 있었고, 결과적으로 경영권 승계의 전(前) 단계를 무사히 완료했다. 물론 그가 낸 세금은 달랑 16억 원뿐이다. 현재 이재용의 총 재산은 9조 원대로 추정된다. 그가 낸 16억의 세금은 1995년 이건희에게 물려받은 현금 60억 원에 대한 증여세다. 44억 원으로 불과 22년 만에 9조 원에 이르는 막대한 부를 창출하고, 게다가 3대에 걸친 경영권 승계를 통해 명실상부한 총수 자리를 차지한다. 과연 어떻게 가능한 일일까? 이재용이 탁월한 사업수완 능력을 지녔기 때문일까?

결코 아니다. 모두 정부와 짬짜미한 결과, 즉 정경유착의 결과였음이 이번에 국민들에게 완전히 들통나버렸다. 달리 빠져나갈 여력도 없이. 첫 번째 특검의 구속영장 신청 기각은 관행대로 삼성이 빠져나갈지도 모른다는 심각한 우려와 낭패감을 자아냈지만, 결국 박영수 특검팀은 피해자 코스프레로 법망을 빠져나가려 했던 이재용을 혼신의 힘을 다해 구속하는 쾌거를 거두었다. 미꾸라지처럼 대한민국과 사법부를 우스갯거리로 만들면서 국가와 법 위에 군림했던 삼성을 단죄하는 첫 단추가, 약 80년 만에 채워진 것이다.

국민들 사이에서 삼성공화국이라는 말이 회자되는 이유는 간단하다. 정치권력이야 아무리 서슬이 퍼렇더라도 4, 5년이면 그 세가 꺾이기 마련이다. 그러나 삼성의 권력은 보다 우월하다. 대를 이어 계속되고 있으니 말이다. 심지어 전임 대통령들이 감옥 가는 일들이 적지 않았던 우리 정치사에 비추어 볼 때, 수많은 범법행위가 적발되었는데도 단 한 번도 총수가 구속된 적이 없다. 그것만 봐도 정치권력은 삼성권력에 전혀 비할 바 못 된다.

대한민국에서 삼성의 힘은 거의 절대적이다. 그런데 그 힘은 단순히 그 기업이 가진 사업의 결과로 취해진 것만은 아니다. 삼성에게 막강한 힘을 부여한 것은 바로 정치다. 그 정치의 힘으로 삼성은 독점적 지위를 갖고 사업을 키울 수 있었으며, 총수는 재산을 맘껏 불릴 수 있었다. 그러나 아무리 재산이 많다고 해도 그렇게 문어발식으로 확장된 전 계열사를 소유할 정도의 지분을 갖기란 불가능하다. 그런데도 순환출자라는 편법을 동원, 작은 지분으로 전 계열사를 휘하에 두며 황제경영을 할 수 있었다.

그러다 이번에 딱 걸렸다. 정말로 제대로 걸렸다. 그러나 자승자박이었다. 추정컨대 정보력에서 국정원을 능가한다는 삼성의 레이더망에 최순실이 걸리지 않았을 리 만무하다. 차라리 정보력이 모자랐다면 이 지경까지 이르지는 않았을지도 모른다. 이재용 개인에게는 불행이겠지만, 그러나 일반 국민에게는 천만다행이다. 인생사 새옹지마. 이렇게 걸리지 않았다면 국민 대다수가 삼성의 민낯을, 그리고 박근혜의 민낯을 이렇게 훤히 볼 수 있었을까.

박근혜라는 최고권력 뒤 탐욕의 화신이자 '막가파'인 최순실이라는 비선실세를 그 누구보다 먼저 알아채고 얼른 줄 대서 삼성이 한 일이란, 심지어 독일에 가 있는 정유라의 강아지 패드까지 사서 바치는 것이었다. 그리고 삼성은 그 대가로 국민연금의 찬성에 힘입은 합병을 돌려받았다. 박근혜의 입김으로 얻어낸 국민연금 찬성이었다. 코 묻은 국민들 돈을 모은 국민연금에 막대한 피해를 입히고 얻은 경영권 승계라니… 이재용의 뇌물, 그 득은 박근혜와 최순실, 그리고 이재용 자신이 보고, 그 피해는 국민이 보는 이 희대의 막장 사기 드라마. 그런 이재용을, 그런 삼성을 아직도 글로벌기업이라며 구속수사를 반대하는 언론과 부화뇌동하는 국민이 있으니 한심하기 이를 데 없다. 거기에 그치지 않는다. 그렇게 특검에 의해 뇌물 받은 피의자로 규정되고 헌재에 의해 파면, 구속영장의 발부로 영어의 몸이 된 박근혜를 아직도 태극기를 들고 나와 두둔하는 국민들과 언론이 있으니 이 얼마나 부조리한가.

어쨌든 죄지은 자, 그것도 아주 교활하게 범법을 행한 자를 구속하는 것조차 해서는 안 된다는 딴소리가 나오는 이 상황은 그만큼 불공정(불의)과 부조리, 그리고 불평등에 아직도 우리 대한민국이 이 골이 나 있고, 몹시 절어 있다는 뜻이다. 삼성의 이재용과 박근혜·최순실이 저지른 행태가 어떤 면에서 불공정하며 부조리하고 불평등의 소치인지를 정확히 파악하려면, 지대추구 행위로 헤아려보면 큰 도움이 될 것이다.

지대와 지대추구 행위

지대추구 행위란 쉽게 이야기해서 독점권을 가지고 하는 노 나는 장사를 뜻한다. 땅 짚고 헤엄치기, 또는 식은 죽 먹기 식으로 아무런 대가를 치르지 않고 취하는 이익이다. 지대란 불로소득(unearned income)을 뜻하므로 지대추구 행위란 곧 불로소득을 추구하는 행위를 뜻한다. 지대(rent)란 원래 땅에서 얻는 이익이다. 땅을 가진 사람이 어떤 일을 해서 수익을 내지 않고 땅을 소유했다는 사실만으로 돈을 벌었다면, 그것이 바로 지대추구 행위다. 그 사람은 땅을 소유, 곧 독점했다는 이유만으로 보상받는 것이니 불로소득이다. 그리고 독점이라는 개념은 단지 땅에만 국한되지 않는다. 지금은 토지소유 이외의 어떤 것이라도 독점적 이익을 창출하는 것이라면 지대라는 용어를 적용하게 되었다. 물론 지대추구 행위도 마찬가지로 토지에서 얻는 수익을 넘어 더 넓은 뜻으로 사용하게 되었다. 즉 일절 노력 없이 얻는 불로소득이 지대이고, 그것을 창출하려는 행위가 곧 지대추구 행위인 것이다.

  그렇다면 지대추구 행위를 꾀하는 사람들은 무엇을 노릴까? 끊임없는 탐욕의 충족이다. 한도 끝도 없이 이익을 탐하는 것이다. 피해 보는 것 하나 없이, 전혀 힘들이지 않고 이익추구에 있어 승승장구하고 싶은 것이다. 그렇게 하려면 이익을 올릴 수 있는 마당(시장)이 오로지 자신에게 유리한 방식으로 굴러가야 한다. 그렇게 작동하도록 만드는 것이 지대추구 행위자들의 최대 관심사다(Stiglitz, 2012: 35).

  이를 기획하고 실행에 옮기는 파렴치한 지대추구 행위자들로 넘쳐나는 사회는 일그러진 사회다. 그런 사회는 크게 3가지의 주요한 파행 과정을 거친다. 첫째는 사회의 심각한 왜곡 현상이다. 두 번째는 경제의 왜곡 현상, 마지막으로 정치의 왜곡 현상이다. 미국의 금융화(financialization)가 그 대표적인 예이다. 미국의 금융화는 월 가의 지대추구 행위의 산물이다. 월 가의 지대추구 행위는 미국사회의 모든 질서를 월 가에 유리하게 재편했다. 그런데 그 재편된 모습은 누가 봐도 결코 정상적인 모습이 아니다. 매우 파행적이다. 그 과정을 통해 지대추구 행위가 어떻게 한 사회를 멍들고 병들게 하는지 알아보자. 박근혜·최순실, 그리고 이재용을 비롯한 삼성이 어떻게 파렴치한 지대추구 행위를 통해 이 나라를 절단 냈는지도 더 쉽게 이해할 수 있다.

지대추구 행위의 3가지 폐해: 월 가의 예

먼저 미국의 금융화는 경제부문에서 파행적인 결과를 초래했다. 금융화란 서비스산업부문에서 금융부문이 상대적으로 과도하게 비대해지는 왜곡 현상을 말한다. 각종 규제철폐와 완화를 통해 금융부문이 비정상적으로 몸집을 크게 불리면서, 사회 전체에서 금융부문의 장악력을 높여간 결과가 바로 금융화다. 그 자체가 바로 경제부문의 심각한 왜곡 현상이다. 그러나 금융화는 이에 그치지 않고 결국 국가경제와 나아가 세계경제의 핵폭탄을 터뜨리는 결과를 초래했다. 바로 2008년 월 가에서 비롯된 금융위기다. 월 가는 건전한 경제질서를 마구 어지럽히고 분탕질을 해 국가경제를 완전히 파탄 지경에 이르게 했다.

그러고는 이른바 '대마불사(too big to fail)'라며 월 가의 금융기관은 그 비대해진 몸집을 빙자해 또다시 살아날 구멍을 찾는다. 월 가의 회사가 망하기 직전에는 "우리가 망하면 국가도 망한다"며 '배 째라' 식의 대국민 협박을 통해 그 실패의 몫을 국가와 국민에게 전가하는 악질적인 행태를 보였다. 구제금융이라는 명목으로. 물론 그 직전까지는 각종 편법과 불법을 총동원해 탐욕을 한껏 추구해 모든 이익은 자기들이 챙겼으면서 말이다.

둘째로 지대추구 행위는 어떻게 사회를 망가뜨리는가?

지대추구 행위가 어디서 벌어지는지 알아보고 싶다면 제일 좋은 방법은 당대 사람들이 어디로 많이 몰리는가를 관찰하면 된다. 불로소득이 창궐하는 곳에는 사람들이 몰리게 돼 있다. 부동산투기는 대표적인 지대추구 행위 중 하나인데, '떴다방'과 긴 청약 행렬을 떠올리면 무슨 말인지 쉽게 이해할 수 있을 것이다. 그렇다면 지대추구 행위가 벌어지는 곳에는 사람들이 왜 몰릴까. 그 이유는 간단하다. 인간은 이익을 탐하는 존재이니까 그렇다. 게다가 대가 없이 힘 안 들이고 수월하게 이익을 올릴 수 있다는데, 평범한 사람들이라면 그리로 몰려가지 않는다면 오히려 더 이상해 보일 것이다. 그러나 어떤 이들은 그렇게 이익을 보고 몰려가는 사람들의 행렬을 '쥐새끼들의 경주(rat race)'라고 비꼬기도 한다.

금융화도 마찬가지로 월 가로 사람들이 몰려들게 만들었다. 2008년 금융위기 발발 직전까지 월 가가 무한팽창할 때 미국 대학생의 '워너비'(선망직종)는 바로 월 가맨이었다. 보통 사람이라면 당시 평균 대졸 연봉의 수십, 수백 배의 연봉을 받는 월 가맨이 되는 꿈을 갖는다는 건 어쩌면 당연해 보인다. '서브프라임모기지' 사태가 터지기 직전 월 가는 기본급이 아니라 보너스로 움직이고 있었다. 기본급도 평균 대졸연봉보다 서너 배는 더 많았지만, 보너스는 상상 이상이다. 예를 들어 메릴린치(Merrill Lynch) 은행의 채권사업 부서 직원 100여 명은 100만 달러 이상의 보너스를 받았다. 골드만삭스(Goldman Sachs)는 직원 50명에게 각각 2000만 달러 이상씩을 안겨주었다. 고위임원들에게는 그보다 많은 천문학적인 보너스가 주어졌다(김광기, 2011).

미국 월 가의 비대, 즉 금융화는 젊은 인재들이 블랙홀처럼 빨려들어갈 정도로 매력적이었다. 해서 우수 재원들은 다른 곳이 아닌 월 가에만 입성하길 원했다. 그런데 금융화는 전혀 예상치도 못한 엉뚱한 곳에서 미국사회를 변모시켰다. 바로 학력·학벌사회로의 전환이다. 미국은 원래 우리 같은 학력·학벌사회가 아니었다. 가방끈이 짧으면 짧은 대로 길면 긴 대로, 학벌이 좋으면 좋은 대로 아니면 아닌 대로 엇비슷하게 살 수 있었다는 이야기다. 즉 삶에서 학력과 학벌이 그리 큰 변수가 아니었다. 소득에서도 마찬가지였다. 그러나 금융화는 이 모든 것을 붕괴시켰다. 즉 월 가의 종사자들이 천문학적인 보너스 수급으로 돈방석에 오르면서 기존의 질서를 완전히 와해시킨 것이다. 성공이라는 의미가 미국에서 확 바뀌었다. 하루하루 근면 성실하게 일해 이루는 부가 성공이 아니라, 하루아침에 '대박'을 쳐 일확천금을 노리는 것이 바로 성공이라고. 그리고 그 초고속 지름길이 바로 월 가 입성으로 굳어진 것이다.

특히 월 가가 소위 일류대학인 동부 아이비리그 출신만 선호한다는 소식이 들리자, 자식들을 아이비리그에 들여보내기 위해 상류층 학부모들의 전쟁이 시작되었다. 그들의 눈은 뒤집혔다. 뉴욕, 보스턴, LA 등지에 우리나라와 비슷하게 관련 학원들이 우후죽순 들어서기 시작했다. 각종 편법도 난무하기 시작했다. 좋은 학교를 보내기 위한 위장전입(boundary hopping), 소위 아이비리그 입학 전문 입시

양성소 성격의 명문 특목고에 대한 과열 특수(特需)현상, 심지어 수능인 SAT를 치를 때, 추가시간을 허용받는 학습장애아 판정을 정신과 의사에게서 돈 주고 사는 행위 등, 우리식의 온갖 해괴한 입시 병폐가 등장하기 시작한 것이다. 이 모두 바로 자식들의 아이비리그 입학과 그 이후 월 가 입성을 위한, 돈 있는 부모들 나름의 합리적 선택들이다(김광기, 2011: 179~189). 그러나 그 합리적 선택은 이익추구에 혈안이 되지 않았다면 결코 벌일 수 없는 일들이다. 누가봐도 온당한 행동이 아니다. 그러나 어쨌든 결론적으로 일반 시민들에게는 월 가 입성이 지상 최대의 목표가 되었고 그것은 결론적으로 지대추구 행위이다.

앞서 이야기했듯 금융부문은 부당하게 끌어 모은 돈으로 샴페인을 터뜨렸다. 그야말로 흥청망청이었다. 그렇다면 그 돈들은 다 어디서 왔을까? 모두 파생금융상품 개발을 통해 국민들로부터 쭉쭉빨아들인 돈이다. 파생금융상품은 어디에서 연유했는가? 부동산경기 붐에서 비롯되었다. 당시 미국은 심지어 무자격자들까지도 집을사도록 부추겼고 초저금리 덕분에 가능한 일이었다. 이런 모든 것은 금융기관을 감시·감독해야 할 재무부와 증권거래위원회, 그리고 금리정책을 정하는 연방준비은행제도(FED)라는 금융감독기관의수수방관 또는 적극적인 비호 아래 생긴 결과였다(김광기, 2012). 한마디로 월 가는 이들의 비호 아래 그야말로 노 나는 장사, 즉 불로소득을 한없이 탐하는 지대추구 행위를 마음껏 자행했던 것이다.

금융기관 자체가 지대추구 행위의 기재가 될 수 있었던 것은 감독기관들의 용인하에 가능했는데, 그것은 규제완화로 대변된다. 1980년 발효된 '예금취급기관 규제철폐 및 통화관리법(Depository Instituions Deregulation and Monetary Control Act)', 1994년 단행된 '리글-닐 주(州) 간 은행법 지점설치 효율성법(The Riegle-Neal Interstate Banking and Branching Act)', 1999년에 발효된 '금융제도선진화법(Financial Services Modernization Act)' 등이 대표적인 규제철폐법이다. 특히 금융제도 선진화법은 '글래스-스티걸법(Glass-Steagall Act)'의 폐지를 골자로 한 법으로, 금융화의 결정적 계기를 제공했다. 글래스-스티걸법은 1920년대 대공황을 불러일으킨 원흉으로 지목된 금융업계의 업종 간 상호진출을 금지한 법이다. 1933년에 제정된 법이니 그 폐지란 곧 1920년대 대공황의 재발을 예견하는 것이다. 추론대로 채 10년이 못 되어 금융위기가 터졌다(김광기, 2016: 212-220).

지대추구 행위에는 정치권의 협조가 반드시 필요하다. 각종 인허가권을 정치권이 쥐고 있기에 그렇다. 그래서 지대추구 행위자들은 대정치권 구워삶기가 본업이 되어버린다. 이 말은 그들의 본업은 원래 따로 있는데 그렇다는 이야기다. 본말전도다. 월 가가 금융기관에 대한 규제철폐를 위해서 금융기관에 정치권에 로비를 통해 뿌린 돈은 어마어마하다. 결국 지대추구 행위는 사회와 경제에 대한 폐해뿐만 아니라 정치에 엄청난 해악을 끼친다. "[지대추구 행위]로 가장 큰 왜곡이 일어나는 곳은 정치시스템이고, 가장 큰 타격을 입는 것은 민주주의다"라는 스티글리츠의 주장은 백번 일리 있는 말이다(Stiglitz, 2012: 95).

그런데 이런 월 가의 지대추구 행위는 어처구니없게도 금융위기가 터지고 난 뒤에도 계속되었다. 국민의 거센 반발 속에서도 월 가는 기어코 정부로부터 구제금융을 받아낸다. 그것은 국민의 혈세다. 과연 대도(大盜)답지 않은가. 봉이 김선달도 이만한 김선달이 또 있을까? 아무런 대가를 치르지 않고 흥할 수 있고, 흥하다 망하면 망해도 그 모든 것을 정부가 나서 대신 벌충해주니 말이다. 과연 월 가는 지대추구의 지존답다(그러나 삼성을 비롯한 우리나라의 재벌도 결코 못하지 않다. 뒤에 자세히 다룰 기회가 있을 것이다). 구제금융 또한 정부의 비호 아래 국민들의 반대를 무릅쓰고 월 가에 베풀어진 특혜다. 그러나 이보다 더 어처구니없는 일이 또 벌어져 국민들의 분노를 샀다. 월 가는 국민의 혈세로 긴급수혈된 현금실탄을 지급받으면서도 허리띠를 졸라맬 생각은커녕, 전 직원의 보너스 잔치를 계속했기 때문이다. 국민들의 원성은 하늘을 찔렀지만 월 가는 눈도 한 번 꿈쩍거리지 않았다. 이것이 바로 지대추구 행위를 밥 먹듯이 하는 자들의 작태다. 그리고 그들이 택하는 전략들은 큰 틀로 보면 정경유착이다.

chapter 02

지대추구 행위자들의
전략

시장의 불투명성 전략

지대추구 행위자들은 대개 불로소득을 노리는 탐욕의 화신으로
드러나길 매우 꺼려한다. 물론 어떤 경우는 매우 당당하게 자신들
이 지대추구 행위자들임을 밝히는 경우도 있겠지만 그런 경우란 매
우 드물다. 그런 경우가 있다면 자신들과 한통속이 되었다고 믿는
이들에게 자신들의 기술을 전수하려 들 때 정도일 것이다. 어쨌든,
지대추구 행위자들은 사람들에게는 보통 선망의 대상, 즉 매우 멋
진 대상으로 보이기 일쑤다. 그들이 일생을 두고 끊임없이 추구하
는 그 지대(불로소득)를 손아귀에 넣어서 겉으로는 대성공을 거둔 인

생의 승리자로 보이기 때문이다. 즉 인생이라는 거친 바다, 특히 경쟁이라는 전쟁터에서 대승을 거둔 대단한 영웅으로 보이기에 그들이 거둔 성공과 지대는 그저 당연한 전리품으로 보일 뿐이다. 불로소득을 추구한 매우 야비한 사기꾼이 아니고 멋지게 성공한 자로 보이는 이유는 바로 지대추구자들이 구사한 전략 덕택이다.

그러면 그들이 구사하는 전략은 무엇일까? 그들이 선택한 전략들은 그들의 성공을 멋져 보이게 할 뿐만 아니라 당연히 여기게 한다. 그리고 그들이 선택한 전략은 바로 그들의 지대추구 행위를 성공으로 이끄는 열쇠가 되기도 한다. 답부터 말하고 시작하자. 그 하나는 시장의 불투명성 조장, 그리고 나머지 하나는 '규제포획'(regulatory capture)이다.

먼저, 불로소득에 눈이 먼 지대추구 행위자들이 자신들의 이익을 위해 제일 먼저 작업에 들어가는 것이 바로 시장의 투명성이다. 그들은 시장의 투명성을 가장 혐오스러워한다. 그래서 시장의 투명성을 감소시키는 데 사활을 건다(Stiglitz, 2012: 36). 그들이 시장의 불투명성을 선호하는 이유는 무엇일까.

물론 지대추구 행위자들은 겉으로는 자유시장경제의 화신으로 분한다. 자유시장경제의 요체는 경쟁이 담보되는 시장의 투명성 강조다. 그들은 늘 경쟁이라는 말을 입에 달고 다닌다. 그들은 자유시장경제는 경쟁으로 시작해서 경쟁으로 끝난다며, 경쟁이 없다면 자유시장경제조차 불가능하다고 떠들어댄다. 경쟁이야말로 무한대의 이익을 창출하는 중요한 수단이라고 하면서. 그러나 그들의 입에서 나오는 말과 그들의 속내는 전혀 다르다. 그들처럼 경쟁을 싫어하는 사람들은 없다. 곰곰이 생각해보라. 진짜로 경쟁이 있다면 그들이 아무 대가도 치르지 않고 공짜 수익을 얻어갈 수 있겠는지를. 아무런 대가도 치르지 않고 지대를 차지할 수 있다면 경쟁이 없는 곳이다. 그래서 지대추구 행위자들이 아무리 입에 경쟁이라는 말을 달고 다닌다고 해도, 그들은 진정한 경쟁 혐오자임을 명심해야 한다.

그들이 말하는 경쟁은 자신들의 지대를 추구하는 데 걸림돌이 없는 바로 그 상황이다. 그들은 그 상황을 경쟁이라 하고 나는 그것을 특혜라 부른다. 그리고 특혜가 보통의 사람들에게 정당한 경쟁으로 보이게 하려면 보통 사람들이 그 상황을 직시하지 못하게끔 눈을 가릴 필요가 있다. 그 눈을 바로 시장의 불투명성이 가린다. 곧 시장의 투명성을 결여시키는 것이다. 물론 지대추구자들은 앞서 말했듯이 자신들이 특혜를 받는 그 상황을 거꾸로 정정당당한 경쟁이 벌어지는 자유로운 시장이며 매우 투명한 시장이라고 하지만, 그것은 거짓말이다. 그들이 투명하다고 하는 시장은 곧 불투명한 시장이며, 그들이 경쟁이라고 하는 것은 그들만이 유리한 특혜, 즉 일반 사람들은 진정한 경쟁의 장에 참여조차 못하는 불공정하고 불의한 그런 장(場)이다.

다시 월 가로 돌아가보자. 월 가는 다른 산업부문 중 유독 금융부문만 승승장구하게끔 시장을 조작하고 판을 그럴듯하게 짠다. 각종 탈법과 위법이 난무하는데도 정치권의 옆구리를 돈 주고 찔러, 전혀 탈법과 위법으로 보이지 않게 만든다. 이것이 어떻게 정당한 경쟁일 수 있는가. 금융부문 외의 다른 부문들은 아예 경쟁의 대상 축에도 들지 못하도록 철저히 배척한다. 그러나 그렇게 간교한 술수를 써도 자신들이 가장 경쟁력 높아 보이도록 잔뜩 가장한다. 그리고 자신들에게는 아무런 위험 요소가 없다고 언론 플레이를 하고, 여론을 조작하며 분위기를 띄운다. 그래서 월 가로 돈들이 쏙쏙 몰려들게 한다. 그 최적의 수단은 바로 금융의 대량살상무기라는 파생금융상품의 개발과 흥행 대작전이었다.

미국에서 부동산거품을 일으킨 주범인 파생금융상품은 금융 전문가라도 따라잡기 어렵다고 정평이 나 있을 정도로 복잡하게 설계되어 있다. 그러나 월 가의 대형금융회사들은 이 상품의 개발로 위험이 사라진 식으로 위장해서 투자자들을 속이고 돈을 유치해, 막대한 수수료 등을 챙겨 고수익으로 돈 잔치를 벌였다. 곧 꺼질 수밖에 없는 거품이라는 위험이 잔뜩 도사린 것이지만, 파생금융상품으로 위험은 보이지 않게 눈 가리고 아웅했다. 이는 명백한 '사기'다. "모든 규칙에는 예외가 있다지만 월 가의 사기 철칙에는 예외가 없다"고 샌더스가 말했듯이, 월 가의 사업 비법은 사기로 시작해 사기로 끝난다.

이재용과 박근혜의 짬짜미도 시장의 불투명 속에서 싹튼 야합이다. 2015년 7월 17일 삼성물산과 제일모직 합병은 전적으로 국민연금공단의 합병 찬성 행사에 힘입어 성사된다. 시장이 투명했다면 결코 이루어질 수 없었던 합병이다. 그러나 시장의 불투명 속에서 이재용과 박근혜는 뇌물을 주고받으며 합병을 성사시켰다. 삼성만을 위한 일종의 원포인트 특혜 지원사격에 의한 것이다. 시장이 투명하다면 절대로 불가능한 일이다. "삼성물산과 제일모직 간 합병이 성사될 수 있도록 챙겨보라"는 박근혜의 지시를 받은 안종범과 문형표가 국민연금의 홍완선 기금운용본부장에게 압력을 가해 이루어낸, 지대추구 행위자들의 쾌거(?)다.

합병 직전 국민연금은 평소 개최해왔던 외부 전문회의도 열지 않고 찬성 입장을 결정했다. 물론 내부적으로는 합병 찬성시 국민연금이 수천억 원의 손해를 본다는 사실도 이미 알고 있으면서 말이다. 그러나 뇌물 먹은 박근혜(특검은 박근혜가 최순실과 공모해 수수한 뇌물이 298억 원[약속 금액을 포함하면 433억 원]이라고 수사결과를 발표했다)는 국민의 손실은 아랑곳하지 않고 이재용의 지대(경영권 승계와 자산증식)와 자신의 지대(뇌물)를 추구했을 뿐이다. 오히려 합병으로 인한 시너지 효과가 2조 원대가 넘으리라고 기만하도록 하면서. 합병이 성사된 7월 17일 오후 4시 삼성의 미래전략실 사장 장충기는 박근혜의 하수인 안종범 경제수석에게 이런 문자를 남겼다고 특검은 전한다. "편하신 시간에 전화 드리고 싶습니다."

이 지긋지긋한 지대추구자들 때문에 구토가 나온다. 그러나 박근혜와 이재용은 뇌물이 아니라며, 그리고 뇌물을 한 푼도 받지 않았다며 여전히 오리발이다. 이들이 각각 우리나라의 대통령이었으며, 우리나라를 대표하는 글로벌기업 삼성의 총수라니 무슨 말이 더 필요할까.

규제포획 전략

지대추구 행위자들이 사익추구를 위해 펼치는 두 번째 전략은 바로 규제포획이다. 설명하기 전에 미국과 한국에서 벌어진 다음의 이야기를 먼저 보기로 하자. 대사(ambassador)와 관련된 이야기다. 외교에서 대사 파견은 무척 중대한 일이다. 바로 자국의 이익과 직결되기 때문이다. 그래서 어떤 나라든 전문외교관 경력이나 해당 지역에 대한 전문지식이 없는 사람을 절대로 대사 자리에 앉히지 않는다. 그런데 예외인 국가가 있다. 어떤 나라일까? 바로 미국이다.

믿기지 않겠지만 미국은 대사 자리를 돈 주고 판다. 일종의 매관매직과 같다. 당신도 대통령 경선 때 정치자금을 많이 대면 미국의 대사 자리를 꿰찰 수 있다. 2009년도 6월 MSNBC 뉴스 제목, '고액 기부자에게 대사직 선물한 오바마(Obama Taps Major Donors For Ambassadorships)'에 일목요연하게 드러난다. 오바마가 고액 기부자들에게 안겨준 대사직은 무려 170개 중 3분의 1이나 된다. 예를 들어 대선 때 50만 달러(약 6억 원)의 기부금 모금에 앞장섰던 변호사 거트먼(Howard Gutman)에게는 벨기에 대사 자리를 선물했다. 또한 동일한 금액을 모금했던 베이어(Donald Beyer)는 스위스 대사직을 따냈다.

이렇게 매관매직으로 대사직을 산 무자격 외교관들이 일을 제대로 수행할 수 있었을까? 대답은 뻔하다. 벨기에 대사 거트먼은 유대인 비하 발언으로 혼쭐이 났고, 룩셈부르크 대사 스토로움(Cynthia Stroum)은 직원들을 하대하는 막가파식 태도 때문에 감사를 받다가 사임했다. 음반제작자였다가 바하마 대사직을 선물받은 아방(Nicole Avant)도 근무지 이탈과 근무태만 등으로 물의를 빚던 중 사임했다.

이 사실이 놀라운가? 다음에 이어지는 내용은 어떨까. 미국 대사직 이야기는 그야말로 약과에 불과하다. 박영수 특검이 밝힌 바에 따르면 최순실은 박근혜를 등에 업고 외교부 산하 공공기관인 한국국제협력단(코이카) 인선에도 개입했다. 외교부 산하기관이라 역대로 외교부 출신이 코이카 이사장에 선임되어왔는데도 최순실은 이를 뒤집고, 산업통상자원부 산하기관인 대한무역투자진흥공사(코트라) 출신 김인식을 코이카 이사장에, 그리고 주미얀마 대사에 삼성전기 출신 유재경을 각각 대통령을 통해 임명했다. 최순실은 프랑크푸르트에서 페이퍼컴퍼니 등을 통해 한국의 재산을 독일과 스위스 등지로 빼돌린 의혹을 받고 있다. 그런 시기에 김인식과 유재경은 모두 2002년~2004년 독일 프랑크푸르트에 주재했었다. 당시 최순실에게 도움을 주며 친분을 쌓은 인사들을 최순실이 박근혜를 통해 관례를 깨고 파격적으로 코이카 이사장과 주미얀마대사로 임명한 것이다. 개발도상국에 지원하는 이른바 공적개발원조(ODA)에도 마수를 뻗어 나랏돈을 빼먹으려는 의도에서였다. 자신이 아는 인물들을 관련 사업 요직에 앉힘으로써 말이다. 즉 최순실과 박근혜는 개발도상국의 발전과 복지증진을 목적으로 하는 ODA사업을 독식하기 위해 파렴치한 지대추구 행위를 자행한 것이다.

이렇게 자기 사람을 어느 요직에 꽂아서 지대를 독식할 수 있는 규칙을 만들고, 자신에게 유리하게 모든 것이 굴러가게 만드는 행위를 '규제포획'이라고 한다(Stigler, 1971: 3; 1975: 183; Dal Bo, 2006). 쉽게 표현하면 규제권을 갖고 있는 이들을 포섭하거나 아니면 자신의 사람을 그 자리에 두어 자신의 이익을 최대한 뽑아낼 수 있는 유리한 구조를 만들어내는 것이다. 그렇게 되면 지대, 즉 불로소득은 저절로 굴러 들어오게 된다. 고양이에게 생선 가게를 맡긴 꼴이니 당연하지 않은가. 투자비용은 그 규제포획에 동조한 인사들에 대한 약간의 보상밖에 없다. 그러나 그에 비해 불로소득은 상대할 수 없을 만큼 크다.

상상하기 힘들겠지만, 미국은 이른바 이러한 규제포획의 천국이다. 미국의 일반 국민들만 잘 모를 뿐이다. 그래서 큰 이슈로 부각되지 않을 뿐, 현재 미국은 지대추구자들이 이미 규제포획으로 자신들에게 유리한 판을 다 짜놨고 그들이 다 점령했다. 이것을 나는 '회전문인사'라 불렀다. 기업에서 일하던 자가 정부의 주요 관직에 등용되고, 또 거기서 국가를 위해서가 아니라 자신이 일하던 기업을 위해 혼신의 힘을 경주하다가 퇴임 후 다시 자신이 일하던 곳으로 돌아가고 그러다 다시 정부요직에 가고… 그런 연유로 붙인 이름이다. 회전문인사의 천국이 미국 관료사회다. 정말로 한시라도 한눈을 팔라치면 특정인물이 관직에 있는지 회사에 있는지, 그 어디에 있는지 파악조차 안 되는 일이 벌어지는 곳이 바로 미국이다. 이런 돌고 도는 회전문식 인사에 있어서 월 가는 발군이다. 이 때문에 그들은 금융위기 발발 전까지 그리고 발발 후에도 망하지 않고 영원히 규제포획된 인사들의 농단으로 승승장구할 수 있었다.

금융위기 대책을 세웠던 재무장관 헨리 폴슨(Henry Paulson)은 월가의 골드만삭스 회장 출신이었다. 이뿐이랴, 백악관 비서실장 조슈아 볼턴(Joshua Bolten), 클린턴 행정부의 재무부장관이던 로버트 루빈(Robert Rubin) 등이 모두 골드만삭스 출신이다. 오바마 정권에서도 골드만삭스 출신 인사가 요직을 장악했다. 티모시 가이트너(Timothy Geithner)는 골드만삭스 출신은 아니지만 골드만삭스와 연결고리가 있다. 그의 스승인 래리 서머스(Lawrence Summers)가 골드만삭스 출신으로 국가경제위원장을 지냈고, 그의 참모 마크 페터슨(Mark Peterson)은 골드만삭스의 부회장 겸 로비스트였다. 오죽했으면 오바마 정부를 두고 '삭스정부(Government Sachs)'라고 했을까. 그래서 한 일이 무엇인가? 바로 금융위기가 터지자 이들 골드만삭스 출신 정부관료에 의해 구제금융이 골드만삭스를 비롯한 월 가로 득달같이 전해졌다. 완벽한 규제포획의 예다. 현재 트럼프 대통령의 경제관료 실세인 게리 콘(Gary Cohn)도 골드만삭스 최고위직 출신이다.

그리고 저렇게 지대를 추구하는 자들에 의해 주구(走狗) 노릇을 충실히 한 사람들은 엄청난 보상을 받는다. 서머스가 그랬고, 가이트너도 그렇다. 그러나 뭐니뭐니 해도 최고의 보상은 아마도 대통령이라는 권좌일 것이다. 오바마는 그렇게 월 가에 의해 권좌에 앉은 자이다. 금융위기 발발 후 월 가의 전횡과 대국민 노략질에 대한 철퇴를 내려달라며 국민은 오바마를 뽑아줬지만, 그가 월 가에 내린 처벌은 솜방망이였다. 왜 그랬을까? 사실은 월 가가 오바마를 그 자리에 앉혀주었기 때문이다. 돈 없으면 대통령은커녕 아무것도 될 수 없는 금권정치가 횡행하는 미국에서 무일푼에 가까운 오바마가 무슨 수로 대통령이 되겠는가? 그에게 돈줄이 있으니 당선이 가능했다는 것은 합리적 추론이다. 실제로 오바마를 대통령으로 앉히기 위한 월 가의 노력은 지대했다. 그에게 들어간 돈은 어마어마하다. 선라이트재단(Sunlight Foundation)은 오바마가 초선 대통령이 되던 때 과거 20년래 월 가로부터 가장 많은 선거자금을 받았다고 폭로했다. 그러니 철퇴는 무슨 철퇴인가. 오히려 재무부장관 가이트너를 통해 월 가로 막대한 구제금융을 퍼주었다. 꼭두각시 노릇을 할 자를 월 가가 돈 주고 사서 최고권력인 대통령 자리에 앉히고 거기서 막대한 국민의 혈세를 빼먹는 것, 이러한 엄청난 규제포획과 지대추구 행위가 행해지는 미국. 그리고 태평양 건너 대한민국. 기막힌 데자뷔가 아닌가.

골드만삭스와 김앤장 그리고 박근혜·최순실

그 데자뷔, 조금만 더 이야기해보자.

김앤장 법률사무소가 어떤 면에서 한국판 골드만삭스라고 하면 무슨 뚱딴지 같은 소리냐고 할지도 모른다. 물론 하나는 로펌(law firm)이고 다른 하나는 은행이니, 기업의 형태 측면에서는 분명 서로 다르다. 하지만 규제포획이라는 측면에서는 그 차이가 희석된다.

2016년 5월 현재 김앤장은 최근 12년 동안 총 8명의 소속 변호사를 청와대 민정수석실 비서관으로 입성시킨 것으로 드러났다. 김앤장에 몸담았다 다른 로펌으로 옮긴 뒤 청와대로 들어갔거나, 애초에 김앤장 출신 변호사는 아니었으나 청와대 근무 후 김앤장으로 자리를 옮긴 사람들까지 다 포함하면 무려 11명에 이른다. 김영삼 정부와 김대중 정부 때는 단 한 명도 김앤장 출신 변호사가 없었다. 그러다가 노무현 정부가 들어서부터 야금야금 들어오기 시작(8.3%), 이명박 정부에서는 16.6%, 그리고 박근혜 정부에서는 당시까지 27.7%로 늘어났다. 다시 말해 박근혜 정부에서는 3명 중 1명이 민정수석실 비서관이었다는 말이다.

골드만삭스 출신 사람들로 득실거리는 미국의 오바마 정부를 가리켜 '삭스정부(Government Sachs)'라 했듯, 우리도 청와대를 가리켜 이젠 '김앤상(의) 청와대(정부)'로 불러야 할 것 같다. 김앤장 출신 변호사들이 야금야금 청와대를 점령해오는 과정에 우리 국민은 여태 신경쓰지도 않았고 그 사실에 대해 전혀 무지했다.

그런 무신경과 무관심을 틈타 김앤장이 청와대에 소속 변호사들을 대거 입성시켰다. 김앤장이 그렇게 하는 속셈은 무엇일까. 청와대 민정수석실이 어떤 곳인가? 참고로 문제의 우병우가 있던 곳이다. 대한민국 권력의 심장부다. 대한민국의 수뇌부 중 수뇌부가 모인 곳이다. 권력을 뇌로 치면 권력의 전두엽이다. 모든 정보가 그리로 흘러들어 가서 거기서부터 분류되어 위로 가고 아래로 흐른다. 그런 권력의 핵심에 소속사 인사를 꽂아 모든 정보를 누구보다 먼저 입수하고 또한 자신들의 입김을 맘껏 행사하겠다는 계산, 즉 이익추구를 위해서 그런 짓을 한 것 아닌가. 전형적인 속칭 '빨대 꽂기', 즉 지대추구자들이 최고의 전략으로 삼고 있는 규제포획의 일환이 아니겠는가.

그렇다면 교활한 일개 사기업체 김앤장의 빨대 꽂기 작태를 허용하는 우리나라 역대 정권(박근혜는 물론)은 국민 눈에는 어떻게 비칠 텐가. 단지 "수준 높은 적임자를 찾다 보니 그렇게 되었을 뿐 김앤장을 특별히 선호해서 빚어진 일이 아니다"라는 청와대의 변명이 곧이곧대로 들릴까. 예전에는 그랬을지 모르지만, 박근혜 국정농단 이후 국민들의 현실인식 능력은 증진되었기에 그런 식의 변명은 이제 통하기 어렵다. 청와대와 김앤장이 한통속으로 보일 것이 분명하다. 그러나 어찌되었든, 그 폐해는 고스란히 돈 없고 '빽' 없는 서민들 몫이 될 것은 뻔하다(김광기, 2016. 6. 6.).

가습기 살균제 사건은 세월호 사건만큼 많은 피해자를 낸 최악의 극악무도한 사건이다. 최대 피해를 낸 옥시레킷벤키저 사건이 발생한 지 5년인 2016년 5월, 공식으로 늑장 사과했지만 사건의 철저한 규명과 구체적인 보상안은 아직이다. 그런데 이런 천인공노할 일을 벌인 회사의 변호를 맡은 곳이 바로 김앤장이다. 국민정서와는 한참이나 동떨어지게 이런 악랄한 기업의 변호를 맡은 김앤장을 보고 국민들은 어떻게 생각할까. 좋게 볼 리 만무하다.

가습기 살균제 피해자들이 김앤장과 소속 변호사 8명의 징계를 서울지방변호사회에 요구했다가 기각되었다. 그러자 피해자들은 상급단체인 대한변호사협회에 다시 진정을 제기했다. 진정서 제기 사유는 이렇다. "변호사법은 의뢰인의 범죄나 위법행위에 협조하지 않도록 하고 허위증거를 제출하거나 이를 의심받을 행위를 금하고 있는데, 김앤장은 이 변호사법을 명백히 위반한 정황이 있다"는 것이다. 옥시가 2011년 서울대 조 모 교수팀의 가습기 살균제 독성 실험을 의뢰했고, 조 모 교수팀은 인체에 무해하다는 취지의 허위보고서를 작성한 혐의로 기소돼 1심에서 징역 2년을 선고받았다. 피해자 측은 허위보고서가 만들어지고 재판에서 증거로 제출되는 과정에서 옥시 측을 대리한 김앤장이 인체 유해 가능성을 확인하고도 이를 은폐하도록 하는 법률자문을 옥시 측에 했다는 의혹을 제기하며 진정서를 낸 것이다.

물론 이런 사악한 기업의 법률자문과 변호를 맡는 자체가 큰 문제다. 그러나 더 큰 문제가 있다. 이러한 일에 휩싸일 때, 관리·감독·제재·대처 등이 바로 정부가 할 일인데, 이 모두를 담당하는 모든 주무부처의 컨트롤 타워 기능을 청와대가 한다. 그런데 거기에 이해 당사자라 할 수 있는(기업의 법률대리인이기에) 김앤장 관련 인사들이 포진해 있다는 사실은 앞의 문제를 크게 능가할 뿐만 아니라, 차원이 다른 중요한 문제를 드러낸다. 정의의 문제다. 한마디로 공정하지 못하다. 정의롭지 못하고, 부조리하고 불평등하다. 엄정 중립으로, 아니 피해자인 국민의 편에 서 있어야 할 정부와 청와대가 국민의 기대와는 전혀 다른 엉뚱한 짓으로 삼천포로 빠질 개연성이 높아지기에 그렇다. 그것은 정부와 정치의 정체성의 물음으로 우리를 이끈다. 과연 누구의 정부이며 누구의 청와대인가.

사회학자 밀스(C. Wright Mills)의 유명한 미국 정치권력 비판서 《파워 엘리트(The Power Elite)》를 보면, 이미 1950년대의 미국에서도 미국 정책결정의 3대 최고 지위(3top policy-making position)인 국무장관, 재무 장관, 국방장관은 모건과 록펠러 재벌의 법률대리인 등에 의해 장악되었다. 밀스는 이런 이들을 '정치적 국외자(political outsider)'라고 명명한다(Mills, 1956: 231-232). 이들의 가장 큰 아킬레스건은 바로 이들의 이해(interest)와 국가정책결정자로서의 이해가 서로 충돌하는 것이다. 이들 정치적 국외자들은 그 순간 무엇을 택할까. 너무나도 뻔한 일이다. 백이면 백 자신들에게 영원한 부를 손에 쥐여줄 사적 부문의 이익을 대변할 공산이 크다.

정치적 국외자, 김앤장 소속 변호사들의 청와대 입성은 이런 점에서 매우 불길하다. 따라서 문재인 정권부터는 김앤장 소속 변호사들이 청와대에 한 발도 들여놓지 못하도록 단속해야 한다. 감히 어디서 못된 수작질이란 말인가. 김앤장의 탐욕을 언제까지 수수방관할 텐가. 새 정권에서는 청와대에서 김앤장 변호사들을 일소하고 적폐청산의 신호탄을 쏘아 올리는 광경을 반드시 보고 싶다. 국민 모두 지켜볼 것이다. 청와대에서 고양이에게 생선을 맡기는 일이 벌어져서는 결코 안 된다.

그것을 반드시 불허해야 하는 이유를 지난 박근혜·최순실 국정 농단 게이트로 우리는 분명히 목도하지 않았는가. 문화융성과 창조경제 육성을 위한다며 국정기조를 짜놓고, 거기에 자신들의 사람들, 김종덕, 김종, 그리고 김상률 등 문화체육관광부 장차관 및 교문수석을 꽂아두고 농단질을 통해 나랏돈을 빼먹은 것이다. 물론 이를 반대할 듯한 사람들은 가차 없이 찍어낸다. 김기춘과 우병우도 최순실을 모른다고 부인했지만, 정황과 이어지는 여러 증거상 모를 리 없다. 우리나라 역사에 길이 남을 전대미문의 국정농단 사태는 결국 탐욕에 찌든 최순실과 권력욕의 화신인 박근혜가 사익을 추구하기 위해 자기 사람들을 국정의 요직에 앉혀놓고 벌인, 규제포획의 '끝판왕' 격 지대추구 행위다.

chapter 03

승자
독식

승자독식, 그 잔인한 약탈성

지대추구 행위로 손쉽게 이익을 얻을 뿐만 아니라 판 자체의 이익을 다 쓸어가는, 그래서 패자에게는 일말의 국물도 없는 보상 분배체계를 승자독식(winner-take-all)이라 한다. 즉 상호 약탈적인 이익 분배체계를 뜻한다. 코넬대학교의 로버트 프랭크(Robert Frank)는 필립 쿡(Philip Cook)과 함께 승자가 모든 것을 싹쓸이하는 이 약탈적이고 부조리한 현상에 1980년대부터 주목했다. 그리고 함께 펴낸 책이 《승자독식사회(The Winner-Take-All Society)》이다. 승자가 모든 것을 싹쓸이하는 이 현상에서 그들은 매우 특이한 점을 발견한다. 싹쓸이가 아주 미미한 부분에서부터 비롯된다는 점이다. 그래서 그들은 다음과 같이 강조한다. "처음의 사소한 이점(small initial advantage)이 결국에는 '넘사벽'(insurmountable lead: 넘을 수 없는 4차원의 벽이라는 줄임말)을 만든다"(Frank and Cook, 1996: 37).

다른 사람이 도저히 뛰어넘을 수 없는 '넘사벽'을 만들어주는 것은 매우 사소한 지점에서 출발한다는 말인데, 예를 들면 이런 것이다. 등산할 때 누가 뒤에서 살짝 밀어주면서 산을 오르면 혼자 오를 때보다 훨씬 수월한 것과 마찬가지다. 또는 무거운 등산가방을 누가 들어주며 오르는 것과 같다. 사소한 차이에서 오는 출발이 결말에서 엄청난 차이로 나타난다. 그런데 신자유주의 체제하의 시장에서는, 출발점에서의 사소한 이점이 모든 열매를 독식할 수 있는 결정적 계기로 작용한다. 그리고 그것을 담보해주는 것이 바로 정경유착이다. 그래서 승자독식은 지대추구 행위가 가장 악랄한 형태로 발현되는 과정이자 결과물이다. 공짜 이권을 추구하는 사회, 지대추구 행위가 만연한 사회에서는 경쟁의 판에 놓인 몫들을 이렇게 해서 승자가 모두 독식한다.

그래서 승자독식과 지대추구 행위는 떼려야 뗄 수 없이 서로 맞물려 있다. 승자독식과 지대추구 행위는 주체자 이외의 나머지 사회성원들에게는 "희생"만을 강요하는 매우 부당한 "재분배" 행위다(Stiglitz, 2012: 39, 95). 그리고 승자독식은 오로지 처음에 시작할 때 사소한 이점을 갖게 된다는 점에서만 넘사벽이 되는 것은 아니다. 이미 자신들을 위해 지속적인 승자가 되기 위한 판을 기획하고 짜놓아야, 진정한 승자독식이 될 수 있다. 자신들을 위한 판 자체의 조성, 그것은 앞서 보았듯이 지대추구 행위자들이 늘 고려하는 중요한 전략들이다. 모든 이익을 독식하려면 철두철미해야 한다. 그리고 그러려면 정치권을 구워삶아 확실히 자신의 심복을 만드는 것이다. 어떤 경우 규제포획에서 보았듯 자기 사람을 특정 자리에 꽂아 놓기도 한다. 이런 조건이 완벽히 충족되면 승자독식의 세계는 활짝 열린다. 그래서 지대추구 행위자들은 그 주도면밀함 때문에 계속해서 승승장구할 수 있다. 반면 그 희생자들은 계속해서 실패할 수밖에 없다. 게임은 이미 짜여 있다. 실패자들만 모를 뿐이다.

경제학자 밀라노비치(Branko Milanovic)는 이에 대해 다음과 같이 정곡을 찌른다(Milanovic, 2016: 216).

> 신자본주의 사회는 거대한 카지노(도박장)과 같다. 단, 중요한 차이점이 하나 있긴 하다. 신자본주의 사회라는 카지노는 일반 카지노와는 달리 처음 몇 판을 딴 사람(대체로 금수저를 물고 나온 사람들[상류층 출신])이 계속해서 이길 확률이 더 높다는 점이다. 마찬가지로 처음 몇 판에서 잃은 사람이 이길 승산도 갈수록 엷어진다.

지대추구 행위자들은 자신들에게만 유리한 상황을 '경쟁'이라는 이름으로 물타기해 한껏 미화한다. "너도 경쟁에서 승자가 될 수 있다"는 믿음을 미래의 희생자들에게 잔뜩 고취한 뒤 경쟁에 뛰어들도록 현혹한다. 그러나 지대추구 행위자들은 이미 일반인들이 절대로 승자가 될 수 없고 오직 자신들만이 승자가 될 수 있도록, 시장 자체도 불투명하게 기획해놓았다. 시장 자체의 불투명성은 부정부패로 찌든 시장을 말한다. 정의롭고 깨끗한 사람은 아예 면역 능력이 없는 그런 시장 말이다.

그러나 일반 사람들은 이런 사실을 좀처럼 알아차리지 못한다. 단지 그들의 눈은 지대추구 행위자들의 독식한 지대(이익, 또는 열매)에 눈이 고정되고 멀게 될 뿐이다. 그리고 그것을 당연히 여긴다. 지대추구 행위자들이 자신들이 독식하며 누리는 그 지대를 일반 사람들이 당연한 것으로 여기게 만드는 것은, 그들의 이데올로기를 계속 주입하기 때문이다. 그들의 이데올로기는 신자유주의의 이념과 동일하다. 경쟁에서의 승자를 잔뜩 치켜세우고 패자를 거들떠보지도 않는 것이다.

이런 문화는 분명히 미국에서 만연했다. 이미 70여 년 전 사회학자 머튼(Robert K. Merton)은 미국사회에 만연한 이런 '성공제일주의' 문화를 다음과 같이 표현한 바 있다.

"미국인들은 '포기하지 말 것'을 종용받는다… 청년들의 사전에는 '실패라는 단어 따위는 없다.' 문화적 선언은 뚜렷하다. 사람은 절대로 포기해서는 안 되고, 노력을 그쳐서도 안 되며, 목표를 낮추어서도 안 된다(Merton, 1968: 192-193)."

이와 비슷하게 캘러한(David Callahan)도 "누구나 승자를 좋아한다는 옛말이 미국에서만큼 잘 들어맞는 곳도 없다. 승자는 고결하고,

칭송받아야 할 사람으로 간주된다. 반면 패자는 그 반대 취급을 받는다"고 현대 미국사회를 꼬집어 비판한다(Callahan, 2004: 124). 불행한 것은 바로 사회의 극소수를 제외한 나머지는 모두 패자가 될 운명이라는 점이다. 결국 성공제일주의는 대다수 사람들에게는 단지 희망고문을 안길 뿐이다. 그리고 마침내 그런 희망을 갖는 것조차 사치라고 여기는 자신을 발견하고 심각하게 좌절한다. 그래서 실패가 운명 지워진 불공정 게임은 참여한 운명적 패배자들을 쉽게 단념하고 절망 가운데 헤매게 한다. 패배자들에게서는 희망을 꿈꿀 권리마저 빼앗아버린다. 그리고 그 모든 실패의 잘못을 자기 탓으로 돌리게 만든다. 그러나 성공과 승자독식과 지대추구 행위의 물리를 터득한 자들은 가차 없이, 그리고 맹렬하게 지대추구에 매진한다. 성공을 향해 물불도, 수단과 방법도 가리지 않고. 그리고 마침내 성공하면 모든 것을 게걸스럽게 독점하고 독식한다.

성공제일주의와 승자독식의 문화가 얼마나 지금 미국사회를 점령하고 있는지는 하버드대학교 입학사정관의 한탄에 잘 드러난다.

"최근 20대의 새파란 '닷컴' 갑부, 운동선수와 연예인의 천문학적인 수입, CEO에게 돌아가는 어마어마한 스톡옵션과 보너스 등을 둘러싼 이야기가 회자되면서 거기에 자극받아 너도나도 대박 칠 기회가 어디 없을까 하고 눈들이 죄다 벌겋다. ……학생은 물론 학부모들까지 미국에는 승자에게 주어지는 보상을 자기 것으로 만들려는 이들이 도처에 넘쳐난다(Fitzsimmons, et al., 2017)."

그런데 이런 성공제일주의 문화는 단지 미국만의 문화가 아니다.

물질을 중시하는 문화를 가진 모든 곳에서 볼 수 있다. 우리나라도 마찬가지다. 그렇다면 성공제일주의 문화와 이에 기반한 승자독식에는 어떤 폐단이 있을까?

승자독식과 그 폐단

승자독식이 불러오는 폐해는 크게 세 가지다.

첫째, 사람들 간 신뢰를 저하한다. 사회학자 바우만(Zygmund Bauman)은 이를 다음과 같이 설명한다.

"그러한[승자독식의] 함정에 빠져버린 세계는 신뢰와 연대, 호의적 협력에 적대적이다. 그러한 세계는 상호의존과 의리, 상호부조, 사심 없는 협동과 우정을 평가절하하고 폄훼한다. 그런 이유로 그 세계는 갈수록 냉혹하고 낯설고 매력 없는 곳으로 변한다. 그런 곳에서 우리는 마치 누군가의 사유지에 들어간 불청객과도 같다. 우편함이나 편지함에는 이미 퇴거명령서가 기다리고 있는…(Bauman, 2013: 88-89)."

오로지 성공만이 한껏 치켜세워지는 곳의 삶은 온통 성공에 대한 집착만이 있을 뿐, 인간다운 삶이란 없다. 인간다운 삶은 사람들 사이에 신뢰가 있는 곳이다. 그러한 신뢰의 바탕 위에서 모든 일들이 가능하다. 심지어 다분히 이익추구적인 행위인 사업과 경영조차 신뢰가 없다면 존재할 수 없다. 그래서 신뢰는 이익실현에서도 밑바탕이 된다. 생각해보라. 어떻게 신뢰 없이 계약이 성사될 수 있는지를. 그래서 신뢰는 한 사회의 효율성, 경제의 효율성을 증대한다. 그러나 승자독식, 그리고 이기적인 지대추구 행위가 만연한 사회는 신뢰를 금 가게 하고, 신뢰가 금 간 사회는 효율성을 담보하지 못한다. 그런데 우리가 유의해야 할 점은 바로 "한번 금 간 신뢰는 되돌리기 무척 어렵다(Trust shaken is not easily gained back)"는 서양의 오래된 금언이다. 지대추구 행위와 승자독식은 바로 이런 불행한 환경의 씨앗이 된다.

둘째, 승자독식은 심각한 불평등을 야기한다. 바로 승자독식이 제로섬게임, 즉 상호 약탈적 게임이기 때문이다. 해서 승리자와 패배자의 격차는 갈수록 벌어진다. 불평등의 심화다. 그리고 그것은 곧 양극화를 의미한다. 이러한 불평등은 단지 경제적 불평등만을 의미하지 않는다. 부를 가진 자들이 결국은 모든 것을 다 가지게 되므로, 경제적인 승자들은 베버(Max Weber, 1946)가 말하는 계층 구분인, 사회적 위세와 정치권력까지 다 거머쥘 수 있고, 불평등의 수혜자로 우뚝 서게 된다. 이것은 또다시 경제적 불평등의 악순환으로 귀결된다. 결과적으로 그들의 지대추구 행위와 승자독식은 더욱 공고해지며 신비스러워진다.

마지막으로, 승자독식에 기반한 성공제일주의는 캘러한이 지적한 '부정효과(cheating effect)'를 낳는다. 승자독식의 폐단 중 가장 무서운 현상이라고 생각한다. 부정효과란 "규칙을 따르면 바보(chump)가 된다는 두려움에서 비롯된 거짓(부정직)의 만연"을 뜻한다(Callahan, 2004: 179). 승리자에게 주어지는 보상이 갈수록 커지고 그들이 모든 보상을 거의 다 싹쓸이하면 할수록 "사람들은 최고의 자리에 오르기 위해 무슨 짓이든 불사하려 드는 것"은 자연스러운 일이다(Callahan, 2004: 89). 이것은 사회에 부정부패가 창궐하게 만든다. 그런 사회에서는 "미친 듯 [이권을 독식하기 위해] 사기를 치면서도 양심의 가책은 갖기 어렵다(Callahan, 2004: 174)." 이야말로 사회에는 '절대악'이 아니겠는가? 사회를 좀먹는 암덩어리다. 부정을 저지르면서 일말의 양심의 가책을 느끼지 못하는 것, 그런 사람들로 득실거린 사회가 과연 망하지 않고 버텨낼 수 있을까? 결코 아니다. 그런데 이런 사람들은 언제 어디에고 있기 마련이다. 단지 그런 사람들에 대한 대량 양산은 사회 자체가 승자독식과 성공제일주의의 구조로 전환될수록 가속화한다. 한번 가속되면 불에 기름 부은 양 멈출 수 없다.

나는 미국에 유학하면서부터 미국 메이저리그의 열혈 시청자였다. 그러나 좋아하던 그 선수들이 약물복용으로 홈런왕이 되고 타격왕이 되는 등, 정정당당한 실력 겨루기가 아닌 다른 힘을 빌려 스포츠 영웅으로 군림했다는 소식을 접하고 이제는 거들떠보지도 않게 되었다. 충성스러운 관중과 열혈 지지자들의 바람과는 다르게 그들이 그런 부정직한 짓을 저지르게 된 이유는 무엇일까? 승리자에게만 과도한 이득이 돌아가기 때문이다. 1995년 시카고 시의 의사인 골드만(Bob Goldman)이 각 분야의 최고라 불리는 운동선수 198명에게 설문지를 돌려 조사한 결과가 매우 충격적이다. 조사 결과 응답자의 절반 이상이 5년 동안 매 경기를 이길 수만 있다면, 설사 5년 뒤 부작용으로 목숨을 내놓는 한이 있더라도 기꺼이 금지 약물을 복용할 용의가 있다고 답했다(Economist, 1998. 6. 4.). 승리를 위해서라면 가히 악마에게 영혼이라도 팔 태세다. 이들의 승부욕은 단지 스포츠맨으로서의 승부욕이 아니다. 바로 승리로 얻는 열매를 독식할 수 있다는 데서 비롯된 탐욕의 결과다. 탐욕은 심지어 인간을 단 하나의 생명까지도 포기하게 만든다. 생명이 끝난 뒤에는 그가 독식한 열매가 아무 소용도 없다는 사실까지 외면하게 만든다.

국정농단은 승자독식

박근혜는 2017년 3월 10일 파면되었다. 박근혜·최순실의 국정농단은 분명 승자독식을 추구하기 위해 벌이다 들통난 사건이다. 그런데 농단과 승자독식은 그 말뜻 자체에서부터 일치한다. 농단(壟斷)의 한자말 뜻이 "이익이나 권리를 교묘한 수단으로 독점함"인 것만 봐도 그렇다. 농단의 '농(壟)'은 높이 치솟은 언덕을 뜻하므로 농단이란 모든 이익을 취할 수 있는 유리한 위치에 앉아 독식한다는 의미다. 중국의 춘추전국시대 노(魯)나라 시장에서 사용되던 말로, 시장이 훤히 내려다보이는 높은 곳에 올라가 시장 상황을 한눈에 파악해 이익을 독차지하려던 장사치들을 두고 생겨난 말이다. 그러나 이 말은 국정운영을 위해 '임금이 구분해둔 벼슬자리'라는 뜻을 가진 '용단(龍斷)'의 저잣거리판 용어다. 용(龍)과 농(壟)은 원래 뜻과 음이 같이 통하는 말이었다. 맹자가 제(齊)나라 선왕(宣王)의 파격적 제의를 거부하면서 썼다는 말이 바로 농단이다.

희대의 국정농단을 벌이다 구속돼 재판을 받고 있는 최순실이 세상에 드러나게 된 이유는 다름 아닌 그의 딸 정유라의 이화여대 부정 특례입학 때문이다. 그리고 정유라의 버르장머리 없는 페이스북 막말은 전 국민의 복장을 지르고 동시에 허탈하게 했다.

능력 없으면 너희 부모 원망해. 있는 우리 부모 가지고 감 놔라 배 놔라 하지 말고. 돈도 실력이야. 불만이면 종목을 갈아타야지. 내 욕하기 바쁘니 아무리 다른 것 한들 어디 성공하겠니…? 난 공주야.

정유라의 말대로 돈이 실력이 된 세상, 돈 많은 부모가 스펙이 되어버린 세상. "나는 너희랑은 클래스가 달라. 까불지 마!" 그녀가 세상에 던지고 싶었던 말은 이것이었을까. 돈이 권력을 그리고 권력이 다시 돈을 먹고 또 먹는 세상이라는 사실을 그녀는 부모를 통해 너무 일찍 깨달아버린 것이다. 돈이면 다 된다는 것을. 심지어 들어가기 어렵다는 대학도 돈으로, 권력으로 쟁취할 수 있었다. 이것은 분명 승자독식이며 정상적인 나라가 아니다. 그러니 이화의 여대생들이 마스크를 끼고 캠퍼스를 누볐다. 부당하고, 불의이고, 불공정이며, 불평등이며 부조리라 외치며. 그렇게 박근혜·최순실 국정농단은 수면 위로 드러나게 되었다. 감히 아무도 꺼내길 두려워했던 40년 박정희·박근혜·최태민·최순실의 적폐가 그 베일을 벗기 시작했다. 장하다, 이 땅의 여대생이여.

최순실은 남에게 돈 쓰는 데는 지독한 '짠순이'로 알려졌다. 일반인들은 들어보지도 못한 고가의 명품으로 몸을 칭칭 감고 있으면서 자기가 부려먹는 이들에 대해서는 너무나 야박하게 굴었다. 심지어 박근혜 전 대통령에게도 그랬던 것 같다. 자신은 수천만 원짜리로 치장하면서도 박근혜에게 입혔던 운동복도 싸구려였다고 한다. 그의 측근이었다가 뒤에 내부고발자로서, 최순실의 악행을 세상에 고발했던 노승일도 독일에서 간장에 소면을 찍어 먹도록 했다고 한다. 심지어 마굿간 주변에 떨어진 호두를 주워 먹을 정도였다니, 최순실은 얼마나 잔인할 정도로 인색한가.

이렇게 남에게는 쓰는 돈 한 푼에 벌벌 떨던 지독한 구두쇠 최순실이 박근혜 대통령 만들기 프로젝트에 돈을 펑펑 썼다. 그 일환으로 대구 달성의 국회의원 보궐선거에 나섰던 박근혜의 정계입문을 위해 최순실이 모친 임선이와 함께 돈을 여행용 가방에 넣어 와 썼다는 측근의 증언도 나왔다. 그 짠순이 최순실이 왜 그랬을까? 인생철학이 바뀌어서일까? 그녀에게는 단지 소소한 투자일 뿐, 박근혜가 권력을 잡으면 그 투자는 아무것도 아니라는 아주 치밀한 계산에서다. 그런데 무엇을 망설이겠는가. 농단! 국정농단의 시작은 곧 엄청난 반대급부를 노린 아주 소소한 투자에서 시작한다. 그러면 모든 것을 다 끌어모을 수 있다. 이런 생각을 가지고 있으니 국가, 시스템, 국민, 정의 등의 고결하고 신성한 개념들이 농단세력들의 눈에 들어올 턱이 있나. 오로지 농단으로 인한 자신들의 탐욕을 추구할 뿐이다. 이익의 사적인 독식이다.

최순실은 대통령의 연설문에 손을 댔다. 박근혜는 지인에게 문구 수정을 맡겼을 뿐이라며 대수롭지 않은 양 넘기려 했지만, 천만의 말씀이다. 탐욕의 화신인 최순실이 단지 취미로 대통령의 연설문을 수정했을 리 없다. 대통령의 연설문이 어떤 것인가? 그 안에 담긴 내용으로 정책기조가 결정되고 주무부처는 그것을 염두에 두고 정책을 기획하고 예산을 짠다. 그런 것을 이른바 'VIP예산'이라 하고 그 예산은 기재부에서 예산삭감 등의 방법으로 손대지 못한다는 사실을 최순실은 필시 들어 알고 있었을 것이다. 그래서 그녀는 주무부처에서 VIP예산을 알아서 짜도록 하려는 사전정지 작업으로 대통령 연설문에 손댄 것이다. 이것은 단순한 대통령 기록물 외부유출이 아니다. 모든 것이 내려다보이는 높은 곳에 올라 자신의 이익을 극대화하고 싹쓸이하기 위한 전형적인 농단이다. 대통령을 등에 업고 벌인 농단이니 최고의 농단이자 최악의 국정농단인 것이다.

이재용도 마찬가지다. 박근혜·최순실에게 이런저런 명목으로 넘어간 433억 원, 이재용은 그것을 왜 그녀들의 치마폭에 갖다 바쳤을까. 대신 삼성그룹 총수로 경영권을 승계하고, 세금 한 푼 내지 않고도 부를 대물림할 수 있다. 그깟 433억 원? 이재용에게는 단지 껌 값이다. 물론 그것도 자기 돈이 아니고 회사 돈이지만, 어쨌든 그 비용을 지불한 대가로 이재용이 얻는 이득은 그 돈에 가히 비할 수 없을 정도로 엄청난 것이다. 그리고 그것으로 그는 대한민국의 제1 재벌기업의 총수 자리에 앉을 수 있다. 향후 또 다른 이익을 독식할 수 있는 최고의 농단, 즉 모든 것을 독식할 수 있는 최고의 언덕에 자리 잡는 것이나 마찬가지다. 이로써 이재용은 또다시 승자독식에 있어서 제1의 포식자로 우뚝 선 것이다. 그가 박근혜·최순실에게 비굴하게 갖다 바친 뇌물은 그래서 더욱더 사악하고 파렴치하다. 국민을 봉으로 삼고 한 대국민 범죄이니까. 그래서 이재용을 두고 뇌물죄라는 죄목으로 칼을 높이 빼든 특검을 향해 장하다고 칭찬하며, 국민들은 한껏 박수를 보내는 것이다.

탐욕의 시대와 명예의 소멸

자그마치 12대에 걸쳐 무려 300년 동안 만석꾼을 유지했던 경주 최 부잣집의 가훈은 다음과 같다.

1. 과거를 보되, 진사 이상은 하지 마라.
2. 재산은 만 석 이상 지니지 마라.
3. 과객을 후하게 대접하라.
4. 흉년기에는 땅을 사지 마라.
5. 며느리들은 시집 온 후 3년 동안 무명옷을 입어라.
6. 사방 백 리 안에 굶어죽는 사람이 없게 하라.

부자는 부자인데 다 같은 부자는 아닌 게 분명하다. 최 부잣집에는 뭔가 특별한 것이 있다. 탐욕이 없다는 것이다. 대신 최 부잣집에는 명예가 있다. 탐욕에 가득 차 주위를 돌보지 않고 배만 불리려 하는 여느 게걸스러운 부자들처럼 살다가는, 명예는 없고 오욕만 남게 된다. 최 부잣집에는 부자가 모든 것을 독식하려는 천박함이 없다. 그러니 부자 3대 못 간다는 말을 무색하게 만들며 수백년 동안 부를 유지해왔던 것이다. 물론 세간의 존경심과 칭송, 그리고 명예는 덤으로 함께.

그런데 최 부잣집 가문이 기부해 설립한 영남대학은 최태민과 박근혜에 의해 강탈당했다. 굶주린 이리 떼가 순한 양을 삼켜버린 꼴이다. 그러나 우리는 기억할 것이다. 최태민 일가와 최 부잣집을 영원히 달리 취급하면서, 최 부잣집의 가업의 정신을 기억할 것이다. 최태민 일가의 이름은 역사의 치욕으로 남겠지만 최 부잣집 가문의 이름은 영원히 명예롭게 기억할 것이다.

승자독식은 유사 이래 탐욕스러운 인간들이 있는 곳이라면 어디든 그 고개를 들었다. 그러나 완전히 성숙한 때는 바로 자본주의의 변형된 형태인 신자유주의가 역사에 나타나기 시작하면서부터다. 그런데 이 신자유주의라는 바이러스가 창궐하는 시대에는 오로지 이익추구, 시쳇말로 '닥치고 이익!' 추구가 지상 최고의 정언명령(imperatives)이 되는 그런 세계이다. 그런데 이익만을 추구하는 곳은 곧 명예(honor)라는 개념이 소멸하는 장소이기도 하다.

사회학자 피터 버거(Peter Berger)는 전통사회에서 근대사회로 넘어오면서 명예 개념이 쇠퇴해가는 과정을 극적으로 설명했다. 버거에 따르면 명예는 사회적 역할과 관련 깊은 개념이다. 누구나 이 세상에 태어나면 어떤 직무를 맡게 된다. 아버지, 어머니, 교사, 간호사, 군인 등이 그것이고 역할이라 부른다. 그런데 이런 역할을 맡은 사람이 그 역할과 자신을 동일시하는 정도가 강할수록 명예라는 개념은 빛을 발한다. 전통사회의 사람들이 이러했다.

그러나 그 정도가 약할수록 명예라는 개념은 쇠퇴한다. 현대사회를 사는 사람들에게서 이런 모습들이 많이 보인다. 자신이 맡고 있는 역할을 대수롭지 않게 생각할수록 그 사람은 그 역할로부터 자유로워진다. 그 역할을 인식할 때가 있다면 그 역할로 자신이 어떤 이익을 추구할 수 있을 때, 바로 그때뿐이다. 이런 사람들이 공적인 직위에 올랐을 때, 그 지위를 이용해 남에게 군림하거나 권력을 행사하는 것만을 중시할 뿐, 그 지위로 무엇을 해야 하는지에 대해서는 소홀할 가능성은 매우 높다. 심지어 사익을 위해서 그 지위와 역할을 이용할 공산이 커진다. 이렇게 되면 자연히 명예라는 개념은 사람들의 뇌리에서 그 중요성을 상실하게 된다(Berger, et al., 1973: 83-96).

명예라는 개념이 높이 받들어질 때는 바로 자신에게 맡겨진 지위와 역할을 자신과 동일시하고 그 지위와 역할을 중히 여겨, 그 수행을 최고선이라고 인식할 때다. 명예를 중히 여기는 사람들은 그래서 사리사욕의 유혹에 쉽사리 넘어가지 않는다. 바로 자기가 맡은 역할과 그에 대한 책무를 중히 여기기 때문이다. 다른 것들은 그들 눈에 들어오지 않는다. 하지만 명예를 중시하지 않는 사람들은 반대다. 그들에게 중요한 것은 그가 맡은 지위와 역할이 아니다. 그들의 눈은 그것을 비켜 다른 곳으로 향한다. 그리고 그들이 향한 곳은 지위와 역할로 얻을 수 있는 그 무엇이다. 이익이다. 그들이 지위와 역할을 이용해 사리사욕을 채우는 유혹에 쉽게 허물어지는 이유다.

그래서 현대사회는 오로지 이익, 자기 이익추구의 사회다. 명예가 중시되는 사회가 아니고 돈이 중시되는 배금주의 사회라는 의미다. 돈과 물질을 숭배하는 사회다(Mills, 1956: 346). "성공의 기본적 상징이 부가 되며" "돈 자체가 신성화된" 사회다. 그리고 이런 사회는 '물질적 성공(monetary success)'이 상대적으로 측정되는 사회다. 그래서 그것의 추구는 무한대로 확장되고 "종착점이 없다(Merton, 1968: 190-193)."

물론 이 자기 이익은 종종 자기가 가장 애착하는 대상의 이익으로 확장되기도 한다. 즉 자식의 이익, 가족의 이익으로 말이다. 그러나 딱 거기까지다. 그 이익을 더 넓게 확장하지 못한다. 그저 자신과 가족의 이익까지만 한정한다. 잘못 보면 좋게도 보인다. 가족 사랑으로 말이다. 그것이 바로 '악의 평범성'(the banality of evil)이다(Arendt, 1963). 악은 소소한 것에 깃든다. 보통 악은 거대한 것으로 나타나지 않는다. 그러니 조심해야 한다. 가족 사랑이라고 해서 악이 되지 말라는 법이 없기 때문이다. 물론 가족 사랑은 긍정적이다. 그러나 그 사랑이 가족에게만 한정된다면 분명 악이다. 진정한 사랑이 될 수 없다. 왜일까? 진정한 사랑은 확장성을 갖기에 그렇다. 확장성이 결여된 사랑, 폐쇄된 사랑, 초월하지 않은 사랑은 사랑이 아니기 때문이다. 가족의 울타리를 넘지 못하는 사랑은 철저한 자기애의 발로이기에 나쁘다. 바로 나르시시즘(narcissism), 그 이상도 그 이하도 아니다.

나르시시즘은 독일의 철학적 인간학자(philosophical anthropologist)들이 줄기차게 주장하듯 인간 본연의 모습은 아니다. 인간 본연의 모습은, 자기애로 자기중심으로 빠지지 않고 그 사랑과 관심을 '저 밖으로' 쏟아내는 것이기 때문이다. 그래서 자기애로 자기 안에 침잠하고 자기 사랑에만 갇혀 있는 나르시시스트는 병자다. 환자다. 사실 사회학자들의 눈으로 보면 현대는 이런 자들로 가득 차 있다. 밖으로, 사회 속으로, 세상 속으로 나가지 못하고 웅크린 자들이 즐비한 곳이 현대사회다(Lasch, 1979).

그런데 자녀 사랑이 지극한 최순실이나 이병철·이건희는 일종의 나르시시스트들이다. 살뜰히 마누라를 챙겼던 안종범도 나르시시스트다. 이들에게는 현대인의 나르시시스트적 징후가 극단적으로 드러난다. 온갖 불법을 저질러 딸 정유라에게 이대 졸업장과 부를 물려주려 했던 최순실, 그리고 마찬가지로 아들 이재용에게 재산과 경영권을 세습하려 했던 이건희와 이병철. 마누라에게 명품 가방(김영재의 부인 박채윤으로 부터 뇌물로 받아)을 안기고 싶어 했던 안종범. 이들의 지나친 가족 사랑이 비뚤어진 자기애였음을 그들은 과연 알고 있었을까? 자기애에 빠진 병자들에게는 명예란 전혀 고려의 대상이 아니다. 그래서 그들은 자신들이 점유한 지위와 역할로부터 늘 유체이탈을 한다. 엄중한 지각이 전혀 없다. 전체 사회의 커다란 그물망에서 그 지위와 역할이 한 코가 된다는 사실을 보다 큰 그림으로 조망하는 공적인 시각이 완전히 결여되어 있다. 그렇게 되면 갈 곳은 한정되어 있다. 감옥, 하나뿐이다. 물론 명예가 아닌 오욕과 함께….

　박근혜도 마찬가지다. 박근혜와 최순실·정유라는 한가족이다. 비록 피로 연결된 가족이 아니라 해도 그들 간에도 끔찍한 가족애가 보인다. 아무리 생각해도 이해할 수 없다. 그러나 그들은 가족이다. 아니, 가족 이상이다. 거기에 국민은 없다. 박근혜는 자신이 맡았던 중대한 지위에 대한 사명감이나 책임감 의무감은 애초에 없었다. 오직 자신과 가족을 위해 그 자리를 이용할 뿐이었다. 자기애, 나르시시즘, 지독한 가족애. 그것을 위한 무한 탐욕 발산과 충족. 대통령의 명예라는 개념은 애초부터 그에게는 없었다. 그러나 대통령이라는 권력은 국민으로부터 나오니 대통령의 명예는 곧 국민의 명예이기도 하다. 박근혜는 대통령직에 머물러 있는 동안 철저히 사익 추구로 그 명예를 소홀히 했으며, 헌재로부터도 파면결정이 난 뒤에도 즉각 퇴거하지도 않고 무언의 시위를 함으로써 또다시 그 대통령과 국민의 명예를 짓밟았다. 이틀 반이 지나 청와대를 나가면서도 국민을 향해 일언반구의 사과나 승복 성명도 없었다. 헌재 판결에 대한 불복을 암시하는 멘트만 측근에게 남겼을 뿐이다. 전직 대통령으로서의 일말의 명예나 국민의 명예는 안중에도 없었던 것이다. 그녀의 눈에는 오직 극렬지지자들뿐이다. 그들을 이용하겠다는 탐욕뿐이다. 그것이 바로 그녀의 실체다. 그 민낯을 계속해서 지켜봐야 하는 것은 그런 사람을 대통령으로 뽑은 국민의 업보다.

　우리는 지금 탐욕의 시대를, 명예라는 것이 소멸되는 과정을 박근혜와 최순실, 그리고 이재용을 비롯한 모든 이 막장드라마의 등장인물들을 통해 명징하게 목도하고 있다. 그러나 꼭 명심하자. 그들의 끝없는 자기애와 탐욕은 결국 그 어느 누구에게도 좋은 것이 아니었다는 것을. 심지어 그 자신에게조차도 말이다. 바우만은 이를 두고 다음과 같이 말했다.

"탐욕에는 유익한 점이라고는 단 하나도 없다. 탐욕은 누구에게도 유익하지 않으며, 누구의 탐욕이건 유익하지 않다(Bauman, 2013: 90)."

그리고 또 명심하자. 지독한 자식 사랑은 자기애일 뿐이며, 자기애는 병이다. 인간이라면 반드시 치유해야만 할 병이다.

chapter 04

연고
주의

연줄: 성공의 지름길

탐욕과 자기애로 똘똘 뭉친 자들이 유일하게 세상에 손을 뻗을 때가 있다면 이익을 수월하게 탐하기 위해 세를 뭉칠 때이다. 그리고 그 뭉쳐진 세력에 어떤 식으로든 요새 유행하는 말로 '엮이고자' 하는 것이 바로 연줄이다. 그리고 그런 연줄이야말로 탐욕 추구의 최고 지름길이다.

미국의 사회학자 밀스는 《파워 엘리트》에서 성공에 집착하는 미국 문화를 빗대 "거대한 성공의 물신숭배(the great fetish of success)"라고 규정했다(Mills, 1956: 348). 승자가 모든 것을 독식하는 것이 허락된 경쟁에서, 성공에 맹목적으로 집착하는 과정을 말한다. 맹목성은 늘 합법적인 방법은 등한시한다. 그래서 이 경쟁은 정정당당한 경쟁이 아니라 불공정하고 불평등한 경쟁이다. 나아가 밀스는 성공을 유일하게 보장받는 길은 바로 줄을 잘 타는 것이라고 일갈한다. 그의 말을 직접 들어보자(Mills, 1956: 348).

[성공을 보장받는]엘리트의 길에는 흔히 뛰어난 업적과 성실한 태도가 요구된다고 하지만 실상은 [실세들의] 파벌(clique) 가입을 허락받는가의 여부에 달려 있다. 그런데 그 가입은 흔히 자질과 성실성이 아니라 전혀 다른 것에 따라 결정된다. 그래서 입신출세를 원하는 자들은 다른 사람은 물론 자기 자신에게 조차 스스로가 실제 자기와는 영 다른 존재라는 사실을 끊임없이 설득해야 한다. …[이런 생각은] 상류층 이하의 상당수 사람들도 감지하게 되었고, 결국 업적과 [사회]이동 간에, 그리고 [사람됨을 뜻하는] 덕성과 성공 간에는 아무 관련이 없다는 냉소적 견해를 견지하게 되었다. 곧 성취(공)란 부도덕(해야 가능)하다는 생각을, 동시에 '성공이란 단지 부정의 다른 이름이다'라든가 '성공하려면 지식보다 연줄이 최고다(It's not what you know but who you know)'라는 생각이 팽배하게 만든다. 그래서 이제는 대다수 사람들이 성공이 내포한 부도덕성을 기정사실로 받아들이게 되었다.

성공은 이제 고결하지 않다. 성공하려면 뭔가 부정이 개입되어야만 가능하다는 것을 엘리트들뿐만 아니라 일반 서민들도 알게 되었다. 그래서 성공에의 지름길은 실력을 키우는 것도 아니고 덕성을 함양하는 것도 아닌, 관련 부분에서의 실세 조직에 발을 들여놓는 것이다. 우리말로 쉽게 풀어 쓰면 곧 거기에 줄을 댄다는 것이다. 즉 연줄을 만드는 것이다. 밀스가 말하는 "실제 자기와는 영 다른 존재라는 것"은 무엇인가? 그의 능력, 자질, 업적, 인성 등을 의미하는 게 아니다. 그 파벌에 대한 절대적 충성심, 우리식으로 이야기하면 의리 같은 것을 뜻한다. 또는 가입하고자 하는 파벌과 자신이 동류(同類)임을 보이는 것일 게다. 파벌 가입에는 그런 조건들이 중요할 뿐, 다른 것은 중요치 않다. 그 파벌들이 행하는 일들이 그렇게 투명하거나 합당하지 않다는 의미다.

그 이유는 뻔하다. 성공과 승리의 지름길은 지대추구 행위이고 곧 불공정, 불의, 불평등을 뜻하므로 그렇다. 그러니 그런 것을 추구하는 집단이나 조직이 내부자들의 말 또는 비밀이 밖으로 새 나가는 것을 절대로 용인하지 않는 것이 철칙이라는 것쯤은 충분히 추론할 수 있다. 그러기에 이런 파벌 집단은 갈수록 폐쇄적이 되어갈 수밖에 없다. 그리고 폐쇄적이 되어가면 갈수록 일단 그 집단에 입성하기만 하면 모든 것이 해결된다는 뜻이다. 연줄은 바로 이런 신비한 힘을 발휘한다. 그리고 그 신비한 힘은 부정과 불공정, 불의와 부조리의 양분을 먹고 세력을 키운다.

탐욕과 승자독식에 눈먼 자들은 '끼리끼리' 이익을 독식해 먹는

데 혈안이 된 자들이다. 그리고 그 끼리끼리는 겉으로는 다양한 분야나 부문에 포진해 흩어져 있으면서, 중요한 독식거리가 있을 때면 연줄이 가동된다. 그 연줄을 가동해 서로 정보를 주고받으며 이익을 탐하고 나중에 공유한다. 이를 두고 우리는 흔히 "야합(liaison work)"이라고 한다(Mills, 1956: 291). 성공을 추구하려면 이러한 '줄 대기'를 통한 야합은 그 무엇보다 중요한 일이 된다. 줄 대기는 모든 일, 즉 탐욕을 채우기 위한 일과 승자독식하는 일에 있어서 관건이 된다. 즉 성공의 열쇠는 실력 증진이나 탁월한 업적이 아니라 줄 대기를 통한 야합의 가동 여부다.

무려 70여 년 전의 미국 정치를 신랄하게 비판한 사회학자 밀스는 미국의 행정관료제의 발달을 저해하는 역사적 요인으로, 주저 없이 정실주의(patronage)를 꼽았다. 정치자금 조달이 절실한 정치권이 결국 사기업체로부터 돈을 받고 무자격자들을 관직에 등용했기 때문에 벌어진 일이다. 기업의 규제를 담당하는 공직에 자신들의 사람을 꽂기를 간절히 원하는 기업체의 요구와, 그들의 돈이 절실한 정치권의 필요가 빚어낸 비극이다. 그래서 사기업체에서 고위직에 오르려면 70여 년 전 당시에도 반드시 행정부에서의 관직 경험이 출세의 디딤돌(stepping stone)이 되었다. 결국 "정부부처는 재계의 전초기지(outposts)나 다름없다"고 밀스는 일갈했다. 이 모든 것이 미국식 정경유착을 조성하는 연줄의 시작이다. 밀스 그로써 미국에 '신엽관제(new spoils system)'가 탄생했다고 맹렬히 비난했다(Mills, 1956: 240).

미국의 현선(顯線)실세와 한국의 비선(秘線)실세

정실주의나 신엽관제는 곧 공직에 있으면서 국가가 아닌 자기 소
속집단의 이익, 즉 사익을 위해 일하는 농단사태를 일으킨다. 이렇
게 얽히고설킨 줄을 통해 이들은 사기업의 이익과 자기의 이익을
마음껏 탐한다. 이것이야말로 국정농단이 아니고 무엇이랴. 그러면
70여 년 전 밀스가 보았던 이러한 일들은 지금 미국 정계에서 더는
목도할 수 없을까? 결코 아니다. 지금은 금권정치(plutocracy)라는 말
이 나올 정도로 금력에 의해 미국 정치권이 타락의 끝을 보여주고
있다. 우리만 모르고 있을 뿐이다. 미국에는 청렴한 공무원들만 있
다는 듯 잔뜩 미화하면서 말이다. 그것은 웃기는 소설이다. 내가 이
전 책들에서 보여주려 했던 것이 바로 이것이었다.

또한 정실주의와 신엽관주의를 넘어 이제는 패거리주의(cronyism)이
라는 말이 나올 정도, 말 그대로 막장 패거리를 이루어 노골적으로
정치권력을 행사하고 있다. 명백한 국정농단이다. 헌법 위반이다.
우리는 찬양 일색인 오바마 전 대통령은 패거리주의의 화신으로 유
명하다(The Telegraph, 2009).

대표적인 예를 보자. '오바마의 남자'로 불리는 람 이매뉴얼(Rahm
Emanuel)이다. 그는 2011년 유대인으로서는 처음으로 시카고 시장에
당선되었고 2015년 4월 재선에 성공했다. 오바마의 대통령 비서실
장을 지냈던 이매뉴얼은 우리식으로 '문고리 권력'의 위세로 시카고
시장에 당선되어 물의를 빚은 인물이다. 이매뉴얼은 시카고 시장으

로 출마할 때 거주기한 미비로 출마자격이 원천적으로 박탈된 상태였다. 시카고 시 법에는 시장이 되려면 선거 전 1년을 시카고 시에 거주해야 한다. 그러나 2010년 10월 1일까지 대통령비서실장으로 관직에 있었으므로 애초에 시장후보 자격이 없었다. 그런데 어떻게 그가 시장으로 출마해 당선될 수 있었는가. 전적으로 오바마의 밀어붙이기 때문이었다. 자신과 한패거리를 이뤘던 이매뉴얼을 위해 오바마가 직접적으로 팔을 걷어붙이고 나섰다. 오바마의 노골적인 지원으로 결국 이매뉴얼은 하급법원의 출마불가 판정까지 대법원에서 뒤집을 수 있었고, 출마자격을 얻어 시카고 시장에 당선되었다. 대통령이 나서서 현행법까지 분탕질을 해 자신의 사람을 시장에 앉히려는, 일종의 보은(報恩)성 위법행위를 저지른 것이다.

미국 정가에서의 패거리주의는 이 지경까지 와 있다. 미국 정가와 사기업체 간 인물 주고받기, 즉 내가 말하는 '회전문 인사'는 지금 그 정점에 와 있다. 그만큼 월 가를 필두로 하는 사기업체의 입김이 로비를 넘어, 이제는 아예 자신들이 직접 사람들을 고위 공직에 심어놓는 이른바 '규제포획' 행위가 절정에 이른 것이다. 중요한 정부 정책은 사기업체 출신의 관리들이 도맡아 기획하고 실행한다. 누구를 위한 것일까? 답은 명백하다. 사기업체를 위함이지 국민은 절대로 아니다. 이들이 바로 국정농단의 실세들이다. 이러니 국민은 정부를 상대로 하는 사기업체와의 줄다리기에서 백이면 백 패할 수밖에 없다(김광기, 2016: 113). 정부가 이미 사기업체 출신들로 잠식되어 있으니 말이다. 그리고 입법부인 국회는 사기업체의 로비스트들로 점령되어 있으니 안 그렇겠는가.

그래서 미국에는 굳이 우리처럼 비선실세가 필요 없다. 이미 드러내 하고 있는데 무슨 비선실세가 필요하겠는가. 관직에 앉아서도 안 되고 앉을 수 없는 자들이 공직을 차지하고 공무랍시고 일하고 있으니, 비선인 듯 비선 아닌 그냥 패거리 실세인 것이다. 나는 이를 두고 '현선 실세'라고 부르고 싶다. 겉으로 드러난 실세 패거리라는 말이다. 얼마나 뻔뻔한가. 관직을 차지해서도 안 되고 차지한 것조차 드러나서도 안 되는 이런 무도한 일들이 버젓이 횡행하고 있으니.

또 어떤 경우, 공식 관직을 차지하지 않고서도 실세가 대놓고 정무를 보는 경우도 있다. 대통령의 친인척이 그렇게 한다. 클린턴 대통령 재임 때 그의 아내 힐러리가 백악관에서 그렇게 했으며(그녀는 가족이 머무는 이스트윙이 아닌 국사를 보는 웨스트윙에 책상을 놓고 나랏일에 훈수를 뒀다), 지금의 트럼프 대통령의 딸 이방카(Ivanka Trump)도 아무 직함 없이 백악관의 웨스트윙에 사무실을 차리고 정무를 보고 있다. 월급을 받지 않지만 기밀취급 인가를 받고 통신장비도 제공받는다. 그의 남편 쿠슈너(Jared Kushner)는 백악관 선임고문이다. 우리식으로 치면 청와대 정무수석쯤 된다.

이 정도면 막장 아닌가? 대통령 친인척이 백악관에서 공식직함에 상관없이 국정을 담당하는 행태 말이다. 이방카는 거대 사업체 경영자이기도 하다. 사익을 추구하는 장사꾼이 백악관에서 모든 국가의 비밀정보를 접하면서 국사를 함께 논의하며 결정한다? 말도 안 되는 일이다. 그러나 그런 일들이 미국에서 벌어지고 있다. 대통령 권좌 뒤의 은밀한 권력이라는 소리도 못한다. 최순실 같은 비선도 아니다. 대놓고 드러낸 막강권력이다(The Hill, 2017. 3. 21). 가히 신귀족 제사회(new aristocracy)라는 명성이 붙을 만하다(김광기, 2016: 187-194).

앞으로 우리가 미국과 더 긴밀히 '엮이게' 되면, 미국의 모든 것을 더 선호하게 되면, 미국을 더욱더 따라하게 되면, 하드코어 포르노와 같이 역겨운 저런 일들이 우리나라의 정치판과 행정부에서 횡행하게 될 것이라는 점이 가장 우려스럽다. 말하자면 박근혜·최순실의 국정농단이 정상이라는 말이 나올 정도로 우리 정치가 타락하게 될까 봐 진실로 우려된다. 정말로 소름 끼치는 일 아닌가. 그런데 불행히도, 이런 우려는 현실이 될 기미가 보인다. 박근혜·최순실 국정농단 사태가 세상에 막 불거져 나왔을 때, 국정농단 세력들이 박근혜 대통령만 그런 것이 아니라면서 '키친 캐비넷(kitchen cabinet)'이라는 말을 꺼내지 않았는가.

이에 대해 박근혜의 국정농단을 꾸짖는 양심적이고 상식적인 민주시민들은, 미국의 키친 캐비넷을 어디 박근혜·최순실 국정농단에 갖다 대냐면서, 궤변이라며 무시하려 했다. 그러나 그렇게 박근혜 비호세력을 꾸짖는 사람들 또한, 미국이 저렇게 비상식적으로 돌아가고 있다는 사실을 제대로 모르면서 반박한 것은 무지의 소치임을 알아야 한다. 정확히 짚고 넘어가야 한다. 미국의 패거리주의, 정실주의, 신엽관주의 등은 정상이라고 여길 정도로 이미 당연한 것이 되어버렸다. 공식적인 것이 되어버렸다. 완전히 썩어버린 것이다. 우리 국민들이 궤변이라고 한다고 해서 미국 정치판의 파행적 본질이 사라지는 게 아니라는 말이다. 저렇게 대통령까지 대놓고 패거리를 지어 농단질을 일삼고 있는데, 누구 하나 뭐라는 사람이 없다. 그러기는커녕 권력이 어차피 다 그렇다고 받아들이는 모양새다. 참으로 한심하다.

세간의 민심을 듣기 위해 대통령이 지인들을 불러 밥을 먹는다고? 사적인 이해가 없는 사람들과? 천만의 말씀이다. 백악관을 드나들며 대통령과 밥을 먹으려면 돈을 많이 댄 사람들이 아니면 거의 불가능하다고 봐야 정답이다. 〈뉴욕타임스(New York Times)〉는 백악관 문은 통 큰 기부자에게만 활짝 열려 있고 로비스트들은 쉴 새 없이 들락날락하고 있다는 폭로 보도를 냈었다. 예를 들어 오바마케어가 공공보험의 형태로 할 것인가 아니면 사보험의 형태로 할 것인가로 한창 논의 중일 때, 보험회사와 제약회사의 중역들과 로비스트들이 백악관을 뻔질나게 드나들었다. 그 결과로 우리나라식의 공공보험이 아닌 사보험이 채택되었다. 국민은 강제로 비싼 사보험을 들게 된 것이다. 바로 그들 패거리들이 하는 일이다. 이른바 키친 캐비넷에서 하는 일이다.

백악관을 드나들며 사적이익을 추구하는 패거리들이 한 말들이 얼마나 기가 차는지 한번 들어보라. 오바마에게 통 큰 기부로 자신의 사업의 숙원을 해결한 어떤 기부자는 이렇게 떠벌린다.

"이게 바로 사업이 술술 풀리게 하는 방법이야. 당신이 무슨 '[기부의]대가(quid pro quo)'라고 불러도 난 상관없어!(New York Times, 2012. 4.

14)"

돈에 눈먼 정치가들, 특히 권력의 정점에 위치한 대통령이 아무 이득도 없이 시간을 내서 사람들을 만나겠는가? 미국 대통령을 위시한 위정자들은 국민의 복리증진에는 아무런 관심이 없다. 지대추구에 혈안이 된 그들에게는 오직 권력을 이용해 호주머니에 찰 수 있는 돈만 보일 뿐이다.

행정고시나 외무고시가 없는 미국에서 고위 관직에 오르는 길은 부패한 연줄을 타는 것이다. 저들의 공직사회는 이미 부패할 대로 부패했다. 지금 우리는 비선실세가 문제가 되었지만 미국은 공식관료시스템 자체가 저런 연줄로 엉망진창이 되어버렸다. 그 결과는 무엇인가? 국민들은 점점 더 빈곤층으로 내몰리고 있다. 그렇다면 미국과 우리의 차이는 무엇일까?

우리 국민은 함량 미달의 비선실세와 국정농단을 용납 못하겠다며 들고 일어났다. 그러나 미국 국민들은 솔직히 저들의 정치가 저렇게 썩었는지 제대로 알고나 있는지 의심스럽다. 우리 국민은 똑똑하다. 잠시 눈이 멀어 생고생하고 있지만 언제든 정신을 차리고 깨어날 정도로 영민하다. 그래서 살아 있는 권력을, 그것도 절대화된 권력을 탄핵해 주권자의 손으로 끌어내리지 않았는가. 그것도 아무런 피를 보지 않고서. 민주적 절차를 차근차근 밟아서 말이다. 그러나 미국은 아니다. 그러니 저런 일이 나라에서 버젓이 벌어지고 있는데 아무런 행동도 저항도 없는 것이다. 나는 이것이 민도의 차이라고 생각한다. 그리고 민도의 차이는 바로 민주주의의 차이라고

PART 1 지대추구 행위, 승자독식 그리고 연고주의   95

믿는다. 고로 나는 우리나라야말로 민주주의 국가라고 믿는다. 미국은 아니다. 이 점에서 이 나라가 대단히 자랑스럽다. 우리의 정치판과 관료사회가 아무리 썩었다손 치더라도 미국 정도로 사기업체의 입김이 쥐락펴락하는 정실주의와 신엽관주의는 아니다. 정당이 정권을 잡으면 자기편 사람들을 고위직에 앉히는 엽관제에 문제가 많다고 개혁해야 한다는 말이 나오는 나라다. 정치자금을 대는 사람들을 관직에 앉히는 짓이 미국만큼 노골적이지는 않다. 장차관 이하의 관직은 시험을 치러 등용되기에 그렇다. 이런 점에서 우리가 이제 미국에 대한 미화를 제발 그쳤으면 한다.

그러나 지금 우리나라도 미국 같은 저 타락한 모습의 기미가 슬쩍 보이기 시작해서 무척 불길하다. 청와대 민정수석실에 입성한 김앤장이 그렇고, 일반 기업체의 인사들이 고위 공직을 차지하는 일들이 점점 늘어나기에 그렇다. 게다가 그보다 더 불길한 사안이 있다. 미국에서는 볼 수 없는 독특한 문화가 노골적이기 때문이다. 바로 우리나라 토종의 연고주의다. 우리네에만 있는 뿌리 깊은 연고주의가 국가 자체를 그리고 모든 조직을 좀먹고 있기 때문에 그렇다. 바로 학연·혈연·지연이라는 연줄을 중시하는 문화이다. 그것이 왜 우리나라의 암적인 요소인지는 이번 박근혜·최순실 국정농단 사태로 그 민낯이 확연히 드러났다.

박근혜·최순실 부역자들: 부정부패의 연결고리, 연고

한국에서는 그 연줄이 연고주의로 드러난다. 학연·혈연·지연이다. 미국이라는 사회는 땅덩어리가 크고 또 다양한 곳에서 흘러온인적구성의 이민자 사회여서, 연줄이 우리처럼 학연·혈연·지연으로노골적으로 드러나지는 않는다. 미국에서의 연줄은 우리와 달리 밀스가 언급했듯 사기업을 위주로 하는 돈과 권력 등에 몰려든 부나방들로 이루어진다. 주로 처음에는 서로 모르는 사람들이 나중에우연한 기회에 만나 견고한 연줄을 형성한다. 물론 마피아처럼 어떤혈연에 의해, 또는 최근 월 가의 인재영입처럼 주로 학연에 의해 이루어지는 연줄도 존재하지만, 우리나라처럼 노골적으로 학연·혈연·지연에 의한 연고주의, 그에 기반한 연줄이 사회 전반에 걸쳐 탄탄하지는 않다.

물론 우리나라에서 연줄이라는 게 우리나라만의 독특한 연고주의에서 시작한다지만, 단순한 연고를 넘어 다음 단계인 돈과 권력,또는 정보가 나뉘지 않아 자신에게 어떠한 이득도 되지 않는다면맹탕 줄로 그칠 가능성이 높아진다. 어쨌든 한국과 미국의 연줄에는 분명 차이가 있지만, 이익이 있는 곳, 탐욕이 추구되는 곳, 즉 지대가 추구되는 곳, 그리고 승자가 모든 것을 독식하게 되는 곳에서는 마찬가지로 밀스가 언급한 든든한 디딤돌로 작용한다. 말하자면 경쟁에서의 성공과 승리를 위해서는 반드시 잡아야 하는 게 바로 연줄과 연고이다.

그런데 미국에서 대세인 조직에 줄은 댄다는 것은 우연에 의할 가능성이 높다. 물론 우리나라에 비해 상대적으로 그렇다는 말이다. 미국에서 성공에의 뜻을 가진 사람이라면 어디서 누굴 찾아 줄을 댈지 선뜻 감이 들지 않는다는 게 현실이다. 출신지역도, 출신학교도 별로 유용하지 않다. 그러나 이에 비하면 우리나라의 경우, 답은 뻔하다. 그런 점에서 미국보다는 우연에 의할 가능성이 상대적으로 낮아진다. 우리는 태어난 곳, 씨족, 그리고 특히 자신의 출신학교(특히 대학교)가 그 사람의 성공가도를 미리 내다보는 데 매우 중요한 변수로 작용한다. 따라서 우리나라에서 줄 대기란 미국처럼 그렇게 막막하지 않고 매우 구체성을 띤다고 볼 수 있다. 같은 지역, 같은 말씨, 같은 성씨, 같은 학교를 나왔다면 다른 아무런 능력과 자질을 보여주지 않는다고 하더라도 일단 줄을 댈 수 있고 세를 불린 조직에 접근할 수 있다. 학연·혈연·지연 자체가 자질이요 능력이다. 이것이 바로 우리나라의 연고주의다.

앞서 우리나라에서는 미국에서 보이는 정실주의, 신엽관주의가 아직은 잘 보이지 않는다고 했다. 그것은 확실히 우리나라의 장점이다. 금권정치가 아직은 행해지지 않고 있다는 점에서 자랑스럽다고 할 정도였다. 그러나 이러한 우리나라의 장점을 완전히 분쇄하는 최대 걸림돌이 바로 우리나라의 학연·혈연·지연이라는 연고주의라고 나는 생각한다. 이것들은 공식적으로 운행되는 '업적주의(meritocracy)'를 완전히 무력화할 정도로 모든 사회시스템에 악성바이러스가 되어 파고들었다. 그리고 공적시스템을 연고주의를 기반으로 해 다시

가동시킨다.

　그렇게 되면 무엇이 남을까? 바로 부정부패다. 불공정, 불의, 부조리와 불평등이다. 혈연이나 지연은 태어나면서부터 자동적으로 획득된다. 그것으로 사회 제반 시스템이 돌아간다면 분명 정상이 아니다. 그러나 더 괴상한 것이 있다. 바로 학연이다. 학연은 혈연과 지연과 달리 태어나면서 자연적으로 얻는 것이 아니다. 학연은 분명 성취에 의한 것으로, 노력해야 한다. 그런데 우리나라의 학연은 한번 성취되면 다시 혈연과 지연처럼 바뀔 수 없는, 신분과도 같은 것이 되어버린다. 마치 유전자처럼 말이다. 정말 괴이한 일이 아닌가. 업적에 속한 것이 정실이 되어버리는 이 괴이한 변태(變態).

　이에 대해 사회학 용어를 빌리면 더 이해하기 쉬울 것이다. 사회학에서는 인간이 획득할 수 있는 사회에서의 위치를 지위라고 한다. 그런데 그 지위는 두 가지로 나뉜다. 하나는 태어나면서 부여되는 귀속지위(ascribed status)로, 남자, 여자, 아들, 딸 등이다. 그리고 살아가면서 노력으로 이루어가는 성취지위(achieved status)가 있다. 교사, 대학생, 경찰관 등이다. 남편과 아내도 여기에 해당한다. 남편과 아내도 남자나 여자라고 해서 무조건 자동적으로 주어지는 지위가 아니기 때문이다. 이 둘의 지위에 우리의 연고를 적용하면 혈연과 지연은 귀속지위에 해당하고 학연은 성취지위에 속한다. 그런데 우리나라의 학연이 성취지위에 속하면서 시간이 지나면 마치 귀속지위처럼 변모한다. 이에 대해서는 교육개혁에 대해 말할 때 더 자세히 언급할 예정이다.

어쨌든, 중요한 사실은 우리나라의 연고는 학연·혈연·지연에 의해 작동한다는 것이다. 그로 인해 공고한 성을 쌓으면서 나름의 이익을 맹렬히 추구한다. 그리고 그 이익추구에 각종 편법과 불법이 총망라되어 동원된다. 그러한 성을 쌓는 것 자체가 사실은 부정이요 위법이요 불법이다. 그리고 귀속지위가 되어버렸기에 어떤 방식으로든 털어낼 수 없게 된 학연·혈연·지연의 연줄은 불법·위법·편법을 묵인하고 방조하고 비호하고 실행한다. 부정부패의 온상이 되어버리는 것이다. 불공정과 부조리 그리고 불의와 불평등의 중요한 동인(動因)이 되는 것이다. 학연·혈연·지연으로 형성된 세력은 끼리끼리 패거리를 형성한다. 그 패거리로 부정의 폭력을 행사한다. 그리고 그 패거리 자체가 위압적인 폭력이다.

박근혜·최순실 국정농단 게이트에서 등장한 인물들의 면면을 보라. 대부분 TK(대구·경북)인사들이고 서울대 출신이다. 독일을 근거로 최순실과 이번 사건에 연루된 이들도 고려대 출신들로 알려져 있어, 학연으로 인한 물의를 일으키는 데 결코 빠지지 않는다. 출신지역, 고등학교, 대학교, 같은 성씨 등으로 얽히고설킨 이들은, 실제로 이번 국정농단 사태의 주역들이기도 하고 부역자들이기도 하며 비호세력이기도 하고 법정대리인 또는 변호사이기도 하다. 박근혜라는 권력의 최고 정점을 두고, 호가호위하며 권력을 휘두르고 뇌물을 받고 국회의원이 되고 축재하여 국가의 품격을 떨어뜨리고 국민에게 최대의 굴욕과 좌절감을 안긴 이들. 모두 학연·혈연·지연으로 줄에 줄을 대고 간택된 이들이니 어찌 적폐가 아닐 수 있으랴.

이 적폐는 우리가 완전히 적출해내야 할 악성종양이다.

사회학자 박영신은 연고주의에 기반한 우리의 패거리문화를 '유사
가족주의'라고 하면서 다음과 같이 일갈했다(박영신, 2002: 35).

> 그 패거리는 이해관계에 따라 이렇게 저렇게 갈라지고 또 얽
> 히고설키지만 그 원형은 끈끈하다. 우리 사회의 결속의식이 있
> 다면 기껏 이러한 단위에 지향되어 있다. 경쟁의 사람은 이러한
> 조건 상황을 자기에게 유리한 자원으로 이용하고 역이용하면서
> 이 세력의 일부가 되고 변호인이 되어, 공동체 전체를 두루 살
> 핌이 없이 기존하는 것을 정당화하고 미화한다.

박영신이 말하는 "공동체 전체를 두루 살핌"이란 무엇인가? 바로
연고에 의해 형성된 세력과 집단을 넘은 사회 전체, 국가 전체를 말
한다. 연고에 의해 형성된 성(城)은 기껏해야 사적인 것이고 그곳에
서의 이익추구는 결국 사적이익 추구다. 연고는 그 성을 넘어 초월
하지 못하고 더 큰 집단의 이익과 연결시키지 못한다. 결국 앞에서
말한 지극한 자기애, 나르시시즘의 발로일 뿐, 거기로부터 한 걸음
도 벗어나지 못한 것이다.

우리가 보다 나은 삶, 보다 공정한 삶, 보다 의미 있는 삶을 원한
다면 과감히 거기에 머물러 그 성에 기댈 생각을 말아야 한다. 국
가의 기강을 바로 세우고 국가 전체의 공익을 우선하길 원한다면,
그런 정의롭고 합리적이고 평등한 나라에서 살길 원한다면 그 지긋

지긋한 연고주의를 불태워 없애버려야 한다. 그것이 우리나라에서 부정부패를 일소하는 적폐를 청산하는 지름길이다. 그것 없이, 즉 학연·지연·혈연에 의해 세를 이루고 당을 짓는 행위를 그만두지 않는 이상, 우리나라에서 박근혜·최순실과 그 조력자들은 계속해서 생산될 수밖에 없다. 그리고 그것이 지속되는 한, 그 연줄에 올라타지 못하는 이들은 결국 부정부패로 모든 것을 독식하는 포식자들의 영원한 봉이 될 수밖에 없다. 그렇다면 당신은 무엇을 원하는가. 연고주의의 청산인가 아니면 연장인가.

PART 2

적폐청산

탐욕에는 유익한 점이라고는 단 하나도 없다.
탐욕은 누구에게도 유익하지 않으며, 누구의 탐욕이건 유익하지 않다.
― 지그문트 바우만

chapter 05

재벌
개혁

재벌개혁의 필요성

광장에 촛불을 들고 나온 성난 민심은 재벌도 겨냥했다. '재벌도 공범이다'라면서.

샌더스는 월 가를 모든 악의 근원으로 지목했다. 철저한 지대추구 행위와 승자독식의 화신으로, 월 가의 대형 금융회사를 가리킨 것이다. 그것이 곧 미국인들의 삶을 갈수록 피폐하게 만드는 원흉임을 샌더스는 적확하게 알고 있는 것이다. 그런데 미국에 월 가가 있다면 한국에는 재벌이 있다. 물론 우리나라의 재벌이 월 가처럼 모든 악의 근원이라고 할 수는 없다. 그렇지만 그 근원 중 하나인 것만은 분명하다. 정치권력을 끼고 온갖 특혜를 누리며 모든 이익을 독식하는 지대추구 행위의 종결자, 그들은 대한민국의 부를 빨아들이는 일종의 블랙홀이다.

그러나 그들이 있기에 경제가 나아질 것이라는 희망고문을 하며 한없는 인내심을 발휘하던 국민들이, 마침내 더는 못 참겠다며 재벌개혁을 부르짖고 있다. 동시에 이 희대의 막장 국정농단 게이트의 핵심에 놓인 이재용을 비롯한 우리나라 재벌총수들의 민낯을 대하며, 분노에 앞서 적지 않은 실망감도 갖게 되었다. 이들이 이 정도밖에 안 되느냐고. 아무리 꿍꿍이가 있어도 그렇지 말이나 사주면서 비선실세 강남 아줌마를 상대해야 하느냐고 말이다.

자본주의 시장의 논리라는 게 과연 있기는 한 것일까? 한 가지 분명한 사실은 '시장 외적인 힘'을 이용해 부를 불려 나가는 방법밖에는 없어 보인다. 그것이 자본주의 시장의 유일한 논리이고, 그 때문에 모든 문제가 발생한다.

2017년 2월 17일 이재용 삼성전자 부회장이 구속수감되었다. 원활한 3대에 걸친 경영권 승계를 위해 박근혜·최순실에게 433억 원의 뇌물을 건넨 혐의다. 새벽 일찍 집을 나서면서 접했던 이재용의 구속 소식에 운전대를 잡은 내 팔에 경미한 경련이 일었다. 삼성 창업 79년 만의 총수 구속수감. 삼성장학금을 받은 법률가들이 이재용을 피해자라며 끝까지 철두철미 방어하다가, 결국 건전한 상식과 담대한 용기를 지닌 한정석 판사에 의해 영장이 발부되었다.

그런데 냉정히 따져보자. 그것이 뉴스가 되는 나라, 과연 이게 나라일까? 중죄를 지은 자가 증거인멸 등의 합당한 이유로 구속수사를 받는 것이 너무나 당연한데, 특정인의 구속수감 사실이 대서특필이 되는 나라…. 그런 당연한 사실이 톱뉴스가 된다는 것은 여태껏 재벌총수들에게는, 특히 삼성에게는 총수 구속이 남의 일이었다는 뜻이다. 그리고 그것은 바로 정의라는 문제와 직결된다. 그래서 묻지 않을 수 없다. 그동안 우리나라에는 과연 정의라는 게 있었는가? 법 앞에 만인이 평등하다는 원칙은 어디로 갔단 말인가. 그런데 이재용의 구속을 두고 대다수 언론은 또 그 지겨운 레퍼토리 타령이다. 한국 경제 충격 운운하면서 말이다.

재벌이 돈 버는 방식을 너무 고상하게 보지 말아야 한다. 재벌총수를 비롯한 고위 임원들이 미국에서 선진경영을 배우고 우리나라 경제부흥을 위해 혼신의 힘을 다해 일로매진하고 있다고 생각한다면 너무도 순진한 것이다. 그들이 돈을 버는 방식은 자유시장주의에서 말하는 어떤 고상한 교과서적 논리에 준하지 않는다. 한마디로 치사하고 더러울 뿐만 아니라 매우 사악하기까지 하니까.

먼저 자본주의의 선두에 서 있는 미국을 한번 보라. 샌더스는 월가를 일컬어 그들이 돈을 버는 방식은 수미상관 '사기'라고 일갈한다. 월 가를 비롯한 사기업체들도 마찬가지다. CEO들은 구조조정 통해 막대한 이익을 올리고 고액 성과급과 연봉을 타 간다. 세금? 법인세는 면제받고, 소득세는 부자감세로 내지 않는다. 이런데도 자유시장경제가 어떤 정상적인 절차와 법질서에 의거해 작동한다고 말할 수 있겠는가? 아니다. 이미 자본주의의 맹아적 단계를 벗어나도 한참이나 벗어났다. 베버의 《프로테스탄티즘의 윤리와 자본주의 정신》(2002)에서나 나올 법한 이야기지, 지금은 해당사항이 없다.

현재의 자유시장경제 체제는 모든 이익을 독점한다. 그 독점을 위해 경쟁시장 자체의 규칙과 판(場) 자체를 이익을 추구하는 자가 유리하게 미리 짜놓고 벌이는 불공정 체계로 전락했다. 철저한 지대추구 행위와 승자독식으로 잠식된 경제의 장이다. 이런 장에서의 승리자들은 자유, 경쟁, 효율, 성장 등을 입에 달고 살지만, 실상은 그들만의 자유, 그들에게만 유리한 경쟁, 그들만을 위한 효율, 그들만의 성장 등을 의미한다. 승리자들의 사전은 일반 시민들의 사전과 말뜻이 전혀 다르다.

미국의 경제학자 스티글리츠는 이를 다음과 같이 표현한다.

"경제 엘리트들은 나머지 구성원들을 희생시켜서 자신들에게만 혜택을 안기는 [법률] 틀을 만들려 밀어붙인다. 하지만 이런 경제 체계는 효율적이지도, 공정하지도 않다(Stiglitz, 2013: xx)." 대기업들은 엄청난 특혜를 누리고 있다. "기업들은 유한책임을 허용하는 법적 보호장치(legal protection afforded by limited liability), 규모의 이익(advantages of scale), 오래된 명성(long-established reputations) 등" 특혜의 수혜자이다(Stiglitz, 2013: 66). 그리고 그러한 특혜는 기업들의 "초과이익(excess return)"으로 분한다. 이 모든 것이 기업이 힘 들이지 않고 땅 짚고 헤엄쳐 얻는 "기업지대(corporate rents)"다. 즉 불로소득이다.

그것으로도 모자라 규제포획으로 자기 사람을 공직의 주요 요직에 꽂아두고, 규제완화를 통해 자신들에게 유리한 정책을 펴도록 하며, 막강한 로비를 통해 법안 자체를 자신들에게 유리하게 만든다. 바로 노조의 약화가 대표적이다. 그리고 정말 급할 때는 국민의 혈세로 긴급수혈하게 만든다. 물론 그것을 결정할 주무부처와 수장은 이미 구워삶아 놓았거나 자기 사람으로 앉힘으로써 그 일을 완료한다. 이 모든 것이 바로 지대를 추구하는 대기업의 사업방식이다. 결과적으로 지대추구 행위와 승자독식, 그리고 연줄망 형성으로 미국 중산층은 몰락하고 있다. 불공정과 불의 그리고 부조리로 인한 폐해는 곧 불평등이라는 현상으로 고스란히 나타나고 있기 때문이다.

그런데 우리 재벌도 여기에 전혀 뒤지지 않는다. 재벌의 분탕질은 대한민국을 부정부패의 늪으로 빠트리고 나라 전체를 혼탁하게 만들고 고사시키고 있다. 그들의 한없는 탐욕 추구와 승자독식의 열망이 국민을 피폐하게 만들고 있다. 국민들의 공분을 자아내고 있다. 재벌이야말로 불공정, 부정의(불의), 부조리, 그리고 불평등의 원흉으로 자리매김하기에 전혀 무리가 없다. 지금까지 존속되어온 재벌체제를 그대로 방치하는 한 대한민국에 희망은 없다. 여태까지 최대한 양보해 필요악으로 인식해 묵인해주었다고 해도, 이제 더는 그럴 수 없다. 그래서는 안 된다.

적폐청산의 요구가 대한민국 천지를 뒤흔들고 있다. 이번에도 어영부영 넘어간다면 우리는 그 부정부패의 굴레 속으로 또다시 빠져들어 헤어나지 못할 것이다. 전 국민의 관심이 국정농단에 쏠려 있고 아울러 재벌총수들의 더러운 민낯에 구역질하고 있는 이때가 기회다. 79년 만에 삼성의 총수가 구속수감되는 이 시점이 바로 그때다. 적폐청산은 재벌개혁부터 시작이다! 재벌개혁, 적폐청산을 위해 우리가 반드시 넘어야 할 첫 번째 산이다.

부당한 총수 일가 지배구조

재벌의 분탕질. 이번만의 일인가? 아니다. 오래된 관행이다. 정치권력의 비호 아래 지대추구 행위를 하며 온갖 분탕질을 자행해온 세월은 길다. 그리고 그 분탕질은 재벌과 정치권력을 위시한 모든 세상 권력과 짬짜미한 결과다. 총수들은 어떻게 불로소득을 쟁취했는가? 우리는 그 일면을 그들 3대에 걸친 부의 대물림, 우리가 경영권 승계라는 말로 알고 있는 그것을 통해 파악할 수 있다. 그것을 살피기 전에 먼저 우리나라의 재벌총수 일가가 어떻게 재벌 그룹 전체를 지배하며 황제로 군림하고 있는지를 봐야 한다.

결론적으로 말하면 이것은 부조리한 지배다. 말도 안 되는 지배다. 그룹에 대한 그들의 지분이 너무나 미미한데도 그들은 그룹 전체의 오너(owner)인 양 행세하고 있기 때문이다. 그러니 불법행위가 만천하에 드러나 총수가 감옥에 가 있는 동안에도 그들은 총수 지위를 잃지 않고 그룹을 좌지우지하고 있다. 이재용은 구속수감돼 조사를 받고 있는데도 미래전략실을 해체하고, 사임한 팀장들에게 그동안 관행처럼 주어졌던 전직 예우의 시혜도 베풀지 않았다. 항간에는 자신의 구속을 막지 못한 데 대한 문책성 조치라는 이야기도 나온다.

그의 모친 홍라희도 리움미술관 관장 직에서 사임했는데 이 또한 이재용의 입김 때문이라는 소문도 돈다. 요약하면 회사 이름에 먹칠할 뿐만 아니라 엄청난 피해까지 입힌 총수를 어찌하지 못하고 쩔쩔매는 저 모습이 정상적인 기업의 모습일까? 피해를 입힌 자가 되레 감 놔라 배 놔라 하는 상황, 이것이 부조리가 아니라면 무엇이 부조리인가. 방귀 뀐 놈이 성낸다고나 할까. 모두 우리나라 재벌들이 비정상적인 그룹 지배구조를 유지하고 있기에 가능한 일이다. 이를 순환출자구조라고 한다(위평량·이은정, 2015).

순환출자구조란 한마디로 작은 지분을 가지고서도 계열사 지분만으로 그룹을 우회적으로 지배할 수 있는 구조를 뜻한다. 이런 경향은, 즉 계열사를 통해 총수 일가의 지배구조가 더욱 공고화되는 경향은 갈수록 더욱 짙어지고 있다. 공정거래위원회가 2016년 7월 발표한 '2016년 상호출자제한기업집단 주식소유 현황'을 보면, 총수가 있는 상위 10대 대기업집단의 내부지분율이 57.3%로 역대 최고치다. 내부지분율은 계열사 전체 자본금 중 총수, 총수 일가, 계열사 등이 보유한 주식가액의 비중이다. 총수가 존재하는 그룹의 내부지분율이 높다는 것은 그만큼 총수의 지배력이 크다는 의미이다. 그런데 그 내부지분율 중 총수 및 총수 일가가 차지하는 지분이 매우 적다는 게 더 중요하다. 다시 말해 그 미미한 지분으로도 계열사의 지분율이 오르기 때문에 총수들은 그룹 전체를 더욱더 확고하게 지배할 수 있고, 그 경향은 갈수록 더 짙어지고 있다. 총수 일가의 지분율은 0.9%로 2015년과 동일하지만 계열사 지분율은 동기간 4.3%포인트 증가했다.

순환출자구조의 예를 단순화한 그림으로 보자. 현대차그룹은 정몽구가 지배하고 있다. 정몽구가 그 큰 그룹 내 계열사를 다 아우를 만큼의 자본을 가지고 있기 때문이 아니다. 비정상적인 순환출자구조 때문이다. 2015년 현재, 현대모비스는 현대차를 20.78%의 지분으로, 현대차는 기아차를 33.88%의 지분으로, 기아차는 모비스를 16.88%의 지분으로 지배하고 있다. 서로 꼬리에 꼬리를 무는 형태로 출자하고 있다. 그런데 정몽구가 달랑 6.96%의 지분으로 핵심 계열사인 현대모비스를 지배하고 있어서, 이러한 순환출자구조 속에서 그 누구도 침범할 수 없는 지배력을 행사하고 있는 것이다 (이완배, 2015: 361).

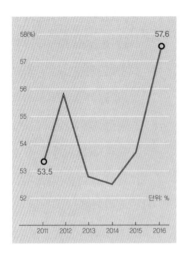

총수가 지배하는 10대 대기업집단 내부지분율 변화: 2011~2016
출처: 공정거래위원회/경향신문(2016. 7. 8)

삼성의 순환출자구조는 현대에 비하면 너무도 복잡해서, 그림을 제시한다고 해도 온전히 이해하기 힘들 터라 생략한다. 그저 계열사들이 서로 물리고 물린 매우 난잡한 상태라고 보면 된다. 삼성의 이건희는 핵심 계열사인 삼성전자의 지분을 고작 3.38% 가지고 있을 뿐이다(이완배, 2015: 358).

한마디로 요약하면, 삼성이든 현대든 총수 일가가 차지하는 지분은 거의 없는데도, 이 회사가 저 회사를 지배하고 저회사가 이 회사를 지배하는 구조이기에 작은 지분으로도 총수 일가의 권한은 절대로 줄어드는 법이 없다. 그래서 제왕적인 경영 지배자로 군림할 수 있는 것이다.

그런데 이 작은 지분이 그 아들 대로 내려가면 더 쪼그라든다. 2015년 현재 삼성의 이재용은 삼성전자 지분을 0.57%, 현대의 정의선은 그룹 핵심 3대 계열사인 현대차, 기아차, 모비스 중 기아차의 지분 1.75%, 현대차 1.44%만을 갖고 있을 뿐이다. 문제는 여기서 시작된다. 갈수록 그룹은 커지고 그럴수록 총수 및 일가의 지분은

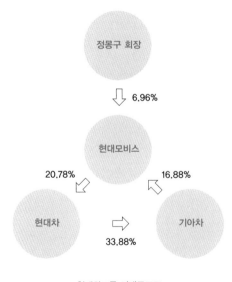

현대차그룹 지배구조도
출처: 이완배(2015), 361쪽

상대적으로 작아진다. 게다가 3대째로 내려가 제대로 상속세나 증여세를 내고 재산을 물려받는다면 그만큼 지분은 더 작아진다.

그렇다면 답은 하나다. 정정당당하게 세금 내고 총수가 가진 재산만큼 지배력을 행사하면 된다. 그러면 현재와 같은 제왕적 총수의 권력은 내려놓아야 한다. 하지만 총수들이 바라는 바가 아니다. 그렇다면 방법은 딱 한 가지만 남는다. 불법적 수단을 총동원해 경영권을 승계받고 선대에서 행했던 제왕적 총수의 자리를 지키는 것이다. 이재용이 그 일을 벌이다가 딱 걸려 구속수감된 것이다. 자신들의 말을 가장 잘 들어줄 것 같은 박근혜 전 대통령 재임시, 이 모든 승계 작업을 마무리하리라 마음먹고 계획적으로 벌인 일이다. 박근혜·최순실에게 뇌물을 주면서 정유라의 말을 사주고, 정유라의 애완견에게까지 패드를 사다 바치면서 그 모든 일을 기획하고 실행하다 그만 들통나버린 것이다.

그런데 이재용을 비롯한 재벌들의 이런 불법적인 행동은 이번만이 아니었다. 3대째 내려오는 경영권 승계를 위해 그들은 위법적이고 불법인 장난질을 지난하게 쳐왔다. 과연 어떤 수작들을 부려왔을까?

비상장주식을 통한 편법증여

경영권 승계를 위해 총수 일가가 취한 방법은 크게 3가지다. 비상장주식 취득, 일감 몰아주기, 인수 및 합병이다. 3가지 방법 모두 불법, 위법, 탈법이다. 그러나 총수들이 그 방법들을 현란하게 구사해 배를 불리는 동안 정치권력은 '나몰라'라 방치, 아니 적극적으로 보호했다. 법망에 어쩔 수 없이 걸려 처벌을 내려야 했을 때도 뒷북치기와 솜방망이 처벌로 일관했다. 모종의 대가가 양자 간에 오갔기 때문이다. 그 피해는 국민이 고스란히 보았다.

경영권 승계를 위해 총수 일가가 취한 3가지 방법 중, 비상장주식을 통한 편법증여 이야기를 먼저 해보자.

삼성은 채권이라 불리는 요상한 주식을 발행해 이재용에게 편법적으로 재산을 물려주었다. 첫 번째가 에버랜드 '전환사채'다(이하 이완배의 《한국 재벌 흑역사: 삼성·현대》(2015)를 참고, 많은 도움을 받았다). 전환사채는 본래 사채(債權)다. 그러나 나중에 주식으로 전환가능한 채권이다. 주가가 유리할 때 주식으로 바꾸고, 불리할 때는 그냥 채권으로 묻어두는 금융상품이다. 1996년 에버랜드 10월 이사회에서 전환사채를 발행한다. 최소 8만 5천 원에서 최고 12만 8천 원 나가는 주식을 7700원에 살 수 있는 특혜가 이재용과 그의 여동생들에게 주어졌다. 이재용이 단돈 48억 원으로 차지한 에버랜드 지분은 31.25%이었다.

1998년 이재용은 삼성생명의 전체 지분 중 18%를 초과하는 주식을 약 300억 원을 들여 사들였다. 1타 2피였다. 삼성생명의 지배권을 인수함과 동시에 에버랜드의 주식가치도 수십 배(800억 원) 상승시켰기 때문이다. 그런데 삼성생명 주식 매입 가격이 혀를 내두르게 한다. 당시 삼성생명의 주당 가치는 70만 원이었으나, 이재용의 주당 인수 가격은 약 9000원이었기 때문이다. 이 가격에 그 주식을 살 수 있는 사람이 세상 어디에 또 있을까. 이재용이 300억 원에 매수한 삼성생명의 가치는 무려 2조 3437억 원이었다. 그러는 동안 이재용은 세무 당국으로부터 어떠한 규제도 받지 않았다(이완배, 2015: 165–170).

다음으로 이재용은 '신주인수권부사채'로 재산 불리기라는 마술을 부렸다. 이것은 전환사채와 유사한 채권인데, 단 채권 주인이 회사에 특정한 가격에 새로운 주식(신주)을 발행해달라는 권리를 갖는다는 점만 다르다. 1999년, 삼성의 비상장 계열사 삼성SDS는 신주인수권부사채를 발행했다. 당시 장외시장에서 주당 5만 4000원 하던 주식을 7150원의 저가로 이재용과 여동생들이 싹쓸이했다. 그리고 15년 뒤인 2014년 삼성SDS 주식이 상장되었고 이때 주가는 38만 원이었다. 상장 당시 이재용의 삼성SDS 주식 보유가치는 무려 2조 8492억 원이었고 지분은 11.25%였다. 70억 원에 모자라는 돈으로 매입했던 주식이 15년 만에 400배가 넘는 재산으로 불어난 것이다(이완배, 2015: 171–173).

종합하면, 이재용은 1995년 단돈 60억 원을 물려받고 증여세금 16억 내고 남은 44억 원으로 20년 만에 무려 9조 원대 재산을 가진 초갑부가 되었다. 가히 재테크의 달인, 재테크의 귀재 소리를 들을 만하다. 이로써 삼성그룹 3세 경영 승계의 첫 단계를 무사히 마치고 현재에 이르게 되었다.

그러나 그의 편법 재산 불리기와 경영권 승계의 최대 피해자는 바로 국민이다. 정상적인 상태에서는 모든 계열사를 결코 지배할 수 없는 재벌총수들이 편법과 불법을 동원해 경영권을 손아귀에 거머쥐고, 그 큰 재벌 대기업을 쥐락펴락한다는 것은 누가 봐도 정의라고 할 수 없다. 이것이 불의고 불공정이 아니면 무엇이란 말인가. 이를 두고 이완배는 "이재용은 늘 법보다 한 발짝 앞서갔고, 법은 늘 그의 편법을 두세 발짝 뒤에서 쫓을 뿐이었다"고 일갈한다(이완배, 2015: 174).

그런데 이렇게 자신의 탐욕만을 위해 일로매진하고 있는 재벌총수 및 일가를 적극적으로 비호하는 세력이 엄연히 존재하고 있으니, 그게 바로 우리 국민들의 분노의 대상이다. 정치권력과 사법부, 그리고 언론이다. 정치권력과 언론에 대해서는 뒤에서 다루고 검찰과 사법기관의 그 가당치 않은 작태만 잠시 언급하고자 한다.

삼성 비자금 사건 조사 특별검사 조준웅은 "에버랜드 편법증여와 삼성SDS 신주인수권부사채 사건에 대해서는 이건희 등을 기소한다"고 밝혔으나, 물론 이재용은 빠진 불구속기소였다. 대법원은 에버랜드 전환사채 건에 대해 2009년 5월 무죄를 선고, 이건희·이재용에게 편법증여죄에 대한 면죄부를 주었다. 삼성SDS 사건은 2009년 8월 배임 및 조세포탈죄를 적용해 이건희에게 징역 3년, 집행유예 5년, 벌금 1100억 원형을 선고했다. 그러나 이건희는 이명박이 그만을 겨냥한 원포인트 사면의 시혜를 받아 사면받았다(이완배, 2015: 174-175).

삼성의 이건희와 이재용이 전환사채와 신주인수권부사채를 통해 편법증여하고 경영권을 승계하며 기업을 지배하는 편법의 요지는, 비상장기업을 이용해 주식을 헐값에 사고팔아 부당이득을 올린 것이다. 이로써 이재용은 44억 원을 가지고 약 9조원의 초갑부로 등극했다. 낸 세금은 달랑 16억 원뿐이다. 또한 그것으로 3대에 걸친 삼성그룹의 경영권을 쥐려고 안간힘을 쓰고 있다. 세금이나 제대로 내고 기업을 승계, 지배하게 되었다면 누가 뭐라 하랴. 삼성의 고용 법조인과 세무인들은 법망을 피해 이 모든 일을 성공적으로 마무리하는 데 자신들이 쌓은 지식과 잔꾀를 풀가동했고, 우리나라 법망은 이들이 이런 농단을 할 수 있도록 허술했으며, 정부와 법조계는 이들에게 한없이 관대했다. 그러나 그러한 행정과 사법당국의 관대가 가진 자에게뿐만 아니라 이 나라의 못 배우고 없는 자들에게도 똑같이 주어졌다면 얼마나 좋았을까. 그것이 바로 우리나라의 불행의 씨앗이다. 정의와 불공정, 부조리와 불평등이라는 불행의 씨앗인 것이다.

물론, 삼성의 경영권 승계가 이로써 끝난 것이 아니다. 그 정점은 바로 삼성물산과 제일모직의 합병, 그리고 중간지주회사에 있다. 여기에는 일을 성사시키기 위해 적극적으로 뇌물이 오갔다. 이에 대해서는 뒤에 다시 다루기로 한다. 이제는 현대의 비정상적 지배구조와 경영권 승계에 대해 언급해보자. 이를 살피는 이유는 삼성과 함께 현대가 우리나라에서 손꼽는 재벌기업이기 때문이다. 우리 일상생활과 밀접한 관련을 맺고 있으며, 일부에서는 한편 자랑스럽게 생각하는 이들 기업의 총수들이 생각 이상으로 편법과 탈법의 대가들이라는 사실을 제대로 안다면, 무한한 격려와 응원을 보낼 국민들이 과연 몇이나 될까? 삼성은 물론 현대조차도 지대추구와 승자독식에 있어 타의 추종을 불허하는 도긴개긴이다. 일감 몰아주기는 재벌개혁에서 빼놓을 수 없는 중대한 사안이다.

일감 몰아주기

일감 몰아주기는 재벌기업 총수들이 배를 불리는 또 하나의 승자독식과 지대추구 행위에 대한 훌륭한 예이다. 그들의 탐욕 추구의 훌륭한 수단이다. 계열회사를 차리고 거기에 나머지 계열사들이 수주를 통해 일감을 몰아주고 매출을 올려준다. 기업의 주가를 올리고 그 주가상승을 통해 지배자인 총수 일가가 부를 축적하는 전형적인 방법이 바로 일감 몰아주기다.

앞서 현대차그룹의 지배구조를 그림으로 살펴보았고, 이번에는 일감 몰아주기를 통해 정몽구에서 아들 정의선에게로 어떻게 부와 경영권이 승계되는지 간단히 알아보자. 물론 정의선이 택했던 기본 전략은 1차적으로 비상장기업을 이용한 부의 편법 승계 방식이다. 2015년 7월 현대차그룹의 광고 전문 계열사 이노션이 증시에 상장되었다. 최대주주 중 한 명인 정몽구의 아들 정의선 이노션 사장은 상장 후 주식을 매각해 4000억 원의 소득을 올린다. 2005년 설립 당시 이노션 설립 자본금은 고작 30억 원이었는데, 정몽구 일가가 출자했고 정의선은 12억 원을 투자했다.

이노션은 10년 만에 시가총액 1조 2000억 원의 회사로 성장한다. 바로 계열사 일감 몰아주기로 가능했다. 이를 통해 정의선은 재산을 12억 원에서 4000억 원으로 불렸다. 그러나 이것이 그의 재산 전부가 아니다. 정의선의 재산은 이재용의 재산인 9조 원대에는 못 미치지만 그 역시 3조 원대의 거부다. 어디 그뿐인가. 그는 시가총액 100조 원대의 현대차그룹에 대한 지배력도 갖고 있다(이완배, 2015: 354-357).

정의선의 편법증여 다음 수단은, 물류회사인 현대글로비스(한국로지텍: 2003년 이전까지의 회사명)다. 한국로지텍의 출자 자본금은 12억 5300만 원으로 2001년 2월 문을 열었다. 이 신생기업의 첫해 매출 목표는 7천~8천억 원이었다. 그 같은 당찬 포부가 가능했던 이유는 순전히 현대차그룹만을 위한 전문 물류회사로 출범했기 때문이다. 현대와 기아차가 해외에 수출할 때의 물량을 모두 확보했으니, 누가 봐도 비현실적인 포부가 실현 가능했다. 전형적인 일감 몰아주기다. 물론 이전에는 현대상선이 그 모든 물류 일을 도맡았으나 형제 간 분쟁의 결말이 이런 식으로 나타난 것이다(이완배, 2015: 362-364).

이런 것을 '따놓은 당상'이라 했던가? 아니면 '땅 짚고 헤엄치기'라 했던가. 회사만 설립하면 수주가 자동적으로 들어와 매출을 팍팍 올릴 수 있는 이런 사업. 이런 사업은 어린아이, 아니 천지를 분간할 수 없는 한정치산자나 금치산자 등 어느 누가 대표를 맡더라도 어김없이 승승장구할 수 있는 노다지 장사다. 이런 일감 몰아주

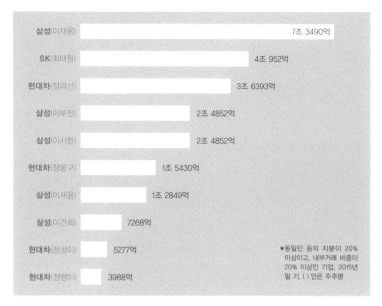

삼성(이재용)	7조 3490억
SK(최태원)	4조 952억
현대차(정의선)	3조 6393억
삼성(이부진)	2조 4852억
삼성(이서현)	2조 4852억
현대차(정몽구)	1조 5430억
삼성(이재용)	1조 2849억
삼성(이건희)	7268억
현대차(정성이)	5277억
현대차(정명이)	3988억

*동일인 등의 지분이 20% 이상이고, 내부거래 비중이 20% 이상인 기업. 2015년 말 기, ( ) 안은 주주명

일감 몰아주기 등을 통해 부가 증가한 상위 10인
출처: 이총희·경제개혁연구소(2016)/경향신문(2017. 2. 22)

기를 통해 총수 일가는 부를 호주머니에 넣고 또 자식에게 경영권과 부를 그대로 승계할 수 있다. 정확히 말하면 일거양득이다. 이렇게 부를 늘린 우리나라 재벌총수 상위 10인에 대한 대략적인 윤곽은 경제개혁연구소의 이총희(2016)가 펴낸 보고서에 잘 드러나 있다 (그림 〈일감 몰아주기 등을 통해 부가 증가한 상위 10인〉 참조).

또다시 현대로 돌아가보자. 한국로지텍의 출자금인 12억 5300만 원은 오로지 정몽구와 아들 정의선만 댈 수 있었다. 그 뒤 몇 차례 유상증자를 거쳐 정몽구·정의선 부자는 총액 50억 원을 내고 명실상부한 한국로지텍의 지배자가 된다. 2015년 현재 현대글로비스의 시가총액은 9조 원에 이른다. 이 외에도 정의선은 2001년 말 본 텍이라는 계열사의 지분을 15억 원을 들여 인수했다. 당시 액면가의 30% 싼 가격으로 말이다. 자동차 오디오를 생산하던 본텍은 현대차그룹의 전폭적인 일감 몰아주기 덕분에 출범 단 1년 만에 매출 1250억 원의 회사로 등극했다. 3년 뒤 정의선은 장외시장에서 이 지분을 모두 매각했고 그때 무려 300억 원을 챙겼다(이완배, 2015: 362-364).

이 방법은 이미 삼성 이재용이 에버랜드의 전환사채 등으로 편법 증여를 받은 바로 그 수법이다. 즉 비상장기업을 이용한 편법 대물림이다. 그런 비상장기업의 채권화된 주식을 싼 가격에 살 수 있는 사람이 또 누구일까? 오로지 재벌총수 일가들뿐이다. 불공정과 부조리 그리고 불의를 목도할 수 있는 바로 그 정확한 지점이다. 동시에 일감 몰아주기도 반드시 동반 출격한다.

삼성도 일감 몰아주기에서는 타의 추종을 불허한다. 삼성SDS의 주고객은 당연히 삼성그룹 계열사들이다. 2104년 삼성SDS가 삼성그룹계열사와의 거래로 올린 매출은 5조 4064억 원이다. 그 연간 매출 중 무려 68.5%가 삼성그룹계열사에서 일감 몰아주기로 올린 매출이다(이완배, 2015: 173). 이런 회사가 크지 않는다면 오히려 부자연스럽다. 이런 판을 교묘하게 짜놓은 이재용과 총수 일가가 돈을 못 번다면 그게 오히려 이상하다. 돈 놓고 돈 먹기, 땅 짚고 헤엄치기, 봉이 김선달 대동강 물 팔아먹기식이니. 그렇다면 총수 일가들은 무엇을 믿고 이런 짓을 버젓이 할 수 있는 것일까? 정치권력을 비롯한 각종 권력의 협조가 없다면 불가능하다. 그러므로 적폐청산이란 바로 이 재벌총수 일가들의 농단을 방조, 방치, 협조, 비호하는 모든 권력을 일소하는 것이다.

재벌총수 일가의 이런 농단은 총수 일가의 불로소득으로 직결된다는 점에서, 그리고 오직 그들만이 향유할 수 있다는 점에서 바로 지대추구 행위와 승자독식과 깊이 맞물려 있다. 비상장주식의 편법 증여와 일감 몰아주기. 한마디로 지대추구 행위와 승자독식의 구현이며, 이야말로 우리나라 재벌총수 일가가 탐욕을 마음껏 충족시킬 수 있는 가장 훌륭한 수단들이다. 그것을 제거하지 않는 이상 우리나라의 불의와 불공정 그리고 부조리는 결코 사라질 수 없다.

골목상권까지 장악한 절대포식자

한국의 재벌이 업계의 절대포식자 또는 최상위 포식자임을 또 목도할 수 있는 곳은 바로 우리의 골목이다. 그런 면에서 우리나라 재벌들은 문어발식 사업 확장으로 골목상권까지 장악하려드는 대식가이자 폭식가다. 재벌의 골목상권 잠식은, 그들의 취향이 독식이자 양심불량자임을 방증한다.

재벌이 골목상권까지 침범하게 된 이유는 간단하다. 우선 그들의 자산 규모와 계열사 수를 보면 답이 나온다. 한국의 30대 재벌은 그 자산이 국가 총자산의 40%에 이르고 계열사만 무려 1700개가 훌쩍 넘는다. 지금부터 10년까지만 해도 자산 규모나 계열사 수가 현재의 3분의 1정도였다. 이렇게 계열사 수가 폭증하니 골목상권까지 넘볼 수밖에 없는 것이다. 〈경향신문〉의 박용채 논설위원은 이렇게 재벌들의 계열사가 과거 10년 동안 3배로 늘어나게 된 데는, "[재벌총수가] 챙겨줘야 할 자녀가 많아서"라는 웃지 못할 이유도 전혀 배제할 수 없다고 냉소적으로 꼬집기도 했다.

재벌 3세들의 주력사업은 유통, 명품 수입, 문화사업, 온라인 쇼핑몰 등을 망라해 선대의 총수들이 일궜던 본업과는 거리가 먼 분야에 이르기까지 발을 뻗고 있다. 주력 업종은 서비스업으로, 이른바 굴뚝산업이라 불리는 제조업과는 거리가 멀다. 이들 사업의 지배주주들은 대부분 총수의 방계 인물들이다. 물론 각종 편법을 일삼는 이들 재벌총수 일가의 행태도 방계라고 해서 비켜가지 않는다. 즉 일감 몰아주기는 여기서도 횡행한다. 창업해 시장에 뛰어들면 그룹 내의 다른 계열사들의 전폭적인 지원을 받아, 일단 기본 매출은 깔고 시작한다.

골목상권까지 마수를 뻗는 재벌들의 이러한 한심한 행태를 보면 재벌 1, 2세대와는 달리 재벌 3세들만이 지닌 어떤 특징이 눈에 들어온다. 소위 '헝그리정신'이 박약하다는 점이다. 그들은 모험을 싫어하고 유약하다. 깨질 때 깨지더라도 각오하고 부딪쳐 일을 이루려하는, 어떤 악바리 근성이 보이지 않는다는 말이다. 안전제일주의, 보신주의라고 할까. 단 선대로부터 물려받은 유일한 악바리 근성이 있다면, 쉽게 돈을 벌수만 있다면 비록 서민들의 코 묻은 돈이라도 마다하지 않겠다는 무지막지한 탐욕뿐이다.

국정조사청문회에 나온 재벌 3세들의 면면을 떠올려보라. 그 자리만을 모면해보자는 취지에서 나온 연출인지는 모르겠으나, 어쨌든 잔뜩 겁먹은, 넋을 놓은 듯한 모양새를. 그들에 비하면 재벌 2세들은 비록 비뚤어지긴 했으나 자못 호기는 있어 보인다. 어쨌든 3세들은 소위 인물들이 못되니 치사하게 서민들의 생계형 자영업 마당인 골목상권까지 노리는 것이다. 남의 밥상에 숟가락 하나 슬쩍 얹어서 쉽게쉽게 가겠다는 심산인 것이다. 그런데 이들의 작태는 서민들의 몫을 나눠 먹자는 자체가 문제이기도 하지만, 골목상권에 진입하면서 그것마저 싹쓸이한다는 게 더 큰 문제다.

예를 들어 커피만 해도 그렇다. 20여 년 전 내가 막 유학에서 돌아와 시간강사로 일하던 때다. 강의 시간에 스타벅스를 예로 든 적이 있다. 떼돈을 벌 사업 아이템이 있는데, 그걸 들여와 인천공항에 가게를 내면 시쳇말로 대박을 칠 것이라고 얘기했다. 물론 아직 우리나라에 스타벅스가 들어오지 않을 때여서 학생들은 내 말을 제대로 이해하지 못했다. 다만 문제는 그 허가권을 보통의 재력가로서는 따기 어렵다는 데 있다. 설사 허가권을 따 와도 전국적인 판매망을 형성하기란 일반 기업으로선 엄두도 못 내는 일이다.

얼마 후 신세계그룹에서 허가권을 땄고 스타벅스는 지금의 스타벅스가 되었다. 정용진 신세계 부회장이 스타벅스를 국내에 도입한 지 17년 만에 지난해 매출 1조 원을 돌파했다고 한다. 전년 대비 지난해 매출은 약 30% 늘었고 영업이익은 전년 대비 81% 증가했다. 점포는 2017년 2월말 현재 1008개다. 일반 커피매장과 대기업의 프랜차이즈 커피매장 중 사람이 붐비는 곳은 대기업이 경영하는 프랜차이즈다. 누가 봐도 '돈 놓고 돈 먹기'장사나 마찬가지다. 승자는 재벌 3세다. 이들이 골목상권에까지 들어왔으니 승패는 이미 끝난 것이다. 지금은 '스세권'이라는 말이 나올 정도라고 한다. '역세권'에서 따온 말로, 스타벅스가 있는 곳의 집값이 오른다는 이야기다. 빵집과 편의점도 마찬가지다. 동네 빵집과 구멍가게는 이제 골목까지 진출한 대기업 매장에 여간해서는 경쟁자가 되지 못한다. 이제는 '쉑쉑버거'까지 재벌이 들여왔다.

재벌이 이러한 외식업 등으로 골목상권까지 넘보는 이유는 무엇일까. 외국에서 검증된 브랜드를 도입해 시장을 선점할 수 있다는 얄팍한 계산 때문이다. 문제는 자본인데, 그들은 자본이 충분하기에 문제가 안 된다. 다시 말해 막강한 자본이라는 무기를 가지고 진입장벽이 낮은 곳을 무차별로 공략하는 것이다. 또한 외국(특히 미국) 것이라면 사족을 못 쓰는 비뚤어진 소비자들의 과시적 욕망도 이들의 골목상권 공략에 크게 한몫한다.

승자독식! 과연 우리나라에서 폭주하는 재벌의 독주를 막을 방법은 있는 것일까? 이런 질문에 대해 경제학자 장하성은 이렇게 답한다. "한국 사회에서 재벌의 힘을 제어할 제도적 장치는 존재하지 않는다"고, 그리고 재벌에 의한 "불평등은 되돌리기 어려운 상황에 이르렀다"고 한탄한다(장하성, 2015: 308). 어쩌다가 이 지경에까지 이르게 되었을까? 승자독식의 논리가 우리 사회에 만연할수록, 그것을 허용하면 할수록 재벌이라는 늑대는 계속해서 우리나라의 골목을 어슬렁거릴 것이다. 골목에서 늑대를 격퇴하는 것도 재벌개혁에서 하나의 커다란 숙제다.

삼성물산·제일모직 합병과 중간지주회사 그리고 뇌물

삼성 이재용이 박근혜·최순실에게 건넨 440억 원은 강압에 의한 것인가, 아니면 뇌물인가? 법정에서는 치열한 법리 논쟁이 진행되고 있다. 상식적으로 생각해보자. 이재용을 비롯한 우리나라의 재벌총수들이 어떤 사람들인가. 장사치들이다. 이익을 중시하는 장사치들이다. 설령 아무리 서슬 퍼런 권력이라고 하더라도 이들이 아무런 대가 없이 돈을 그냥 갖다 바쳤을 리 만무하다. 이재용은 무슨 대가를 노리고 저런 짓을 했을까?

이재용은 앞서 살펴본 에버랜드 편법증여를 통해 이병철·이건희·이재용에 이르는 이른바 3세 승계의 첫 삽을 떴다. 그러나 말 그대로 첫 삽에 불과했다. 삼성그룹을 실질적으로 장악하려면 덩치가 가장 큰 삼성전자를 지배해야 했기 때문이다. 그러나 총수 부자의 삼성전자 지분은 쥐꼬리 만 하다는 것이 문제다. 이건희는 3.33%의 지분을, 이재용은 달랑 0.57%의 지분을 가지고 있을 뿐이다. 이 미미한 지분을 가지고 이들은 삼성의 경영권을 쥐고 있는 것이다.

삼성전자의 실질적인 지배권을 이재용이 정상적으로 소유하려면 방법은 단 하나뿐. 막대한 자금을 들여 아버지 이건희의 지분을 매입하고 동시에 엄청난 증여세를 물면 된다. 이재용은 그런 돈도 없고 세금을 내고 싶은 생각은 추호도 없다. 오직 이건희가 사망하기 전 경영권을 물려받고 삼성의 주인이 되어, 이른바 최고경영자의 자리에 앉아 삼성 전체를 황제처럼 장악하겠다는 일념 하나다. 그때, 이재용과 그 측근들 머리에 떠오른 편법이 바로 삼성물산과 제일모직의 합병과 중간지주회사 설립이다. 그들은 이를 박근혜 정권에서 빨리 해치우는 작전에 돌입한다.

첫째가 삼성물산과 제일모직의 합병이다. 이재용의 에버랜드가 제일모직과 합병했고 이로써 다른 계열사들을 그럭저럭 지배할 수 있었다. 다만 이재용에게 있어 가장 큰 문제는 삼성전자의 지분이 거의 없었다는 점이다. 그때 바로 삼성물산이 눈에 들어온다. 삼성물산은 삼성전자의 지분 4.1%를 가지고 있었기 때문이다. 따라서 제일모직이 삼성물산과 합병할 수만 있다면, 삼성물산이 가진 지분 4.1%만큼 삼성전자에 대한 지배력을 확보할 수 있다. 간단히 말해 이재용에게 있어 삼성물산과 제일모직의 합병은 묘책 중 묘책 같은 것이었다. 돈 한 푼 들이지 않고 내부지분율의 허점을 이용해 삼성전자를 지배할 수 있다니, 구미가 당길 수밖에. 삼성물산이 가진 삼성전자의 지분 4.1%는 당시 시가총액 8조 원(2017년 2월 현재 약 6조 원 추산)에 달하는 어마어마한 액수다(이완배, 2015: 181).

그러나 그 묘책을 실행해 나가려면 넘어야 할 큰 산이 존재했다. 미국의 악명 높은 벌처펀드 엘리어트매니지먼트가 삼성물산의 지분 7.12%를 매입한 뒤, 삼성물산 주주들에게 전적으로 불리한 삼성물산과 제일모직 합병에 반대했기 때문이다. 엘리어트의 반대가 억지가 아니었기에 이재용은 당황했다. 2014년 당시 제일모직은 삼성물산 연매출의 10분의 1도 미치지 못하는, 급이 다른 회사였다. 그런데 합병 비율은 거꾸로 1대 0.35로 정했다. 이재용이 최대주주로 있는 제일모직의 주식은 최고치로, 단 한 주도 소유하고 있지 않은 삼성물산의 주식은 최저치로 값을 쳐 시도한 합병이니, 애초부터 말이 안 되는 합병이었다.

합병 과정에 잡음이 날 경우 큰손 투자자들은 자문회사의 말을 듣는다. 해외의 의결권 자문회사들도 죄다 반대했다. 삼성물산의 지분을 11.21%나 가지고 있던 국민연금의 지지가 이재용에게는 절대적으로 절실했다. 국민연금은 이들 자문회사들의 반대 의견을 완전히 무시하고, 게다가 외부 전문회의마저 열지 않고 비밀리에 전격적으로 찬성 결정을 내렸다. 모종의 야로가 개입되었음이 분명하다. 아니나 다를까 특검 구속 1호로 기소된 문형표 국민연금공단 이사장은 의결권 행사에 부당하게 개입했다는 혐의를 받고, 특검 1호로 구속되었다.

삼성계열사 사장이 독일까지 오가며 박근혜·최순실과 뇌물을 주고받는 사악한 뒷거래를 했다. 보건복지부 장관을 비롯 청와대 경제수석이라는 정부 고위인사들이 뒤치다꺼리를 했다. 국민의 피 같은 돈이 모인 국민연금에는 수천억 원대의 피해를 입히면서 말이다. 이재용이 뇌물 성격으로 박근혜와 최순실에 쏟아부은 돈은 440억 원 정도, 그러나 국민은 수천억 원대의 피해를 입었고 반면 이재용은 약 3조 원의 이득을 봤다(노컷뉴스, 2017. 1. 14).

이재용은 또 복잡한 순환출자지배구조를 지주회사 체제로 전환하라는 정부방침에 의거해 지주회사 체제로의 전환을 2013년부터 추진해왔다. 물론 정부지침이 그렇다고 해서 순순히 이재용이 따르는 것이 아니다. 자신으로서도 지주회사 체제가 지배력 강화에 도움이 된다고 생각했기에 그렇게 결정한 것이다. 그러나 삼성의 지주회사 추진에도 난관이 있다. 금융과 산업자본을 분리하는 '은산분리법' 때문에 삼성생명의 금융지주사 전환에 브레이크가 걸려 있었기 때문이다. 이를 해결하기 위해 이재용은 중간지주회사 제도라는 변종도 도입하려 애썼고, 박근혜와 독대시 "현재 금융위원회가 검토 중인 삼성생명의 금융지주사 전환 계획이 승인될 수 있도록 해달라"고 도움을 요청하기도 했다(한겨레, 2017. 3. 6). 금융위는 청와대와 삼성의 거듭된 압력에도 불구하고 청탁을 거부한 것으로 드러났다(한겨레, 2017. 3. 6).

이처럼 지대추구 행위자들은 뇌물도 서슴지 않는다. 뇌물을 받는 자와 주는 자는 큰 이익을 얻지만, 대신 그 피해는 고스란히 순진한 국민들 몫으로 남게 된 것이다. 국민이 입은 피해는 무엇인가. 첫째, 총수들이 편법증여를 하면서 증여세나 상속세를 내지 않으면, 그만큼의 돈을 결국 국민들이 벌충해서 내게 되기 때문이다. 둘째, 그들이 불린 자산을 주식으로 가지고 있으니 돈이 순환되지 않아, 국가경제에 득이 되지 못한다. 셋째, 이들 주위의 부역자들에게만 입막음, 또는 수고조로 돌아가는 고임금은 소득불평등의 원인이 된다. 즉 임금격차의 형태로 나타나 사회의 위화감을 조성한다.

　마지막으로, 정치권력의 철저한 비호 아래서도 어쩔 수 없이 법망에 걸려드는 경우, 그것조차도 교묘히, 유유히 빠져나간다. 사면된다. 여기에 야로가 낀다. 이는 분명 정의를 망치는 것이며 국가기강을 심대하게 어지럽힌다. 그들은 이를 위해 법조계나 관직의 사람들을 스폰서라는 명목으로 관리한다. 일종의 규제포획이다. 예를 들어 '삼성장학생'이라 불리는 이들이 바로 관리 대상이다. 그 결과 국민들은 불공정, 부조리, 불의, 불평등의 희생자가 된다. 이 외에 삼성물산과 제일모직 합병의 경우, 국민연금을 볼모로 그 합병을 이끌어냈다. 국민연금에 막대한 피해를 입히면서 말이다. 도저히 묵과할 수 없는 대국민 사기 행위를 자행한 것이다.

　이 모든 게 온갖 불법과 탈법 그리고 탈법을 동원해서라도 세금한 푼 내지 않고 경영권을 승계받고 그룹 전체를 장악하겠다는, 재벌총수와 정치권력이 벌인 더러운 짬짜미의 결과다. 그런데 이들이 모두 피해자 코스프레라니 말이 되는가!

금권정치: 무소불위의 절대권력, 조폭재벌

　조폭재벌과 박근혜·최순실의 조폭정권. 우리나라 재벌과 박근혜·최순실 정권을 이렇게 부르고 싶다. 조폭과 재벌, 그리고 박근혜·최순실 정권은 베버가 말하는 서로 간 '선택적 친화력(elective affinity)'이 있다. 선택적 친화력이란 어떤 요소들 간에 시쳇말로 '코드'가 맞는다는 뜻이다. 자신들의 지대추구와 승자독식을 위해 아주 야비하고 치사하게, 그리고 폭력적으로, 국민은 아랑곳하지 않고 각종 연고를 동원해 이익을 추구한 이들이 바로 박근혜·최순실 정권과 재벌이다. 조폭들 행태와 똑같다. 박근혜는 그 극단적 예이긴 하지만, 지난 정권의 면면을 들여다보면 몇 몇 정권을 제외하면 죄다 조폭정부였다고 봐도 과언이 아니다. 이것은 분명 나라가 아니다.

물론 박근혜는 그 끝을 보여주었다. 그래서 국민은 심한 실망감과 자괴감에 빠졌다. 나라가 신성한 것까지는 바라지도 않는다. 그러나 최소한의 상식마저 파괴하고 마지노선을 넘어버린 것이다. 이참에 박근혜와 같은 극단적 예는 물론이요 우리가 국으로 묵인해왔던 해방 이후 반민주 독재정권들의 유산, 그 더러운 적폐를 완전히 청산하는 기회로 삼아야 한다. 조폭재벌들도 마찬가지다. 조폭재벌은 총수 1세대부터 3세대에 이르기까지 한 치의 오차도 없이, 변함없는 탐욕자의 모습을 보여주었다. 그러나 이제 더는 묵과할 수 없다.

조폭의 큰 특징은 지대추구 행위와 승자독식 그리고 특정 지역을 중심으로 하는 어떤 '파'(연고)를 형성한다는 점이다. 그런 굵직한 특징 외에도 조폭들은 자잘한 구체적인 특징들도 보인다. 그런데 우리나라 재벌과 정권(특히 박근혜·최순실 정권)은 그 자잘한 조폭들의 특징까지도 공유한다. 어떤 점들일까?

우선, 그들이 조폭과 다를 바 없는 이유는 '대포'를 좋아한다는 점이다. 차명을 뜻한다. 그들은 대포폰, 대포차, 대포통장을 선호한다. 조폭이나 재벌총수들이나, 박근혜·최순실도 차명을 이용하는 데 귀재들이다. 이들은 차명폰을 수시로 만들었다 없애면서 사용해 왔다. 그 수만 최소 50대로 알려졌다. 또 특검이 밝힌 최순실 일가의 재산은 확인된 것만 2730억 원대라 한다. 그러나 밝혀진 부분만 해도 그 정도이고, 드러나지 않게 보유한 재산은 1조에서 10조 원에 이를 것으로 추정된다. 대부분 세탁을 통해 차명으로 보유한 재산이다. 그 돈은 또 박정희 때부터 내려온 비자금으로 형성되었다는 내력이 최근 보도로 밝혀지고 있다.

재벌총수들도 차명으로 비자금을 보유하며 세금을 포탈하는 불법을 저지르고 있다. 삼성의 전직 법무팀장이던 김용철의 폭로에 의하면 "삼성 전략지원팀에서 전·현직 핵심 임원 1000여 명의 차명계좌에 현금, 주식, 유가증권 등의 형태로 [비자금이] 분산되어 있다"고 한다. 2008년 삼성 특검팀은 삼성생명의 지분 16%가 이건희의 차명 지분임을 밝혀냈다. 그 전체 규모는 삼성생명 주식 2조 3000억 원을 포함한 총 4조 5000억 원 정도였고, 세금 포탈 규모도 1128억 원이었다(이완배, 2015: 151).

다음으로 조폭들은 공식 조직의 라인을 통해 일을 해결하지 않는다. 비선을 통해 은밀히 한다. 박근혜가 퇴출당한 이유도 바로 이 비선 때문이다. 이재용도 삼성에서 합법적 기구가 아닌, 미래전략실이라는 일종의 비선 컨트롤타워를 주로 의지했다. 비선들은 서로 의리, 의리 하다가 나중에는 배신한다. 특히 법적책임을 질 때면 모두 다른 사람들에게 떠넘긴다. 또는 제일 멍청한 사람이 뒤집어쓴다. 행동대장들이 있다. 박근혜·최순실·안종범·정호성·김기춘·우병우·조윤선·차은택 등을 보라. 모두 자신은 죄가 없다고 한다. 그러면 누가 그 죄를 지었는가. 재벌총수들도 마찬가지다. 서로 죄 없다고, 몰랐다고, 기억나지 않는다고 오리발이다.

재벌총수 및 일가는 총수 자신이 대외적으로 비선 자체가 되기도 한다. 마치 조폭들이 사업 전면에 두목이 나서지 않고 바지사장 또는 바지두목을 앉히는 것과 마찬가지다. 총수들은 회사 직함을 가지고 있지만 등기임원이 아니라 비등기임원으로 남는 경우가 허다하다. 자신들이 받는 연봉을 대외적으로 알리기를 꺼려해서이기도 하지만, 처벌을 피하기 위한 꼼수이기도 하다. 비등기임원은 법적책임을 질 필요가 없기 때문이다. 2014년부터 '자본시장과 금융투자업에 관한 법률'(자본시장법)에 의해 연봉 5억 원 이상인 등기임원은 연봉을 공개해야 한다. 하지만 재벌총수들은 대부분 등기임원이 아니다. 삼성의 이건희, 이서현 제일모직 사장도 등기임원이 아니다. 이재용의 경우 2016년 상반기까지는 등기임원이 아니었으나, 10월에 등기임원이 되었다. 삼성의 경우 작년까지 오직 이부진 신라호텔 사장만 등재되었을 뿐이다. 신세계의 정용진은 신세계와 이마트의 미등기이사다. 오리온 담철곤과 이화경, 화이트진로의 박문덕, 이수그룹의 김상범 등 재벌총수들은 미등기임원이다. 최근 자본시장법에 의해 연봉 공개를 피하기 위해 대기업의 미등기임원이 증가하는 추세다(시사오늘, 2016. 9. 2; 에너지경제, 2017. 2. 6).

2012년 신세계그룹의 SVN은 골목상권 침해로, 공정위로부터 부당거래 판정을 받았다. 그러나 실제적으로 일감 몰아주기 책임자인 정용진은 기소조차 당하지 않았다. 등기임원이 아니어서 결재라인에 서명을 하지 않았기 때문이다. 이처럼 재벌총수들은 모든 의사결정을 내리지만, 그 책임을 질 때면 교묘히 피해나가기 위해서라도 등기임원 명단에 이름을 올리지 않는다. 당시 기소된 자는 이마트 대표였던 허인철 전문경영인, 즉 바지사장이다. 돈 몇 푼 받고 기사 딸린 회사차 타고 다니다가 쇠고랑 찰 땐 흑기사 역할을 하는 이들이 바로 우리네 총수가 있는 재벌기업의 전문경영인들이다(이완배, 2015: 91-92; 김용철, 2010: 232). 조폭들과 무엇이 다른가.

다음으로 조폭들은 이익을 위해서는 초법적으로 행동한다. 각종 위법·편법·탈법 행위를 마다하지 않는다. 그리고 뒤로 봐주는 비호세력들이 있고 평소에는 적당한 밑밥을 깔아 그들을 구워삶아 놓는다. 그리고 무소불위의 폭력을 휘두르다가 잡히면 모르쇠로 일관하든가 자신이 어떤 "기획에 의해 엮인 피해자"라고 주장한다. 박근혜·최순실과 그 부역자들, 그리고 이재용을 위시한 재벌총수들이 이번 게이트가 불거진 뒤 보인 행태들을 떠올려보라. 검찰을 위시한 각종 권력집단들을 총동원해 자신들을 방어하고, 빠져나갈 궁리들만 해댄다. 법이 자신들을 옭죌 수 있는 구속력과 강제력을 갖는다고는 전혀 생각하지 않는다. 자신들은 법 위에 있다고 믿고 있기 때문이다.

해서, 조폭들은 어떠한 범죄행위를 저질러도 도끼와 칼 그리고 깍두기(행동대원)들만 있으면 법이건, 공권력이건 뭐고 다 무력화할 수 있다고 생각한다. 믿을 것은 오로지 돈, 힘, 그들을 비호해주는 권력밖에 없다고 생각한다. 그들에게 법이란 한낱 종위 위 활자에 지나지 않고, 사람들은 자신들에게 복종해야 하는, 소위 '삥'뜯김을 당해야만 하는 '호구'에 지나지 않는다. 조폭들에게 도덕, 윤리, 선과 악의 개념 그런 것은 애초에 없고, 자신들의 이익이 곧 선이며, 정의이며, 법이다.

박근혜·최순실도 마찬가지다. 국민들이 박근혜에게 위임한 권력을 비선실세 최순실이 자신의 이익추구를 위해 전유했다. 이때 국가기관은 온통 최순실과 박근혜의 탐욕을 채우는 먹잇감의 가교 역할을 했을 뿐이다. 국가와 결혼했다고 줄곧 떠벌리던 대통령은 관저에서 나오지 않고 국사를 돌보지 않았으며, 청와대에서 주로 한 일이라곤 각종 주사와 얼굴 관리, 올림머리 하기, 그리고 드라마 보기가 전부였다.

대부분의 국사는 최순실이 좌지우지했다. 국가체육과 문화산업도 해외 공적개발원조사업(ODA)도, 모두 최순실 자신의 이권을 챙기기 위한 먹잇감이 널려 있는 사냥터 또는 놀이터였을 뿐이다. 놀이터를 뜻하는 영어단어인 '플레이그라운드(playground)'라는 사업체도 최순실이 가지고 있었다는데, 전혀 이상한 일도 아니다. 대한민국이, 대한민국 정부가, 대한민국 국민이 모두 자신의 이권추구를 위한 놀이터였으니까. 그런 점에서 최순실이야말로 전면에 나서지 않고 실제 정사를 보는 대통령이었다. 마치 우리나라 재벌총수들이 등기임원에 이름을 올리지 않고 스스로 비선이 된 것처럼 말이다.

그런 농단을 일삼던 이가 특검에 불려 나올 때 "민주주의 특검이 아니"라고 소리치고, 헌법재판소에 나온 대통령 대리인단이 최종변론에서 "대통령이 법정에 나와 신문을 받는 것이 국가의 품격에 좋은가"라고 떠벌린다. 무엇을 믿고 그런 말들을 감히 뱉을 수 있는지, 과연 국가의 품격을 누가 떨어뜨려서 국민들로 하여금 굴욕감을 느끼게 하는지를 반문하게 만든다. 국가의 품격? 그것은 박근혜와 그 일당들이 떨어뜨린 것이다.

그런데 조폭들이 즐겨 애용하는 이러한 적반하장식 행태는 우리나라 재벌들에게서도 고스란히 드러난다. 이재용의 구속수사가 결정된 며칠 뒤 삼성의 전직 최고경영자 출신 인사들은 이재용의 구속수감이 '기업 때리기'라며, "포승줄에 묶인 이재용의 사진 한 장에 삼성의 브랜드가치 100억 달러가 날아가버렸다"고 성토했다. 그러면서 이렇게 "기업 때리기가 지속되면 [삼성]은 한국을 떠날 수밖에 없다는 것을 알아줬으면 좋겠다"고 엄포를 놓았다(한국경제, 2017. 2. 19). 이재용의 잘못에 대해 철저한 반성과 회개는커녕 사법부와 국민을 상대로 일종의 협박을 하고 있는 것이다. 사법당국이 엄중처벌 조치를 단행한다면 사업체를 외국으로 철수하겠다는 협박이다.

이는 금권정치의 주체자가 내뱉을 수 있는 뻔뻔한 말이다. 금(돈)으로 나라를, 나라의 권력을, 그리고 국민을 쥐락펴락할 수 있다는 금권정치의 본성을, 금권을 쥔 자들의 오만함을 그대로 드러내는 공갈이다. 그들은 말한다. 권력은 국민으로부터가 아니라 돈으로부터 나온다고.

이때 우리가 취해야 할 태도는 법에 의거한 단호함이어야 한다. 삼성을 비롯한 우리나라 재벌총수들은 한마디로 죄질이 아주 나쁜 조폭들이다. 이들이 이런 식으로 나오는 데는 순전히 과거 국가 정치권력에 그 일차적 책임이 있다. 그들에게 한없는 특혜를 주었기 때문이다(김용철, 2020: 339). 이들 기업의 진정한 환골탈태를 위해서라도 이번에 아주 매운맛을 호되게 보도록 해야 한다. 즉 준엄한 법집행으로 실형을 살도록 하고, 사면이 없어야 하며, 편법으로 증식한 재산에 대해 엄정한 조세집행을 해야 한다. 그리고 국민에게 입힌 피해 또한 토해내고 보상해야 한다. 총수들이 뭐길래 감히 어디서 국민을 상대로 절대 갑질이란 말인가. 결코 용납할 수 없다.

그러니 해외로 사업체를 옮길 수밖에 없다며 엄포를 놓는 재벌들에게는, 말리지 않을 테니 나가라고 선언해야 한다. 정부권력의 비호하에 각종 혜택을 받고 기업과 자신의 지갑을 불린 그들이, 그럴 수 있었던 환경과는 완전히 다른 허허벌판에서 생고생을 한번 해봐야 정신을 바짝 차릴 것이다. 저들은 결코 나가지 못한다. 나간다면 내 손에 장을 지지겠다. 잇속과 탐욕에 명민한 저들은 이 나라가 자신들을 위한 최적의 환경이라는 것을 알고 있다. 절대로 나가지 못할 것이면서 어디서 깽판을 치려 드는가. 그렇다면 이제는 국민들도 더는 참지 말아야 한다. 옐로카드를, 아니 레드카드를 번쩍 치켜 들어야 한다. 그들의 협박과 공갈에 이제 더는 넘어가서는 안 된다.

삼성의 어느 전직 계열사 CEO가 이렇게 말했다고 한다.

"한국 대기업들이 빠르게 성장할 수 있었던 비결이 오너 주도 경영이었는데, 정치권이 그걸 무시하고 총수를 하루아침에 퇴장하라고 하는 것은 아쉬운 부분이 있다."

이러한 말 같지 않은 말에 이제 더는 넘어가는 우를 범하면 안 된다. 한국 대기업들이 빠르게 성장할 수 있었던 비결이 어찌 오너 주도 경영의 덕분인가? 아니다. 오너 자격 없는 오너들이 마음껏 활개치며 우리나라 경제를 쥐락펴락할 수 있도록, 정치권력이 앞장서서 든든한 후원자가 되었기 때문에 가능했다. 우리는 그것을 정경유착이라고 부른다. 조폭정부와 조폭재벌, 모두 그 성격 면에서 비슷하고 하는 행태도 똑같다.

그렇게 서로 비슷하다 보니 이제 그들 간 짬짜미의 수준을 넘어 재벌들이 무소불위의 권력을 갖는 지경까지 이르렀다. 삼성의 미래전략실 차장인 장충기 사장은 2015년 7월 사정기관의 고위직 인사에게 전화를 걸어, 감사원 사무총장 인선에까지 개입한 것으로 드러났다. 사무총장 물망에 오른 사람을 걷어내고 2008년 삼성특검 당시 이건희를 변호했던 인물을 그 자리에 앉힌 것이다. 당시는 메르스 사태로 삼성병원의 책임을 묻는 감사 청구가 국회에서 논의되던 민감한 시기였다(SBS뉴스, 2017. 3. 13). 국가기관의 인사 선임 과정에 삼성의 입김이 들어갈 정도이니, 삼성의 간이 배 밖으로 나올 수밖에 없다. 대한민국에서 재벌에 의한 금권정치는 현재진행형이다.

갑질, 안하무인, 천상천하유아독존, 무소불위의 권력, 그러니 그들이, 특히 이재용이 구속되기까지 했으니 못 견뎌하며 적반하장으로 나오는 것이다. 이런 조폭재벌과 정치권력을 쥐었던 이들에게 가장 확실한 징벌은 엄정한 법집행이다. 사면이라는 특혜도 전혀 없이. 그 외에는 답이 없다.

주주민주주의: 재벌개혁의 필요충분조건인가?

주주민주주의 또는 주주자본주의(이하 주주민주주의(shareholder democracy로 표기)는 현재 재벌총수들의 황제경영과 전횡을 막는, 재벌개혁의 대안으로 제시되고 있다. 우리나라 재벌총수들이 1% 정도의 지분으로 전 그룹의 주인 행세를 하는 것, 게다가 황제경영자로서 군림하는 행태를 더는 묵과해서는 안 된다는 입장으로 대변된다. 그래서 주주들 특히 소액 주주들까지 경영에 참여할 권한을 주고, 기업수익에 대해서는 배당을 철저히 집행하자는 주장이 바로 주주민주주의다. 우리나라에서는 흔히 경제민주화(economic democracy)라는 개념으로, 김종인과 장하성 등이 주창했다(신동아, 2016. 12. 8).

주주민주주의는 경제부문에서 민주주의를 회복하자는 의미에서 일견 좋아 보이지만, 문제가 없지는 않다. 재벌총수들의 전횡과 독주를 막고 견제할 수 있을지 모르지만, 단기적인 이익에 눈이 먼 외국계 약탈적 펀드 등의 먹잇감이 되어, 우리 재벌기업들이 탈탈 털릴 가능성도 매우 높기 때문이다.

미국의 경우, 전문경영인들은 약탈적 펀드 투자자의 등쌀에 아예 모든 것을 포기하고 투항한 지 오래다. 이들이 원하는 대로 하면 이른바 그들이 내세우는 '주주가치의 극대화(maximizing shareholder value)'라는 목표에 따라, 그들이 투자한 해당 사업체는 절단 나게 되어 있다. '주주가치의 극대화'에 포로가 되어버린 기업은 가시적인 건전성은 높아진 듯 보이지만(그렇게 보여야만 주가가 오르고 주주들은 이익을 볼 수 있으니까), 실상 기업의 실질적 체질은 점점 더 허약해진다. 예를 들어 구조조정 등으로 노동자는 직장을 잃기 쉽다. 그러면 주식은 올라가고 주주들은 배당금 등의 명목으로 회사 돈을 쏙쏙 빼먹는다. 그들의 하수인 격이 되어버린 전문경영인들은 그 공로를 인정받아, 엄청난 고액 연봉과 성과급을 챙긴다. 후자를 노리고 구조조정을 단행하는 미국 기업의 예는 이전 책에서 자세히 언급한 바 있다(김광기, 2016: 241-245). 이 모두 자신이 이룬 기업이 아닌, 전문경영인들과 탐욕에 가득 찬 투자자들이 득세하는 '주주민주주의'의 폐해다. 말하자면 전문경영인들은 총수들과 달리 기업을 자기 것으로 생각하지 않고 단지 주주들의 비위만 잘 맞추고 자신의 이익만 빼먹으면 그만이라고 생각하기 때문이다. 전문경영인들과 금융투자자들의 탐욕 추구를 위한 불온한 야합을, "불경한 제휴(unholy alliance)"라고 한다. 즉 이런 환경에서는 회사 자체를 위한 장기투자나 일관성 있는 경영은 아예 기대조차 할 수 없고, 그 결과 회사는 투자자들과 전문경영인들에 의해 영양분을 빼앗기고 고사하게 된다.

주주민주주의가 갖는 또 다른 폐해는 바로 중산층의 붕괴다. 주주민주주의의 전성기를 구가하고 있는 미국의 경우, 전문경영자들은 기관투자자, 헤지펀드, 뮤추얼펀드 등에 완전히 복속되었다. 그 결과 현재 미국은 소득과 부의 극심한 불평등으로 몸살을 앓고 있다. 그 피해자는 바로 대다수 국민인 중산층이다. 중산층의 몰락이다. 주주민주주의로 상위 1%, 아니 0.01%의 소득과 부는 갈수록 증가하고, 구조조정 등으로 직장을 잃은 중산층은 빈곤층의 나락으로 떨어지고 있다. 우리나라 재벌총수 일가들의 처신과 행태에 넌더리가 나 눈을 돌려 선망의 눈으로 바라보는 미국식 주주민주주의가, 중산층 붕괴라는 지극히 모순적 결과를 낳았다는 사실을 우리나라 국민 대부분은 모른다. 그러나 엄연한 사실이다. 이러한 미국식 주주민주주의에 입각한 주주가치 경영이 한국 경제에는 약이 아니라 독이라고 주장하는 신장섭(2016)의 견해는 충분히 일리가 있다.

이러한 일이 실제로 우리나라에도 일어나고 있다. 재벌개혁의 요구가 무르익고 있는 현 시점에 그 틈을 비집고, 약탈적 외국계 투자의 마수가 우리나라 재벌을 비롯한 기업체를 서서히 옥죄고 있다. 삼성전자의 지분 0.62%를 가진 헤지펀드 엘리엇매니지먼트는 '주주가치 제고'의 일환으로 삼성전자 이사회에 270억 달러(약 30조 원)의 특별배당을 요구했다. 게다가 삼성전자를 지주회사와 사업 운영회사로 분사해, 운영회사를 미국 나스닥에 상장하라고 요구했다. 겉으로는 삼성전자를 글로벌기업다운 면모를 갖추도록 키우겠다는 명분을 내세우지만, 속내는 나스닥에 상장해 주주들의 이익을 더욱더 극대화하겠다는 것이다.

그러면서 엘리엇매니지먼트는 "삼성전자는 잉여현금의 30~50%

를 주주들에게 배당하겠다는 약속을 지키지 않았다"며 배당을 요구했다. 그러나 삼성전자에 대한 이런 배당 요구는 투자 여력을 감소시키고 국부유출이라는 심각한 문제를 낳는다. 삼성전자는 2016년 현재 외국계 투자자들의 지분이 51.1%로 절반을 넘는 상황이기 때문이다. 엘리엇의 요구대로 30조 원을 배당할 경우 15조 원이 외국으로 속절없이 빠져나간다는 의미이다. 투자자들로서야 회사로 하여금 '잉여현금'을 '게워내게 하는(disgorge)' 것이라지만, 달리 보면 주주가치의 극대화가 진전될수록 즉 "주식시장이 발달하면 발달할수록 기업의 자금을 공급하는 기능보다는 이익을 주주가 환수하는 경향이 짙어진다"는 사실은 부인할 수 없다(신장섭, 2016: 100).

특히 아래 표에서처럼, 우리나라 주식시장에서 외국인 지분율이 높은 곳에서는 '게워내기', 즉 '잉여현금 빼내기(disgorging free cash flows)'란 곧 귀중한 국부의 유출을 의미한다. IMF 이후 채 수년도 지나지 않아 우리나라 대표 기업들의 지분 절반 이상이 외국계 투자자들에게 넘어갔다. 국내 은행은 이미 상당수가 외국계다.

설사 외국으로 빠져나가지 않고 국내에 머물러 있다고 쳐도 일반

(단위: %)

연도	국민은행	삼성전자	현대자동차	포스코	SK텔레콤	삼성화재
2001	71.1	59.7	52.6	61.9	32.4	51.6
2016	67.2	51.1	42.6	49.6	41.3	48.3

한국 우량주의 외국인 지분율
출처: 신장섭(2016), 표2-8.

국민들 삶과 무슨 관련이 있을까? 결국 돈 있는 자들의 잔치로 끝날 뿐이다. 결국 국민들에게는 총수나 주주나 그게 그거다. 현금 빼내기로 기업은 갈수록 허약해질 것이고, 해고와 실업으로 서민들 삶은 더 불평등해지며 갈수록 더 피폐해질 게 뻔하다.

그렇다면 어떻게 재벌개혁을 해나갈 것인가? 우리는 딜레마에 빠진다. 삼성의 이재용과 현대의 정의선에서 보듯, 조그만 지분을 가지고 황제처럼 군림하는 행태를 어떻게 처리할 것인가? 재벌총수들의 세습경영을 허용할 것인가 말 것인가? 못하게 하면 그 자리를 외국계 투자자들의 바지사장이 채우고, 결국 기업과 국민은 고사하고 말 것이다. 그렇다고 이대로 재벌총수와 그 일가의 전횡을 방치할 수도 없다. 지대추구 행위와 승자독식을 통해 부를 무한대로 쌓도록 내버려두어서는 결코 안 된다. 뇌물과 횡령, 탈세 등 온갖 야비한 범죄에 대한 단죄 없이, 그들을 지금처럼 안하무인과 무소불위의 초법적 괴물로 머물게 해서는 결코 안 된다. 그것이 재벌개혁의 딜레마다.

진정한 재벌개혁을 위하여

원칙적으로 재벌개혁은 재벌총수 일가 악행에 대한 단죄에서 시작되어야 한다. 총수 일가의 황제경영을 불허하는 것과 재벌 체제의 해체는 재벌개혁이 도달해야 할 최종 지점이다. 답은 이미 나와 있다. 총수들은 자신들이 지닌 지분만큼만 지배력을 행사하면 된다.

그러나 진정한 재벌개혁은 총수와 일가의 전횡을 막는 것만으로 끝나서는 안 된다. 그것이 목적이 될 수 없다. 그것이 목적이 될 경우, 대안으로 주주민주주의가 대두될 것이기 때문이다. 그러나 주주민주주의는 앞서 살펴보았듯 재벌총수들의 황제경영만큼이나 커다란 문제점을 가지고 있다. 주주민주주의는 재벌총수의 이익추구를 주주들의 이익으로 환치시켰을 뿐이다. 이익을 탐하는 자들의 수만 늘었을 뿐, 달라진 것은 없다. '닥치고 이익추구!'라는 무한 탐욕은 사라지지 않았다. 그래서 주주민주주의에 과연 '민주'라는 이름을 붙일 만한 자격이 있는지 의문이 든다. 답은 매우 회의적이다.

그렇다면 진정한 재벌개혁은 어떤 것이어야 할까? 나는 기업의 이윤추구를 인정하되 무제한 허용해서는 안 된다고 생각한다. 기업이, 특히 재벌이 진공상태에서 사업하는 것이 아니기 때문이다. 재벌은 그것이 존재하는 사회나 국가의 일부분이고 그 영향력 아래 있다. 따라서 기업의 이윤추구 자체는 정당하다고 주장한다고 해서, 그 정당성이 자동적으로 주어지지는 않는다. 이윤추구의 정당성은 기업이 속한 사회와 국가의 관련성 속에서 다시 재점검, 재확인받아야만 한다. 그리고 그 재점검 재확인 과정은 끊임없이 계속되어야 한다.

따라서 기업의 이익이 단지 해당 기업만의 이익으로 끝나서는 안 된다. 기업만의 이익은 그야말로 사적이익이지 공적인 이익은 아니다. 사적이익은 공적이익과 관련지어 추구되어야만 한다. 그렇다고 마르크스(Karl Marx)가 말하는 '생산수단의 사적인 소유(private ownership of means of production)'를 금하는 공산주의를 하자는 말이 결코 아니다. 나는 생산수단의 사적소유를 허락하는 자본주의를 선호한다. 그러나 무한이익을 추구하는 탐욕스러운 자본주의에는 이제 제동을 걸어야 한다는 뜻이다. 개인의 이익추구를 원천적으로 허용하되, 단 무한한 이익추구에는 통제를 가해야 한다. 재벌도 마찬가지다. 기업 활동을 자유롭게 하도록 하되 지금처럼 재벌총수와 일가의 탐욕을 채우는 수단으로 이윤추구를 하도록 내버려두어서는 안 된다. 승자독식적 이윤추구와, 불로소득을 추구하는 양심불량 지대추구 행위를 더는 못하도록 국가가 통제를 가해야 한다. 재벌의 이익추구의 정당성을 사회 전체의 이익과 관련지어 따져보자는 말과 일맥상통하는 내 지론이다.

한마디로 재벌개혁의 단초는 재벌과 총수(일가)의 사익추구에 국가가 제한을 가하는 것이다. 그렇다고 해서 그 통제는 그리 거창한 것이 아니다. 국가의 통제는 이미 현행법으로 마련되어 있다. 법대로만 하면 된다. 특혜만 안 주면 된다. 기업이 이윤을 추구할 때, 현행법의 테두리 내에서 어떠한 야로와 편법, 그리고 불법을 저지르지 않고 기업 활동을 하면 된다. 이제껏 그들은 법 위에서 법을 조롱하며 이익을 추구해왔다. 그 부분을 단호히 통제하자는 것이다. 그것이 바로 재벌 이익추구의 정당성이 사회와 국가 전체에 확보되는 길이다.

둘째로 재벌기업의 이익이 그 기업의 차원을 넘어, 다른 차원으로까지 연장시켜 고려되어야 한다. 즉, 재벌기업의 이익은 사회 전체적인 이익(이 점에서 공익)에 배치되어서는 안 된다. 기업의 목적이 한 개인(총수), 또는 주주(여러 명의 자본가들)의 이익추구에 한정되어서는 안 된다. 지금까지 우리나라 재벌기업들의 이윤추구는 결국 재벌, 특히 총수와 일가에만 유리했을 뿐, 사회나 국가 전체에는 아무런 도움이 되지 못했다. 재벌기업이 잘 되어 하청기업들도 살을 찌우는 등의 이른바 낙수효과도 적었다. 그런 효과는 승자가 모든 것을 독식하는 신자유주의 체제하에서는 불가능한 기획임이 입증됐다. 재벌기업이 성장했다는 것은 곧 최종적으로는 총수와 고위경영자만 노 나는 것이었다. 기껏해야 해당 기업 직원들에게 약간의 콩고물이 떨어지는 정도였다.

이는 불공정하고 불공평하다. 재벌과 재벌총수 일가가 이룬 현재의 번영은 순전히 그들만의 노력 덕분이 결코 아니다. 프랭크와 쿡이 《승자독식사회》에서 보여주듯 그들이 오늘날 넘사벽이 된 이유는 바로 "처음의 사소한 이점"을 정치권력으로부터 보장받았기 때문이다. 그러나 그들이 사회 전체와 국가 이익을 위해 무엇을 했는가? 사회나 국가의 전체에 이익을 끼치기는커녕, 그들이 한 일이란 승자독식의 최상위 포식자와 지대추구 행위의 귀재로서 각종 편법과 불법으로 시장을 농단하고, 정치권력을 돈으로 사 그 위에 군림했을 뿐이다. 그리고 총수와 일가의 배를 채우기 위해 국민, 국가 모두를 나 몰라라 하며 오직 탐욕의 화신으로, 초법적 괴물로 조폭 짓을 일삼았을 뿐이다. 그러다 이번에 결정적으로 못된 그 짓을 하다가 딱 걸리니 국민들이 재벌과 재벌총수에 대해 뿔이 날 수밖에 없는 것이다.

그렇다면 기업의 목적이 사회 전체적인 이익, 즉 공익과 배치되지 않는 수준으로 발전하려면 어떻게 해야 할까? 경쟁이 최고라는 생각을 과감히 버려야 한다. 경쟁이 최고 수익을 창출하고, 경쟁이 창조적인 아이디어를 제공하고, 그래서 경쟁이 사회 전체에도 득이 된다는 이론과 철학 자체를 버려야 한다. 경쟁보다는 공생과 상생이, 즉 팀워크가 더 큰 시너지를 낸다는 생각으로 전환해야 한다. 경쟁에 대한 숭배는 순전히 승자독식의 논리다. 경쟁으로 이익을 보는 이들은 사회의 극소수이고, 따라서 불평등은 심화된다. 경쟁 안에 갖은 술수와 편법이 동원되며 부조리와 불공정은 똬리를 튼다. 경쟁 숭배와 승자독식은 지대추구에만 눈과 귀를 돌리게 하고 열중하게 한다.

그래서 '선의의 경쟁'이라는 희한하게 순화된 수사조차 우리는 거부해야 한다. 경쟁은 본래 약탈적이라 선의는 없다. "네가 져야 내가 이긴다"는 제로섬 게임일 뿐이다. 그 제로섬 게임에서 이긴 승자가 모든 이익을 독식하는 게임에 어떻게 선의라는 표현을 붙일 수 있을까. 교육도 마찬가지다. 선의의 경쟁이라는 미명하에 벌어지는 이전투구야말로 말 그대로 악한 경쟁이다. 지옥을 향한 경쟁이다. 승자가 그 경쟁의 열매 습득을 지속시키고 대대로 물려주기 위해, 그 경쟁에서 패한 자들에게 들려주는 불온한 이데올로기다. 마르크스와 칼 만하임(Karl Mannheim)은 이데올로기를 지배계급이 가진 사상이라 했다. 이 이데올로기에 선량한 패배자들은 지적으로 포로가 되어, 결국 삶 자체도 부패 기득권세력에게 포로로 내어주는 꼴이 되어버렸다.

　그래서 나는 만일 재벌이 이러한 극악무도한 경쟁의 이데올로기를 과감히 버리고(그럴 리 만무하지만), 끝없는 이윤추구에 기업의 목적을 두는 것도 포기하고, 전체 사회와 국가의 공익과 조화를 이루며 상생하겠다는 결단을 기꺼이 내린다면 총수의 책임경영을 한시적으로 허락할 수도 있다고 본다. 단 그것은 과도기적이다. 다시 한 번 강조하지만 재벌기업의 외연이 확장되면 될수록 재벌 3세와 4세들에게 과거와 같은 황제 경영자의 위치는 결코 합법적으로 유지될 수 없다. 다만 지금 당장 총수의 자리에서 끌어내리겠다는 말은 아니다. 유예기간을 줄 수도 있다는 말이다. 대신 국민적 합의가 있어야 한다. 재벌총수와 일가들의 철저한 반성과 변화의 용단, 그리고 과거에 했던 약속에 대한 이행이 있어야 한다. 예를 들어 이건희의 '사회공헌' 약속은 지켜지지 않았다(경향신문, 2010, 5, 13).

　국민적 합의를 통한 총수의 한시적인 책임경영 가능성을 운운했다고 해서, 만일 그것이 현실화되었다고 치자. 그렇다고 해서 총수들이 희희낙락해서는 안 되고 대신 진정으로 대오각성해야 한다. 그들은 책임경영을 입에 달고 살아왔지만 실제로 그렇게 한 적이 없었기 때문이다. 그들은 부당한 권리와 특혜만 누렸을 뿐 결코 책임은 지지 않았다. 등기임원으로 이름을 올리지 않은 사실만으로도 방증된다. 불법행위에 대한, 또 사업 실패에 대한 총수의 책임은 없었다. 법적처벌도 갖은 수를 써서 빠져나와 면피했고, 사업 실패에 대한 대가는 총수 대신 국민들이 혈세로 대신 메워야 했다. 예를 들어 삼성자동차의 몰락에 대해 이건희는 전혀 책임지지 않았다. 그룹 전체와 국민이 짊어져야 했다(이완배, 2015: 105-109). 이럴진대 재벌총수들이 과거 책임경영을 해왔다고 감히 말할 수 있겠는가?

총수들은 '짐이 곧 국가'라는 절대왕정 시대의 황제처럼, '내가 곧 기업이다'라는 오만함으로 황제 총수 자리에 앉아 전횡을 일삼았을 뿐이다. 자신의 경영지배와 지갑 불리기에 골몰해, 되레 기업 자체에는 상당한 위해를 가한 적도 부지기수다. 정치권에 뇌물을 줄 때도 자비가 아니고 비자금, 즉 회사 돈으로 준다(김용철, 2010: 237). 비자금은 공식적인 장부에 드러나지 않는 돈이다. 분식회계를 통한 돈이다. 그것은 불법이다. 회사의 미래와 비전을 대비하고 구상해야 할 전략부서는 총수의 사적이익을 위한 친위부대로, 각종 불법과 비리의 컨트롤타워 노릇을 했을 뿐이다. 내말인즉슨 언제 총수들이 책임경영을 한 적이 있었느냐는 말이다. 총수들과 그들의 장학생 격인 재변(財邊) 학자들은 바로 이 책임경영의 부재 가능성을 주주민주주의의 단점으로 입에 달곤 한다. 그러나 총수들은 결단코 책임경영을 한 적이 없다. 특혜만 누렸고 갑질과 불법만 자행했을 뿐이다. 해서, 한시적으로, 조건부로 책임경영을 할 기회가 주어진다면 확실하게 책임 있는 경영을 해서 기업도 살리고 사회와 국가도 살리는 태세를 갖추라는 말이다. 물론 그들이 그럴 의지와 능력이 있는 자들인지 매우 회의적이지만….

또 한 번의 기회?: 한시적 책임경영을 위한 선행조건

이 시점에서 재벌개혁을 위해 반드시 필요하다고 생각하는 것들은 구체적으로 다음과 같다.

첫째, 일단 총수와 일가가 저지른 불법에 대한 단죄가 선행되어야 한다. 구속수사뿐만 아니라, 재판에서 유죄판결을 내려 실형을 살게 해야 한다. 이재용의 구속만으로는 아직 갈 길이 멀다. 구속수사가 곧 단죄는 아니라는 말이다. 철저한 단죄가 행해져야만 총수와 일가들이 위법·편법·탈법을 통한 부당하고 불법적인 탐욕 추구를 멈출 것이다. 이제까지 그들이 부를 불려올 수 있었던 지대추구 행위와 승자독식에 단단히 제동을 걸어, 잘못을 절감하게 만들어야 한다. 총수와 일가가 정치권력과 사법권력을 끼고 행하고 누렸던 것들이다. 그리고 뇌물을 통해 들어놓았던 일종의 보험을 더는 든든히 믿을 수 없음을 자각하게 만들어야 한다. 불법적인 뇌물이 따뜻한 보험으로 돌아오는 게 아니라, 곧 자신을 옭아매는 덫이요 독이라는 것을 인식하는 기회를 일깨워야 한다.

여기에는 총수와 일가에 대한 사면을 없애야 한다는 것도 포함된다. 이들만을 겨냥한 사면을 없애야 한다. 법 앞에 만인이 평등하다는 원칙에는 법적처벌뿐만 아니라 사면도 해당된다는 사실을 보여주어야 한다. 아니, 일반 국민들은 사면하더라도 재벌총수들만큼은 사면에서 제외해야 한다. 더 엄히 다루어야 한다. 노블리스 오블리제(noblesse oblige) 차원에서도 총수와 일가에 대한 사면은 아예 고려대상이 되어서는 안 된다. 국민들이 유전무죄, 무전유죄라는 말을 피부로 느끼는 때가 바로 재벌총수 일가에 대한 솜방망이 처벌과 사면이다. 이런 불공정하고 불의한 관례는 더는 지속되어서는 안 되는 적폐다.

둘째, 총수와 일가 전횡에 제동을 걸어야 한다. 이번에 통과되지 않은 상법 개정안은 이러한 전횡을 규제할 법안을 일부 담고 있었다고 알려졌다. 총수들의 과도한 권리를 줄이고 책임은 높이는 쪽으로 방향을 틀어야 한다. 그 일환으로 총수와 고위 임원들의 등기가 반드시 필요하다고 생각한다. 법으로 대못을 박아 시행해야 한다.

셋째, 정경유착의 고리를 끊어야 한다. 정치권력과의 야합이 각종 지대추구와 승자독식의 가능성을 더 높인다. 이번을 계기로 완전히 끊어야 한다. 정경유착의 수준은 다양하다. 그중에서도 여기서 내가 강조하는 정경유착의 고리란, 특히 권력의 정상에 있는 대통령과 총수 일가와의 모종의 거래를 뜻한다. 이런 부당하고 은밀한 거래는 더는 용납해서는 안 된다. 이를 위해서라도 앞서 말한 첫 번째 선행조건, 즉 단죄가 충족되어야 한다. 이것만 끊어내도 재벌개혁의 절반은 이루어냈다고 본다. 그만큼 정경유착의 고리는 적폐의 근원 중 하나다. 부정부패가 여기서부터 시작된다고 간주해도 과언이 아닌 만큼 반드시 청산해야 한다.

넷째, 지배구조는 단순화되어야 하고 경영권 세습은 근절되어야 한다. 경영권을 승계하려면 그만한 자금과 세금을 내고 정정당당하게 해야 한다. 그것이 현실적으로 불가능하고 총수는 전 계열사를 모두 다 아우를 수 없다. 무분별한 계열사들도 신속히 정리해야 한 다. 결국 선택과 집중이 필요하다. 결국 재벌총수들은 황제경영자 로서 군림할 생각을 버려야 한다. 그것은 이제 결코 실현 불가능한 미래다. 희망고문은 일찌감치 버리는 게 상책이다. 총수들은 그 자 리를 없애고 주력사업에 집중해 승부를 걸어야 한다.

삼성의 경우 복잡한 순환출자구조를 지주회사 체제로 전환하려 고 해도, 철저히 법이 정하는 대로 '은산분리'법에 의거해 지주사로 전환해야 한다. 변종인 중간지주회사 체제 등에 대한 미련을 아예 버려라. 그 미련을 버리지 않는 한 이러한 뇌물사태는 또 벌어지게 되어 있다.

이재용이 구속된 뒤 삼성저격수로 꼽히는 김상조는 〈경향신문〉 칼럼(2017)에서 다음과 같이 이재용에게 훈수를 둔 바 있다.

[삼성]미래전략실을 주축으로 하는 '관리의 삼성'은 더 이상 작동하지 않는다… 무엇보다 '안정된 지분'에 대한 미련을 버려 야 한다. 불법을 저지르지 않고서는 불가능한 일이다. 세상이 변했다… 모든 걸 보고받고 모든 걸 직접 결정하는 'CEO형 총 수'가 되겠다는 생각을 버려야 한다. 이미 늦었다. 계열사 경영 은 전문경영인에게 위임하고, 내부 구성원을 통합하고 외부 이 해 관계자와 소통하는 '조정자'가 되어야 한다. 그게 더 중요할 수도 있다. 그마저도 제대로 못하면, 배당받는 주주로 물러나는

수밖에 없다. 진부한 말이지만, 버려야 산다.

백번 지당한 이야기다. 그의 주장에 전적으로 동의한다.

다섯째, 일감 몰아주기로 총수 일가의 방계까지 해먹는 것을 더는 못하게 막아야 한다. 이 지점에서 나는 2017년 대선에서 유승민 후보가 제안한 정책은 일리가 있다고 생각한다. 그는 총수 일가가 지분을 갖고 있는 회사는 계열사의 일감을 받는 것을 원천적으로 금하겠다는 정책을 제시했다. 즉, 기업 간 내부거래로 얻은 수익이 총수 일가에 직접 귀속되는 것을 막겠다는 것이다. 이렇게 되면 현대의 정의선이 글로비스로 재산을 불리는 행태나 경영권의 3대 세습이 불가능해진다. 이 정책은 반드시 법제화되어야 한다.

여섯째, 재벌총수에게 거두지 못한 세금, 탈루한 세금을 모두 소급해 걷어야 한다. 편법증여로 넘어간 부에 대한 세금을 모두 걷어야 하며, 일감 몰아주기와 합병으로 얻은 총수의 이득에 대해서도 세금으로 받아내야 한다. 국민연금에 준 피해처럼 직접적인 피해에 대해서도 보상을 받아내야 한다. 국민과 국가가 '봉'이 아님을 각인시켜야 한다.

일곱 번째, 법인세율을 상향해야 한다. 역대 정권에서의 법인세율이 하락한 기조는 순전히 재벌 친화적인 정책 때문이었다. 그 결과 재벌기업은 법인세를 점점 덜 내고 개인들은 소득세를 더 내게 되게 되었다. 재벌기업이 내야 할 세금을 개인이 메웠다는 이야기다. 복지 등의 재정수요가 증가하는 가운데, 이러한 기조는 매우 부

(단위: %)

	김대중 정부 (1998~2002년)	노무현 정부 (2003~2007년)	이명박 정부 (2008~2012년)	박근혜 정부 (2013~2015년)
법인세	27.2	23.0	20.0	18.4
소득세	4.7	5.4	6.0	6.9
부가세	4.0	4.2	4.2	4.2

역대 정부의 연평균 조세부담률: 1998~2015

출처: 나라살림연구소/경향신문(2016. 5. 25)

당하다. 시정되어야 한다(위평량, 2016).

명목법인세율과 실효세율보다 더 정확하게 실제소득 대비 세금 납부 정도를 파악할 수 있다고 간주되는 법인세 조세부담률(실제 법인소득에서 차지하는 법인세 비중)을 보면, 김대중 정부에 비해 갈수록 그 비중이 낮아지고 있으며 박근혜 정권에서 최하임을 알 수 있다('역대 정부의 연평균 조세부담률' 그림 참조). 이는 법인세율 인하와 관련이 높다. 대기업의 법인세 명목 최고 세율은 2001년 28%에서, 2004년 25%, 그리고 2009년부터 22%로 하락했다. 이에 따라 1997년 법인소득은 39조 원에서 2014년 249조 원으로 무려 532% 증가했다. 반면 법인세는 동기간에 9조 7000억 원에서 97조 원이 걷혀, 고작 377% 늘어났다(경향신문, 2016. 5. 25).

흔히 법인세를 올리려고 하면 반대 이유로 늘 등장하는 뻔한 레퍼토리가 있다. 그렇게 할 경우 기업들이 법인세가 낮은 나라로 이동하리라는 주장이다. 하지만 사실과 다르다. 해외에 기업을 두고 장사를 하는 기업들은 대부분 우리나라보다 법인세율이 높다. 설상가상으로 해외에 진출해 해당 국가에 법인세를 낸 기업에 대해 우리나라는 세액공제까지 해주고 있다. 우리로서는 이중으로 피해를 입는 것이다. 삼성전자와 현대자동차 같은 재벌기업이 2015년 해외에 납부한 법인세는 4조 7000억 원에 달한다. 그러나 이들 기업은 해외에서 법인세를 냈다는 이유로 우리나라에서 3조 9000억 원을 세액공제 받았다. 해외 법인에서 내는 세금과 국내 법인에서 내는 세금이 엄연히 다른데, 왜 이중과세 방지라는 명분으로 우리나라에서 낼 세금을 공제해주는가? 그들이 해외로 나간 만큼 우리나라의 세수는 부족해진 것인데, 설상가상으로 또 세금을 공제해주는 것은 어불성설이다. 우리나라 정부는 이들에게만 특혜를 주고 있는 것이다. 이를 없애야 한다. 우리나라 정부는 재벌의 정부인가? 국민의 정부인가?

법인세율은 반드시 올려야 한다. 기업에 대한 각종 감면과 공제도 없애야 한다. 삼성전자의 경우, 2014년 법인세율은 22%였지만 감면과 공제로 인한 실효세율은 14.5%였다. 이러한 시정 없이는 재벌개혁은 불가능하다(경향신문, 2015. 7. 7). 그리고 법인세를 올리고 재벌이 이런 공제 등을 받지 않고 떳떳하게 세금을 낸다면, 재단출연이나 기부, 그리고 뇌물 등의 뒷거래를 하는 불법을 저지를 필요가 없어질 것이다. 재벌로서도 세금 제대로 내는 것이 공정하고 깨끗하다. 세금을 제대로 내면 미르나 K스포츠재단에처럼 상납할 일도 사라질 것이다.

여덟 번째, 재벌총수들의 부정이 드러났을 때 일 처리를 위해 일종의 보험을 드는 행위를 근절해야 한다. 각종 스폰서, 떡값 등의 명목으로 행해지는 "대사회관리 시스템"(이완배, 2015: 114)을 멈추게 해야 한다. 이건희는 평소 "작은 돈으로 큰 결과가 오게 하는 것"이 로비라고 말했다(김용철, 2010: 256). 그가 말한 로비 대상자에 대한 이른바 "감동 서비스"는 정·관·법조·언론계 등에서 행세하는 권력자들에게는 달콤한 뇌물일 수 있지만, 그로 인해 나라가 썩고 기업이 썩어나간다. 대사회관리 시스템으로 작동하는 것은 부정부패다. 그로 인한 각종 유착은 바로 지대추구 행위와 승자독식으로 이어지고, 재벌총수만 살찌우며 국민은 피해자가 되어버린다. 사회정의는 온데간데없고 국민들의 한숨과 한탄만이 늘어나게 된다. 삼성을 비롯한 재벌들의 이른바 대사회관리 시스템을 법적으로 금지해야한다.

마지막으로, 재벌개혁을 위해서는 공정거래위원회(이하 공정위)를 제 위치에 돌려놓아야 한다. 알다시피 공정위는 일종의 경제검찰이다. 재계에서 벌어지는 불공정한 경제행위를 감시 감독한다. 이것만 제대로 기능한다면 재벌개혁은 이미 절반 정도 성공한 것이나 진배없다. 그러나 공정위는 제 기능은커녕 오히려 헛발질만 해왔다. 정부의 눈치를 살피고 정권의 입맛에 맞게 놀아났기 때문이다. 오죽했으면 삼성의 경영권승계와 지배구조 문제해결에 청와대의 지시를 받아 특혜를 제공했다는 의혹을 받고, 박영수 특검팀으로부터 압수수색을 당하고 공정위원장이 특검에 소환되어 체면을 구기게 되었을까. 그간 공정위의 행태가 얼마나 한심했으면, 공정위 고위 간부 출신의 한 인사가 "공정위조차 재벌기업만 살리면 경제가 좋아질 것이라는 낙수효과에 집착한 나머지 한국 경제의 양극화는 이제 최고의 위험수위에 이르렀다"고 자탄할 정도이겠는가?(경향신문. 2017. 2. 27)

재계의 기울어진 운동장을 평평하게 다시 원상태로 돌리고 반칙행위에 대해 제재를 가하는 것이 공정위가 해야 할 일이건만, 애초부터 덩치 큰 재벌의 편만 들었으니 이야말로 불공정이 아니고 무엇이란 말인가. 이러니 백번 양보해서 '비즈니스 프랜들리(친기업 기조)'는 대기업이든 중소기업이든 고루 적용되어야지 왜 꼭 재벌기업에 민 해당되느냐는 비난의 목소리가 나오는 것이다. 공정위는 '전속고발권'이라는 막강한 권한을 지닌다. 공정거래법과 관계된 사건은 공정위가 고발해야만 검찰의 기소가 가능하도록 한 제도다. 그러한 막중한 권한을 공정위에 부여한 이유는, 그러한 권한을 무한책임을 가지고 행사하라는 뜻이다. 그 권한을 공정하게 사용하지 않는다면 공정위는 직무유기 또는 권한남용만을 일삼는, 있으나마나한 기관일 뿐이다. 그런 심각한 부전증에 걸린 채 회복 기미도 없이 중환자실에 마냥 누워 있는 공정위에 어찌 재벌개혁을 기대할 수 있을까? 공정위가 제 궤도에서 돌아갈 수 있도록, 명실상부한 독립기구가 되도록 전환시켜야 한다. 한편으로 공정위 자체가 환골탈태하려는 뼈를 깎는 반성과 각성이 필요하다. 제도는 아무리 바꿔봤자 아무 소용없다. 결국은 사람이 문제다.

결론적으로 재벌의 이익이 곧 국가 이익이라는 생각을 바꾸는 것이 재벌개혁의 관건이다. 1950년대 미국의 국방장관이었던 찰스 윌슨(Charles Wilson)의 전직은 바로 대기업 제너럴모터스(General Motors)의 총수였다. 그는 공직에 있는 동안에도 철저히 출신 기업인 제너럴모터스의 권익을 대변했다. "제너럴모터스의 이익이 곧 미국의 이익"이라는 그의 말은 너무나 유명하다. 1950년대 대기업 출신의 '정치적 외부자'들로 장악된 미국 고위 공직사회의 모습은, 60년이 지난 뒤에도 조금도 개선되지 않고 그 모습 그대로, 아니 오히려 악화된 채 진행 중이다. 2008년 금융위기로 미국 자동차 업계에 파산이 임박하자 미국 정부는 약 800억 달러의 막대한 구제금융을 지원했다. 국민 혈세를 왜 사기업체에 긴급수혈하느냐는 국민 반대에 부딪히자 나온 소리가 바로 과거에 윌슨이 했던 발언이다. 토씨 하나 달라지지 않고 그대로 재현되었다. "제너럴모터스의 이익이 곧 미국의 이익!" 그래서 제너럴모터스는 미국 정부의 긴급 지원으로 '정부 모터스(Government Motors)'가 되어버렸다고 국민들은 분통을 터뜨렸다. '정부 모터스'라는 말은 미국 정부가 국민이 아니라 제너럴모터스의 이익 대변자로 전락해버린 데 대한 통탄이기도 하다.

나는 이 모습이 우리나라에서 재현되는 꼴을 보고 싶지 않다. "재벌 대기업의 이익이 곧 대한민국의 이익"이니 모든 것을 재벌 위주로 돌아가게 내버려두자는 정부를 더는 보고 싶지 않다. 나는 목이 터져라 외친다. 재벌이 벌어서 국민을 먹여 살린 것이 아니라고. 재벌 대기업의 이익을 국민 전체의 이익에 일익을 담당하도록 조정하라고, 대한민국의 국법을 어기지 말라고, 그리고 탐욕을 버리라고 외친다. 대한민국은 삼성공화국이 아니다. 대한민국은 재벌들의 것이 아니다. 재벌, 그만큼 먹었으면 이제 그만 됐다.

chapter 06

정치
개혁

정경유착, 반드시 끊어야만 할 적폐의 고리

수많은 사망자와 피해자를 낳은 가습기 살균제 사태로 2016년 대한민국이 발칵 뒤집혔을 때, 미국 〈뉴욕타임스〉는 다음과 같은 관련 기사를 보도했다(뉴욕타임스, 2016. 7. 4). 요지는 한국 국민의 분노가 아무리 들끓더라도 사태의 가해자인 기업에 대해서는 솜방망이 처벌로 끝나리라는 전망이었다. 그리고 다음과 같은 이유를 들었는데, 그 기사를 보고 얼굴이 화끈거렸다.

기업 범죄자들에게 한국은 놀랄 정도로 만만한 상대다. 벌금은 약과에 불과하다. 최근까지 법원은 재벌총수들의 뇌물, 횡령, 탈세 등의 혐의가 사실로 드러날 때조차 선고유예나 집행유예로 솜방망이 처벌을 내렸다. 만일 엄정히 처벌할 경우 해당 기업과 국가경제에 악영향을 미칠 것이라면서 말이다. 기업 범죄에 대한 이러한 솜방망이식 처리는 과거 한국의 비약적 경제 발전의 유산이다. 1953년 한국전쟁 종전 후 수세기 동안 군사 독재정권은 기업(특히 소수 재벌)들에게 세제 혜택, 저렴한 전기, 금융대출, 노조 강경진압 등의 특혜를 부여했다.

한마디로 한국의 정경유착 때문에 결국 기업은 이번에도 여느 때처럼 구렁이 담 넘어가듯 유유히 빠져나갈 것이라는 말이었다. 미국이야말로 정경유착의 끝판왕 격이라는 사실 때문에 미국 언론이 우리나라에 대해 가타부타 말하는 꼴이 더 볼썽사납고 역겨웠지만, 지적한 점은 틀리지 않았기에 "우리는 됐으니 니들이나 잘하세요!"라고 말할 수 없어서 나는 심한 자괴감이 들었다.

정경유착은 정치권력과 사기업(특히 재벌)이 상호적인 지대추구 행위를 하는 것이다. 한쪽은 특혜라는 지대를 주고 다른 쪽은 그에 상응하는 대가라는 지대를 지불한다. 보통은 뇌물이다. 이렇게 정치권력과 재벌이 밀접하게 유착관계를 갖게 되면, 정치는 필연적으로 부패한다. 그 피해는 고스란히 국민들 몫이다. 경제학자 스티글리츠가 지대추구로 가장 많이 썩게 되는 곳은 정치고, 가장 큰 타격을 입는 곳은 민주주의라고 결론 내린 이유다(Stiglitz, 2012: 95). 이 또한 우리가 반드시 청산해야 할 적폐다.

사회학자 플로이드 헌터(Floyd Hunter)는 미국에서 정책이 어떻게 결정되는지에 대해 날카롭게 분석하며, 타락한 정경유착을 거론했다. 이로 인해 정부정책이 국민을 배신하는 것으로 귀결되는 이유를 다음과 같이 표현하고 있다.

"[미국 연방정부의] 최종적인 정책결정에서 결정적인 요인은 바로 대기업체의 최고위직 인사들 사이에서 벌어진 논의들이다(Floyd Hunter, 1954: 8; Mills, 1956: 291에서 재인용)."

한마디로 말해서 1950년대에도 이미 미국 정부의 정책결정은 대기업에 의한, 대기업을 위한, 대기업의 결정이었던 것이다. 대기업 총수들의 논의가 최종 정책결정의 결정적 요인이었다는 것은, 그들의 입김으로 나라가 돌아갔다는 뜻이다. 미국, 가히 정경유착에서 타의 추종을 불허하는 선두주자답다. 그것은 지금도 진행 중이고 더 악화되었다. 당시에도 대다수 국민은 이를 감지 못했고 현재도 그렇다. 참으로 우매하기 그지없다.

그러나 남 말할 때가 분명 아니다. 우리도 지금 정경유착으로 나라가 썩어가고 있다. 지금 음모론을 말하는 게 결코 아니다. 역사학자 리처드 호프스태터(Richard Hofstadter)가 "역사에 음모의 역할을 부여하는 것과 역사가 사실상 하나의 음모라고 말하는 것은 별개다"(1955: 71–72)라고 말했듯, 음모론을 말하는 것과, 우리나라가 재벌과 정치권력 간의 긴밀한 유착으로 이 모양 이 꼴이 되었다고 말하는 것은 전혀 다르다. 멀리 갈 필요도 없이 박근혜·최순실 그리고 이재용만을 두고 이야기해보자.

박근혜는 국민이 위임한 권력을 통해 사익을 추구했다. 대통령의 권력은 독점적이고 절대적이다. 국민이 몰아줬기 때문에 그렇다. 그러나 그런 강한 권력을 사익을 추구하라고 국민이 준 것이 아니다. 국민과 국가의 이익을 위해 사용하라고 잠시 위임한 것이다. 그러나 그녀는 그 권력을, 최순실과 함께 공동으로 사익을 추구하는 데 사용했다. 그것으로 불로소득을 추구했다. 월급과 특수활동비까지 줬지만 성에 차지 않았는지, 재단도 만들고 말도 사내라고 강짜를 부렸다. 박근혜에게 대통령이라는 권력은 단지 지대추구 행위를 위한 수단이었을 뿐이다. 이런 자가 어찌 대통령이란 말인가. 그래서 그녀는 국민에게 파면당하고 구속수감되었다.

이재용도 아무도 모르는 비선실세 최순실에게 접근해 재단에 돈 대고 정유라에게 말까지 사주며 그 대가로 정부의 적극적인 지원을 받았다. 그렇게 경영권 승계의 초기 단계를 완료했으나 들통이 나 구속되어 재판받고 있다. 정상적인 법을 따라 기업 활동을 한다면 있을 수 없는 이야기다. 박근혜·최순실과 이재용은 정경유착의 교과서다. 각자 선대에서부터 내려오던 비법을 전수받아 자신의 대에도 어김없이 실행하다가 이번에 철퇴를 맞았다. 한 사람은 헌정역사상 처음으로 탄핵을 당했고, 한 사람은 비선으로 활동하다 그 민낯이 만천하에 드러났으며, 나머지 한 사람은 기업 역사 79년 만에 첫 구속을 당했다.

정경유착의 피해는 국민이 진다. 정경유착은 사회의 정점에서 벌어지는 지대추구 행위이므로 그 피해 범위는 그 아래 수준에서 벌어지는 지대추구 행위와는 차원이 다르다. 즉 정경유착의 피해 범위는 전 국민이다. 지대추구 행위는 그 주체들을 제외한 나머지 사람들을 희생시킨다. 지대추구 행위는 다른 사람들의 이익을 빼앗아 얻는 파렴치한 짓이기 때문이다. 지대추구 행위는 "부를 창출한 대가로 수익을 내는 것이 아니라, 창출된 부 가운데 상대적으로 많은 몫을 아무런 대가도 치르지 않고 차지하는 것"(Stiglitz, 2012: 32)이기 때문에, 권력자들의 협조와 비호가 반드시 필요하다. 정경유착의 뿌리는 바로 이 지대추구 행위다. 그래서 지대추구 행위자들이 사회와 경제, 정치를 흙탕물로 만들어버린다. 스티글리츠는 지대추구의 구체적 형태들을 다음과 같이 나열한다.

"정부가 비공개적, 공개적으로 현금을 이전하거나 보조금을 지급하는 것, 경쟁을 촉진하는 기존 법률을 느슨하게 집행하는 것, 기업들이 다른 사람들을 이용하거나 사회의 나머지 성원에게 비용을 전가하는 것을 허용하는 법규를 마련하는 것" 등이 그 형태라는 것이다(Stiglitz, 2012: 39).

양날의 칼, 규제

자본주의 사회에서 정부의 중요한 역할은 시장에 대한 적절한 통제다. 그런데 정부의 통제는 양날의 검처럼 두 가지 상반된 측면을 지닌다.

첫째는 순기능이다. 자본주의 사회는 사회구성원이나 기업의 이익추구를 죄악시하지 않고, 그것을 법으로 보장하는 만큼 그대로 둔다면 이익추구는 무한대가 될 수밖에 없다. 이를 그대로 허용할 경우 사회와 체제는 붕괴하게 된다(Stiglitz, 2012: viii). 그래서 붕괴를 막기 위해 시장통제도 법제화되어 있는 것이다. 쉽게 이야기해서 국가에 금융위원회와 공정거래위원회 등을 두는 이유다. 반드시 정부의 적절한 규제가 있어야만 시장은 원활히 돌아간다.

그러나 동시에 규제는 역기능도 갖는다. 규제 때문에 시장이 무질서해지는 경우도 있기 때문이다. 엄밀히 이야기하면 규제를 조절해서 이득을 보는 자들이 나타나기 때문이다. 그렇게 되면 규제는 곧 지대로서 작용할 수 있다. 규제를 적용하느냐 마느냐에 따라 이익이 달라지기 때문이다. 규제가 적용되지 않는 경우 속칭 대박을 치게 된다. 이 경우 규제를 가하는 자와 탈규제(또는 규제완화)의 대상이 되는 자가 그 이익의 수혜자가 된다. 우리나라의 경우 규제를 가하는 자는 정부이고 규제완화의 혜택을 입는 자는 주로 재벌이 되니, 이것은 지대추구 행위이고 정경유착이다. 따라서 규제완화는 정경유착의 일환이다.

경제학자 이정우는 《약자를 위한 경제학》에서 이런 지대추구 행위가 관치경제하에서 싹트기 쉽다고 지적한다. 정부가 각종 인허가권을 쥐고 있고 민간을 통제할 때 결국 그 인허가를 따내기 위해 민간은 각종 루트를 통해 분투하게 되고, 결국 부패로 이어지기 십상이기 때문이다. 이정우는 그 전형적인 예가 바로 우리나라라고 지적하면서 이런 사회를 '이권추구형사회'라고 정의한다. 여기서 '이 권추구'란 바로 '지대추구'의 이정우식 해석이다(이정우, 2014: 35).

우리나라의 중대한 문제점은 규제와 규제완화의 대상이 차별적 으로 구별된다는 점이다. 일반적으로 중소기업과 일반 국민에게는 규제를, 재벌 대기업에게는 규제완화를 적용한다. 그리고 규제를 가 할 때조차 뇌물이나 연고에 의한 연줄이 동원되면 규제 대상에서 제외된다. 모두 불공정, 불의, 부조리, 불평등의 문제와 직결된다. 정부는 겉으로 규제를 풀어 기업 활동을 마음껏 하도록 돕는 게 정부의 일이라고 하지만, 사실은 재벌 대기업을 위한 규제완화이거 나 어설픈 전지구화(globalization)의 선두주자가 되고자 유난을 떠는 것일 뿐이다.

엄밀히 따져보면 우리나라는 정부가 나서서 규제완화에 목을 맬 만큼 규제가 많은 나라가 아니다. 세계은행이 발표하는 기업하기 좋은 나라 순위에서 2017년 현재 한국은 세계 5위다. (World Bank Group, 2017. http://www.doingbusiness.org/~/media/WBG/DoingBusiness/Documents/ Annual-Reports/English/DB17-Report.pdf). 2013년에는 세계 7위였다. 좋 게 말하면 우리나라가 이미 충분할 정도로, 이른바 이명박 전 대통 령이 유행시켰던 '비즈니스 프렌들리'(친기업적)임을 의미하며, 삐딱하 게 말하면 국민이 재벌대기업에 시쳇말로 '호갱(호구와 고객의 합성어)'임 을 뜻한다. 이 와중에 전지구화론자들은 자본이 국경을 넘어 자유 로이 이동하는 데 장애가 되는 일체의 반기업적인 환경(활성화된 노조, 고임금, 사회보장 확대)을 제거하고 거기에 고율의 세율을 적용하는 규제완화를 주창한다(The Economist, 2013). 그러니 이런 전지구화론자들에게는 기업하기 좋은 규제완화의 나라 대한민국은 국제적 '호갱'이다. 전지구화론자들에게는 천국과도 같은 곳이다. 그러나 이런 친기업적 정책기조의 최대 피해자는 국민이다. 결론적으로 우리나라는 규제를 풀어야 할 곳이 아니고 더 강화해야 할 곳이다.

규제는 국민을 위해 존재한다. 또 그래야만 한다. 자본과 시장이 국민을 '호갱'으로 삼지 못하게 '봉' 잡지 못하게 정부가 규제해야 한다. 만일 국민을 위한 규제가 실패한다면 그것은 곧 시장의 실패(market failure)를 의미한다. 그리고 시장의 실패는 불평등으로 귀결된다. 규제완화의 지대추구 행위와 승자독식으로 배를 잔뜩 불린 재벌을 비롯한 부패 기득권세력과 그것을 규제하지 못한 정부의 잘못으로 인해, 일반 서민들은 응당 취해야 할 이익으로부터 멀어지게 된다. 그러니 소득과 부의 불평등은 갈수록 심화될 수밖에 없다.

그래서 양날을 지닌 규제는 시장이 실패하지 않도록 정부가 잘 휘둘러야 한다. 그러려면 전제조건이 따른다. 정부가 그 규제의 검을 부패 기득권세력 또는 상위계층의 이익이 아닌, 일반 대중의 이익이 실현되도록 써야 한다. 그것은 곧 민주주의가 확보된 곳에서만 가능하다(Stiglitz, 2012: xx). 그래서 나는 시장의 실패를 방지하기 위해 규제권력을 규제할 필요가 있다고 생각한다. 그것은 민주주의가 꽃필 때만이 가능하다. 정부가 규제 또는 규제완화 정책을 펼때 시민의 감시와 동의가 있어야만 한다.

그런데 안타깝게도 우리나라 정부는 이제껏 규제해야 할 대상에게는 규제완화를, 그리고 규제를 완화해야 할 대상에게는 오히려 규제를 가하는 반민주주의적 행태를 보여왔다. 그것은 이명박·박근혜 정부에 들어서 유독 도드라진다. 이명박은 '비즈니스 프렌들리'로 대변되는 친기업적 정책으로 대기업들에게 우호적이었으며(그는 물론 대기업 사장 출신이다), 박근혜는 재벌을 위한 규제완화 조치를 통해 노골적으로 최순실과 함께 사익을 추구했다. 그 대표적 예가 바로 '규제청정구역법(규제프리존법)' 발의다.

규제프리존법: 박근혜의 재벌특혜법

2016년 5월 박근혜는 골든타임을 놓치면 안 된다고 주장, 자신이 쓴 수필까지 동원하며 "꽃이 지기 전에 획기적인 규제완화"를 주문했다. 그런데 우리는 이제 경험을 통해 충분히 안다. 반드시 뒤에 무슨 꿍꿍이가 있었다는 것을 말이다. 물론 박근혜가 했던 말은 거의 최순실이 써주었고, 최순실은 자신의 이권 추구와 실현을 위해 대통령의 회의문과 연설문을 작성했다는 사실도 다 알려진 상황이다.

박근혜가 획기적인 규제완화로 들고 나온 것이 바로 규제청정구역법(규제프리존법)이다. 수도권을 제외한 14개 지자체를 대상으로 78개의 규제를 완화하는 법이다(다음 그림 〈규제프리존 선정 결과와 내용〉 참조). 그런데 이법의 전담기관이 바로 재벌 대기업이 각 지역마다 하나씩 맡고 있는 '창조경제혁신센터'이기에, 일종의 재벌특혜법이다.

규제프리존 선정 결과와 내용
출처: 기획재정부/뉴시스/민중의 소리(2017. 2. 13)

박근혜는 국회 연설에서 경제활성화법인 규제청정구역법이 반드시 통과되어야 한다고 목소리를 높였다. 그런데 이번 박근혜·최순실 국정농단 게이트가 터진 후 밝혀진 바로는, 대기업 총수들에게 미르재단 출연금을 받은 바로 다음 날 국회에서 이 법의 통과를 촉구했다고 드러났다. 한마디로 재벌대기업과 박근혜·최순실 사이 지대추구 행위의 일환으로 이 법이 발의되고 추진된 것이다. 이것만 봐도 규제완화는 정경유착과 한몸임이 다시 드러난다.

얼마나 가관인지 더 구체적으로 들여다보자. 규제개혁장관회의에서 박근혜는 빅데이터 규제 완화를 꼭 집어 이야기했다. 이 혜택을 입는 곳은 네이버다. 네이버는 강원도와 협의를 통해 국토부의 교통정보, 통계청의 실시간 가격정보와 물가정보, 행자부의 실시간 상업지구 변경정보, 한전과 수자원공사의 전기상수도 이용 정보를 얻을 수 있다. 이외에도 재벌대기업의 특혜는 이법으로 사실상 종료된다고 보일 정도로 광범위하다. 예를 들어 삼성은 의료산업, LG·GS는 화학·에너지산업 등의 특혜를 받는다(민중의소리, 2017. 2. 13). 대기업의 농업 진출도 속도가 붙을 것이다(한국농정, 2017. 2. 24). 또한 그 회의에서 규제혁신 우수사례로 강원도 영월군도 꼭 집어 예를 들었다. 결국 최순실의 강원도 평창 땅 이권사업과 관련된 것으로 JTBC보도를 통해 드러났다.

한마디로 말해서 박근혜 표 대표적인 규제완화 정책인 규제청정구역법의 뒤에는, 최순실, 차은택, 전경련이 있었다. 그 법의 전담기관이 창조경제혁신센터이고 그 추진단 공동단장은 전경련의 이승철 부회장과 최순실의 행동대장 차은택이 맡았으니 말이다(민중의소리, 2017. 2. 23). 대표적인 정경유착이며 친재벌 규제완화 조치이며 사익추구의 전형적인 예다. 따라서 이 법은 즉각 폐기되어야 마땅하다. 이 법이야말로 박근혜·최순실 국정농단으로 불거진 우리나라의 대표적인 적폐인 정경유착을 그대로 보여주기 때문이다.

그럼에도 불구하고 이 법은 박근혜가 탄핵된 뒤에도 즉각 폐기되지 않고 슬그머니 다시 살아날 기미를 보여 몹시 불쾌하다. 원래 야당(민주당은 이제 여당이 되었다)은 박근혜 표 대표 악법인 규제청정구역법에 강력히 반발했었다. 그러나 야당 소속 광역 단체장들이 이 법을 조속히 통과시켜달라고 건의하자, 원내 4당 교섭단체가 협상테이블에 이 법을 다시 올려 논의하겠다고 나섰기 때문이다. 박근혜를 적폐의 원흉이라 탄핵시킨 야당이 지역의 부패 기득권세력의 압력에 못 이겨 이 법을 통과시킨다면, 야당도 적폐의 원흉으로 청산되어야 할 것이다. 절대로 용납할 수 없는 일이다.

부패 기득권세력이 공정하게 적용되어야 할 규제로 농단을 저지를 경우, 이득은 고스란히 부패 기득권세력에게로 돌아가고 그 피해는 서민들에게 돌아간다. 정경유착이 극에 달한 미국의 사례를 보면 극명하다. 우유나 땅콩 등의 알레르기 반응으로 쇼크가 와서 사망에 이르는 경우가 많다. 그래서 미국에서는 자녀의 친구가 집에 놀러왔을 때도 반드시 알레르기가 있는지를 물어보고 음식물을 주는 게 관례다. 학교에 도시락을 싸 갈 때도 혹시나 다른 학생이 알레르기가 있을지 몰라 땅콩버터가 들어간 음식은 삼가기도 한다. 어쨌든 이런 알레르기 반응을 보이는 환자가 생기면 즉시 항알레르기 주사를 놓아야 쇼크사를 면할 수 있다.

그 주사의 이름은 에피펜(EpiPen)으로, 밀란(Mylan)이라는 제약회사가 독점 공급한다. 그런데 이 주사약의 가격은 두 개들이 한 상자에 무려 600달러(약 70만 원)나 한다. 그런데 원가를 추산해보면 약 1달러(1천 원 남짓) 정도다. 주사액 성분이 에피네프린(epinephrine)인데, 그 원가가 그 정도 수준이다(CNBC News, 2016. 8. 25). 도대체 몇 배의 폭리인가. 어떻게 이런 일이 가능할까. 금권정치와 정경유착의 끝판왕인 미국에서 대기업이 각종 로비를 통해 규제완화를 이끌어내고,

결국 자신들의 이익을 최대치로 끌어올리기에 가능한 것이다. 이와 같은 승자독식이 벌어지는 세계는 약육강식의 정글과 같은 세계다. 스티글리츠가 말한, 완벽한 시장의 실패다. 그리고 시장의 실패는 곧 정부의 규제의 칼날이 적재적소에 사용되지 않아 양산된 결과물이다. 그것은 곧 민주주의가 붕괴했다는 의미다. 우리는 흔히 미국을 민주주의 국가라고 한다. 그러나 앞서 말했듯 나는 결코 아니라고 본다. 승자독식과 지대추구 행위가 만연한 세상은 민주주의와는 상극이다. 만일 민주주의가 제대로 작동할 수 있다면 저런 일은 결코 벌어질 수 없다. 민주주의하에서는 정부가 국민을 위해 자본과 시장을 적정 수준에서 규제하고 통제하기 때문이다. 규제와 통제가 사라진 곳에는 오직 탐욕만이 난무하게 된다. 그러나 탐욕은 모든 것을 파괴한다. 탐욕을 부리는 사람의 희생자만 망치지 않고 탐욕을 부리는 자도 망가뜨린다. 물론 탐욕을 허용하는 사회나 국가도 마찬가지다.

사회학자 바우만은 "탐욕에는 유익한 점이라고는 단 하나도 없다. 탐욕은 누구에게도 유익하지 않으며, 누구의 탐욕이건 유익하지 않다"라고 일갈한다(Bauman, 2013: 90-91). 멀리 갈 것도 없이 박근혜·최순실과 이재용을 보라. 그들의 끝없는 탐욕으로 결국 어느 누구도 유익하지 않게 되었다. 심지어 자신들조차도. 많은 사람들이 추운 겨울 광화문광장으로 나가 매서운 바람을 맞아야 했으며, 자신들은 쇠고랑을 차야 했다.

해서 탐욕은 통제되어야 한다. 무한 탐욕은 규제되어야 한다. 그래야 사람과 사회 그리고 국가가 산다. 그러나 그런 일이 벌어지지 않는 세상은 지대추구 행위와 승자독식의 아수라장이다. 그 광경은 이제 우리나라에서도 한창 그리고 은밀히 진행 중이다. 친기업적 규제완화, 반드시 청산해야 할 적폐이다.

한국판 로비스트: 전경련, 대관팀, 관료 출신 사외이사

원칙적으로 시장은 진공상태에 존재하지 않는다. 시장은 외부환경에 노출되어 있으며 그것들과 상호작용한다. 그런데 시장은 특히 정치의 영향을 크게 받는다. 이런 이유 때문에 지대추구 행위자들과 승자독식에 혈안이 된 자들은 시장과 정치에서 서로 눈길을 주며 유착관계를 형성하려 든다. 바로 정경유착이다. 특히 시장의 주체자, 즉 기업들은 이 때문에 정부를 장악하는 것을 최우선적 목표로 삼는다. 그 일환은 서두에서 살펴보았던 규제포획이다. 자신의 사람을 심는 행태이다. 소속 출신을 정부요직에 꽂는 경우도 있지만, 기존의 사람들을 구워삶아 친기업적 행태로 이끄는 전략도 있다. 그 대표적인 전략이 바로 로비다.

정부가 로비 대상이 되는 이유는 매우 뻔하다. 바로 정부가 시장의 게임 규칙을 정하기 때문이다. 스티글리츠의 말을 보자.

"정부는 노동조합 결성을 장려 또는 저해하는 법률이나, 경영진의 재량권 범위를 결정하는 기업지배구조 법률, 지대의 독점의 정도를 제한해야만 하는 경쟁법률(competition laws) 등을 통해 게임의 기본 규칙을 정한다(Stiglitz, 2013: 57–58)."

그런데 문제는 정부가 정하는 이런 게임의 규칙이 국민들의 일상 생활에서 가장 중요한 이른바 "분배"방식에 영향을 미친다는 것이 다. 즉 정부가 제시하는 법률이 어떤 이들에게는 한없는 노다지로, 반면 어떤 이들에게는 "희생"만을 강요한다는 데 우리가 주목해야 한다는 것이다(Stiglitz, 2013: 58).

기업들은 정부가 제시하는 시장의 게임 규칙이 자신들에게 한없 는 이득을 안겨줄 수 있도록 하고자 정치권과 입법부를 공략한다. 속된 말로 '기름칠'을 하려 드는데, 이를 로비라고 한다. 정경유착이 고질적이 되고 고착화하면 로비 또한 당연하게 여겨진다. 그 끝에 가 있는 미국의 경우, 로비가 아예 법적으로 제도화되어 있다. 돈이 오고가는 것이 양성화되었다는 의미이므로, 그것 자체가 이미 정경 유착의 고리가 끊을 수 없을 정도로 탄탄하다는 뜻이다. 따라서 로 비는 그 자체가 문제다. 부정부패를 제도화한 것이기 때문이다. 로 비 자체는 바로 시장의 실패이고 나아가 더욱더 심각한 시장의 실 패를 예견한다. 현재의 미국이 그렇다.

2015년 현재 미국 대기업이 미국 국회에 로비로 지출하는 돈은 해당 연도에만 26억 달러로, 양원제로 움직이는 미국 국회의 1년 예산, 20억 달러를 능가한다. 우리 돈으로 치면 약 2조 6천억 원이 다. 알려진 바로는 웬만한 대기업은 평균 100여 명의 로비스트를 고 용해, 국회가 있는 워싱턴 D.C.에 상주시켜 국회의원을 구워삶고 있 다(김광기, 2016: 107). 국가 예산을 훨씬 상회하는 돈이 대기업으로부터 국회의원에게 주어지니, 그들이 만드는 법안이 과연 누구를 위할지는 답이 뻔하다. 국민을 위한 법이 아니라 기업을 위한 법이다. 이런 점에서 미국 국민은 대기업과의 법률 제정 전투에서 백전백패가 될 운명이다.

어마어마한 로비 자금 살포가 미국 국회의원의 눈과 귀를, 국민이 아니라 대기업을 향해서만 열리게 만든 것이다. 물론 대기업의 정치가들에 대한 정치자금 지원은 그 한도를 무제한으로 풀어버려서 미국의 선거는 이미 '전(錢)의 선거'라는 오명을 쓴 지 오래다. 결과적으로 약육강식의 정글이 되어버린 시장에서 승자는 계속 승자가 되고 패자는 마냥 패자로 남는 것이 운명이 되어버렸다. 게임의 규칙을 정하는 정부와 입법부가 로비를 통해 대기업의 주구 노릇을 하는 통에, 시장은 대기업 쪽으로 완전히 90도 기울어진 운동장이 되어버린 것이다. 미국을 정경유착의 선두주자라고 부르는 이유이다.

그런데 우리나라는 미국처럼 드러내놓은 로비제도가 없다. 로비스트도 없다. 그렇다고 깨끗한 국가인가? 그렇지 않다. 법제화된 로비제도가 없지만 우리에게는 드러나지 않은 은밀한 로비가 성행 중이다. 대한민국은 전국경제인연합회(이하 전경련), 대기업들의 대관(對官)팀, 전직관료 출신의 사외이사 등이 재벌대기업의 로비스트가 되어, 정부와 국회를 공략하며 이익을 추구하고 있다. 이 또한 우리가 정경유착이라는 적폐를 청산하기 위해 초점을 맞추어야 할 중대한 사안이다.

전경련이 주요 재벌대기업에게 집중 로비할 정치인들을 할당하고 접촉하라는 문건이 2011년 폭로되어 충격을 안겼다. 그 문건에는 삼성은 홍준표·손학규·김진표를, 현대차는 황우여와 이주영을 할당했다(주간조선, 2015. 7. 13). 이번 박근혜·최순실 국정농단 게이트에서도 미르와 K스포츠재단에 전경련이 주축이 되어 기부액 774억 원을 할당한 것으로 밝혀졌다. 이처럼 전경련은 정치권력에 줄을 대고 돈을 제공하면서 그 대가로 이런저런 민원을 해결하는 정경유착의 창구 역할을 수행해왔다. 말하자면 로비제도가 없는 우리나라에서 명실상부한 로비스트의 역할을 담당해온 것이다. 그러한 정치권력과의 짬짜미로 재미를 톡톡히 보다가, 이번 사태로 해체 위기에 놓였다. 삼성은 전경련에서 탈퇴했다.

그렇다면 전경련이 삼성의 탈퇴를 신호탄으로 해 와해되면, 로비는 사라지는 것인가? 절대로 그렇지 않다. 재벌대기업들은 각자 대관팀을 만들어 정부와 국회를 공략하고 있다. 대관업무란 법을 제정하고 정책을 시행하는 국회와 정부, 범죄 및 탈세 등을 관장하는 사정기관을 상대로 해당기업과의 소통을 담당하는 업무다(주간경향, 2012. 7. 3). 명색이 그렇다는 것이고 실상은 민·형사상의 소송이나 사업규제, 정책수립과 입법과정 중 자사기업의 이익을 관철시키는 것이 목적인 로비팀이다. 삼성은 삼성전자를 중심으로 약 30여 명의 대관부서 '업무팀'을, 현대차도 비슷하게 대관팀을 운용하고 있다. SK와 LG도 각각 15명 안팎의 대관팀을 가지고 있다(조선일보, 2014. 4. 8).

재벌대기업 대관팀 담당자의 출신은 내부직원, 행정부처 공무원, 국회의원 보좌관 출신 등 매우 다양하다. 결국 이들이 동원하는 것은 바로 학연·혈연·지연의 연고주의를 동원한 연줄이다. 따라서 대관팀은 정부나 국회에 쌓아놓은 인맥을 총동원해 자사기업의 이익을 반영하는 데 혈안이 된다(조선일보, 2014. 4. 7; 2014. 4. 10; 시사오늘, 2016. 8. 16).

2014년 4월 22일 저가구매 인센티브제도(시장형실거래가제도)가 폐지되었다. 건강보험에서 약값으로 지출되는 비용을 아끼기 위해, 병원이 제약사로부터 저가 약품을 구매하도록 유도한 정책이었다. 건강보험에서 정한 약값보다 저가에 약을 구매하면, 그 차액의 70%를 병원에 인센티브로 돌려주는 제도였다. 그러나 제약회사의 모임인 제약협회는 이 제도에 반대해 폐지를 이끌어내고 '처방·조제 약품비 절감 장려금'으로 전환시켰다(쿠키뉴스, 2014. 4. 22). 이 제도 폐지에 선봉에 섰던 제약협회의 회장은 이경호 회장으로, 그는 보건복지부 차관 출신이다. 약품 가격정책을 담당하는 복지부 차관 출신이 로비스트가 되어, 복지부를 상대로 제도 폐지를 이끌어낸 것이다(조선일보, 2014. 5. 15).

부정부패와 정경유착은 모두 이런 식으로 일어난다. 연줄과 인맥으로. 해서 대관팀의 평상시 주업무는 바로 이들 업계에서 통용되는 말로 '안테나' 세우기다. 안테나는 정부부처나 국회에 인맥을 구축한다는 은어다(조선일보, 2014. 4. 7; 주간조선, 2015. 7. 13). 인맥을 구축하기 위해 기업은 모든 것들을 다 동원한다. 최근에는 대관팀 담당자로 해당 부서 공직자 출신을 선호하고, 국회의원 보좌진들이 상종가를 친다고 알려졌다. 또 대기업은 대관업무를 대형로펌(법무법인)을 통해서 하는 것이 최신 추세이므로, 로펌이 법조인이 아닌 복지부나 식약처 출신의 전직 공무원들을 대거 스카우트하는 일도 벌어지고 있다. 정경유착과 승자독식을 위한 싸움은 권력의 맨 끝, 그 정점에 있는 대통령직 같은 데서만 벌어지는 일이 아니다. 이권이 있는 곳이라면, 권력이 있는 곳이라면 어디든, 그 이권과 권력이 작든 크든 어김없이 똥파리들은 꼬이게 되어 있다. 부정부패는 박근혜·최순실 일당만 척결한다고 없어지는 것이 아니다.

대기업의 사외이사도 로비스트로 활동한다. 최근 발표에 의하면 대기업의 사외이사에 관료 출신이 계속해서 증가하는 추세로, 3명 중 1명(32.49%) 꼴이다. 그중 국세청·기획재정부·공정거래위원회 등의 경제부처 출신의 관료가 절반가량(47.3%)을 차지했다. 나머지는 판·검사(30.53%)와 기타 관료(22.07%)였다. 경제개혁연구소는 "기업들이 자신의 이해관계와 가장 민감한 경제관련 부처에서 오래 근무한 경력자를 사외이사로 선호한다"고 분석했다(경향신문, 2016. 6. 9).

공직자윤리법에서는 4급 이상 공무원은 퇴직일로부터 2년간, 퇴직 전 5년 동안 자신이 맡았던 업무와 관련이 있는 사기업이나 법인·단체 등에 재취업할 수 없도록 규정했다. 그러나 비영리기관은 여기에 해당되지 않는다. 복지부나 식약처의 산하 공공기관과 유관기관은 이 법을 피해갈 수 있다(조선일보, 2014. 5. 15). 또한 그 퇴직일로부터 2년간이라는 기간도 매우 짧다. 전직 공무원의 약발이 떨어질 때까지 재취업 제한기간을 늘려야 한다. 전관예우는 단지 법조계만의 문제가 아니다. 법조계 이외의 공무원들도 해당한다.

다시 한 번 말하지만, 정경유착이 벌어지는 차원은 청와대 수준에 그치지 않는다. 그 아래 차원에서 일말의 '갑'질이 통하는 곳이라면 어디든, 그 인허가권과 이권을 둘러싸고 로비가 성행할 수밖에 없다. 최근 이런 대관업무를 아예 미국처럼 양성화해서 정식 로비제도로 만들자는 의견이 대두되고 있다. 절대로 그런 일이 벌어져서는 안 된다. 노골적으로 돈이 오가는 로비제도가 합법화된 미국 짝이 날 것이 뻔하다. 그 결과는 시장의 실패이고 시장이 실패하면 곧 모든 중산층이 몰락한다. 미국식 로비제도를 따르라면, 그 오래된 적폐 속에서도 적폐인지조차 모르고 대기업만이 승승장구하는 세상이 되고 만다. 국민들은 재벌대기업의 영원한 봉이 될 것이다. 물론 그 최후에는 빼앗길 것도 전혀 남지 않을, 빈털터리로 전락할 것이다.

따라서 전경련 해체뿐만이 아니라 각 재벌기업의 대관팀도 없애는 것이 문제해결의 핵심이다. 모든 것을 법대로 행하려면 그렇게 해야 한다. 대관팀이 우리나라 법에서 엄격히 금하고 있는 대가성 기부, 즉 뇌물공여를 암암리에 행하고 있다면 이 역시 불법이므로 철퇴를 내려야 한다. 아울러 모든 일을 시스템과 법적 절차를 통해 해결하지 않고 사람과 연줄을 통해 해결하려는 우리의 못된 연줄 동원 심리에 대해서도, 철저히 반성하고 함께 그 관행을 끊는 결단을 내려야 한다. 정경유착의 적폐는 한 사람만 단죄한다고 해서 사라지지 않는다.

　정경유착으로 인해 시장질서를 교란하고 정의로운 사회구현을 방해하는 것은 도저히 묵과할 수 없는 사회악이다. 그 주체들의 최종 목표는 바로 민주주의의 파괴다. 그런 의미에서 "부자들의 주된 관심사는 민주주의를 억압하는 데 있다"는 주장은 충분히 옳다〈Milanovic, 2016: 200〉. 따라서 재벌대기업과, 그들과 한패가 된 권력자들은 민주주의의 방해꾼들로서 공공의 적이다. 그들은 지대를 독식하지 못하게 하는 민주주의를 몹시 혐오한다. 그들이 원하는 세상은 돈으로 돌아가는 세상이다. 법도 없고 정의도 없으며 합리성도 결여된 그런 세상이다. 민주주의하에서는 도저히 실현될 수 없는 상황이다. 돈으로 돌아가는 세상, 돈으로 돌아가는 정치는 그들의 잇속을 가장 최대치로 끌어올릴 수 있는 세상이다. 그것을 가능하게 하는 정치가 바로 금권정치다.

　우리나라 안에 깊숙이 파고들어 똬리를 틀고 잔뜩 독이 올라 있는 이 금권정치를 끊어내지 않는 한, 그들 손에 우리의 정치를 넘겨놓고 맡겨놓는 한, 국정농단은 계속될 수밖에 없다. 돈 있는 자가, 그것도 어마어마하게 가진 자들이 그들 뜻대로 탐욕을 더욱더 채우기 위해 정치까지 가지고 논다면, 우리에게 과연 희망이란 있을까? 민주주의를 말하는 것조차 의미가 있을까? 삼성을 비롯한 재벌들을 보면, 최고권력인 대통령에게 그저 위협당했다고 '피해자 코스프레'를 하고 있다. 결코 말이 안 된다. 그들이 그렇게 정치와 경제 그리고 우리나라를 가지고 놀며 농단할 수 있었던 까닭은 바로 정치와의 협치, 부패자들의 협동 단결 때문이다. 이제 더는 그들의 담합을 보고 있을 수 없다. 그 연결고리를 과감히 끊어내야 한다. 그것이 바로 정치개혁의 관건이요 요체다.

패거리정치를 청산하라: 정피아와 관피아

관직이나 정치권에 있다가 공공기관 기관장이나 부처 산하기관의 주요 요직으로 이직하는 것을 두고 '관피아(공무원 출신 마피아)'와 '정피아(정치권 마피아)'라는 말이 나온다. 전자는 전관예우라는 차원에서, 후자는 보은성 차원에서 행해지는 인사인데 모두 특혜이다. 또한 이를 두고 각종 이권이 벌어지므로 지대추구 행위와 연결되며, 인맥 또한 관여되어 연고주의라는 독특한 한국식 문화도 큰 몫을 하고 있다. 패거리주의의 전형적인 예이다. 그런데 관피아든 정피아든 모두 부정부패의 온상이며 불공정과 불의 그리고 불평등을 가속화한다. 해서 정치개혁에서 이 패거리주의도 반드시 청산해야 할 적폐 중 하나다.

먼저 관피아의 예를 보자. 2013년 국정감사 때 식품의약안전처(이하 식약처)가 국회 보건복지위원회에 제출한 '최근 3년간 퇴직자 재취업 현황'을 보면, 2011~2013년 사이 퇴직한 4급 이상 식약처 공무원 26명 중 25명(96%)가 산하 공공기관이나 관련 협회, 민간기업 등에 재취업했다. 이들 중 7명은 건강보험심사평가원, 한국의약품안전관리원, 식품안전정보원, 의료기기정보기술지원센터, 농수산식

품유통공사, 보건산업진흥원에 재취업했다. 2014년 4월 현재 복지부 산하 공공기관은 건강보험공단, 건강보험심사평가원, 국민연금공단, 보건산업진흥원 등 18곳인데 그중 15곳의 회장 또는 고위임원이 복지부 공무원 출신이다. 국장급 이상만 9명이다. 산하 공공기관 외에 복지부와 식약처의 유관기관으로 분류되는 민간단체만 100여 곳이 넘으니, 관피아가 얼마나 활개치고 있는지 충분히 짐작이 된다(주간조선, 2014, 5, 15).

관피아의 공공기관 임원으로의 낙하산 인사는 세월호 참사 이후 약간 주춤했다. 세월호 참사 원인 중 하나로, 전·현직 관료간 유착 때문에 규제기관의 감시 기능이 작동하지 않았다는 비판 여론이 일었기 때문이다. 그런 여론이 비등해지자 관피아의 자리를 냅다 정피아가 차고 들어왔다. 2015년 현재 관피아의 수는 세월호 참사 전 공기업 300개의 161명에서 1년 뒤 118명으로 줄어, 전년 대비 26% 감소했다. 세월호 참사 당시 공공기관 임원 397명 중 정피아는 48명이었으나 1년 뒤 53명으로 증가했다.

이렇게 된 이유는 박근혜의 추상 같은 호령이 떨어져서다. 해피아(해양수산부 관료 마피아)가 세월호 참사의 한 원인으로 지적되자, 2014년 4월 말 국무회의를 주재한 자리에서 "이번만큼은 소위 '관피아'나 공직 '철밥통'이라는 부끄러운 용어를 우리 사회에서 완전히 추방하겠다는 심정으로 관료사회의 적폐를 국민이 납득할 수 있는 수준까지 확실히 들어내고 해결해야 할 것"이라고 입을 뗐다. 세월호 참사 당일 7시간의 행방이 묘연한 박근혜가 무슨 낯짝으로 이런 말을 했는지 의아하지만, 그리고 적폐의 대상이 자신인 줄을 모르는 데 분통이 터지지만, 어쨌든 이 말을 시발탄으로 공공기관에 정피아가 밀려들기 시작했다. 한국방송광고진흥공사 사장 곽성문, 대한적십자사총재 김성주, 한국마사회회장 현명관, 한국관광공사 상임감사 자니윤 등이다(연합뉴스, 2015. 4. 5). 그런데 그 이름들을 한번 보라. 최순실과 관련된 친목 모임 중 한 명으로 거론되는 사람부터 이번 박근혜·최순실 국정농단 게이트가 터지면서 한 번쯤은 뉴스에 등장한 이름들 아닌가.

박근혜 정권에서의 정피아는 '박피아(친박마피아)'로 불러야 한다. 아니 어쩌면 '최피아(최순실 마피아)'로 불러야 할지도 모른다. 어쨌든 민병두가 펴낸《친박인명사전 2》에 의하면, 2013년 1월부터 2014년 3월까지 114명의 박피아가 임명됐다. 그러나 그 뒤 불과 6개월 사이 (2014년 3월~9월) 무려 94명의 박피아가 낙하산으로 공공기관 임원이 됐다(주간경향, 2014. 11. 18). 박피아의 낙하산 인사는 금융권에서도 난리다. 금융공기업에는 정피아, 즉 박피아가 득세하고 있다. 자산관리공사·기술보증기금·예금보험공사·수출입은행·한국거래소 등의 금융공기업과 정부가 대주주인 준금융공기업인 대우증권·서울보증보험·우리은행·경남은행 등의 감사 자리를 박피아가 차지했다(중앙일보, 2014. 11. 20; 노컷뉴스, 2015. 3. 2.; 국회뉴스, 2014. 10. 15).

대통령과 가까운 측근, 대선 캠프에 참여한 사람, 총선에 낙선한 인사 등이 낙하산으로 임명되는 것이다. 아무런 전문성도 자질도 없이 단지 정치적으로 같은 편이었다는 이유만으로 주요 공공기관의 장이나 고위 임원 등으로 앉다니, 이야말로 웃긴 일이 아닌가. 단지 정피아만의 문제가 아니다. 관피아도 문제는 마찬가지다. 아무리 전문성이 있다고 해도 정말 퇴출되어야 할 구습이요 적폐다. 패거리집단의 문화가 정치권과 관직에 남아 있고 그것으로 공공기관의 인사가 이루어진다면, 이야말로 불공정하고 불의한 것이다. 공공기관뿐만 아니다. 중앙부처의 산하 기관 662개를 조사한 결과 2014년 11월 현재 관피아가 무려 1218명이 재취업한 것으로 나타났다. 공직자윤리위원회의 취업 심사를 거치지 않고 부처 산하기관에 임원으로 재취업한 것으로, 이들을 통해 민간부문과 행정관청 사이의 유착의 고리가 형성되는 데 일조하기에 문제다.

엽관제(spoil system)는 능력이나 자질을 보지 않고 정파가 같다면 관직으로 기용하는 시스템을 이른다. 영어 'spoil'은 다양한 뜻을 가지고 있다. '망쳐놓다'와 '전리품'이라는 뜻도 있다. 전리품은 적을 망쳐놓고 강탈해온 것이다. 미국에서는 이 용어가 관직으로 인한 부수입 또는 이권으로도 사용된다. 말하자면 지금껏 이 책에서도 이야기해왔던 '지대(rent)'와 같은 뜻으로 말이다.

박근혜의 탄핵으로 조기대선이 치러졌다. 많은 사람들이 대선주자들의 캠프로 모였고 지금도 그럴 것이다. 물론 정치적 이해가 같고 철학이 같아서 모이는 사람들도 있을 것이다. 하지만 대부분은 그렇지 않을 것이다. 한 자리를 노리고 "혹시나 해서" 각 캠프에 발을 들여놓을 것이다. 나는 대권을 잡은 대통령이 이런 이들을 주요 관직에 등용하고, 공공기관의 한 자리를 주려는 짓을 할 때 국민이 이제 더는 좌시해서는 안 된다고 생각한다. 국민들이 감시자가 되어 그런 짓을 감히 하지 못하도록 권력자를 압박해야 한다. 보은성 인사와 낙하산 인사, 이것은 박근혜의 적폐일 뿐 아니라 그 이전부터 정치권에서 내려온 최악의 적폐다. 엽관제이며, 패거리정치이기 때문이다.

패거리정치는 법치는커녕, 무도한 이들을 활개 치게 해 정상적인 시스템을 망친다. 단적인 예로 세월호 참사를 보라. 사고의 대처와 수습도 문제지만 선체를 인양하는 데 3년이라는 시간이 걸렸다. 그 것도 박근혜 전 대통령이 탄핵된 지 5시간 만에 인양이 결정되고 그 뒤 2주가 채 안 돼 수면 위로 그 처참한 모습을 드러냈다. 그동 안 왜 인양이 지연되었는가? 3년 동안 기상여건이 좋았던 날이 단 하루도 없었던가? 그 모든 조건이 박근혜가 탄핵된 후 갑자기 느닷 없이 좋아졌는가? 국민들은 절대로 그렇게 보지 않는다. 미수습자 9명의 유가족은 물론 침몰의 진상을 규명하길 바라는 유가족과 대한민국 국민을 우습게 본 박근혜·최순실 일당과 그 부역자들의 농간이 아니고서는, 이런 일은 결코 벌어질 수 없다. 국민들은 짙은 의구심을 갖고 있다. 이는 패거리집단의 폐해로 벌어진 일이다. 패 거리정치는 국가시스템을 정상적으로 작동하지 못하게 한다. 그것 으로 자신들의 이익을 관철하기란 불가능하기 때문이다. 아무리 처 음에 선의로 시작한 정권이라고 하더라도 패거리정치에 의존할 경 우, 얼마 안 가 극악무도한 조폭정권이 되는 것은 예정된 수순이다.

민주주의는 패거리정치와는 상극이며 엽관제와도 거리가 멀다.

민주주의는 자질과 능력으로 사람을 적재적소에 기용하는 것의 기틀이다. 인맥과 기회주의로 점철된 이권 추구자들이 활개 치지 못하도록 하는 것이 바로 민주주의다. 민주주의는 아무런 연고가 없는 자, 연고의 동원을 꺼려하는 자, 동원하지 않으려고 무던히 애쓰는 자, 아무런 연고가 없는 자를 배려하는 자, 자신의 일을 타인의 복리와 연결시켜 묵묵히 수행하는 자, 그리고 패거리를 만들어 다른 이들을 괴롭히는 것을 혐오하는 자들의 철학과 사상, 그리고 제도다. 엽관제와 패거리는 이런 자들의 철학과 이런 자들이 꿈꾸는 세상을 어지럽히고 파괴하고 망친다. 그리고 그 이권을 끼리끼리만 독식하려 한다. 만일 적폐를 청산하겠다며 탄생한 새로운 정권이 이 문제에서 자유롭지 못하다면, 국민은 또다시 촛불을 들고 광장으로 나갈 것이다. 국민이 원하는 새로운 정치는 바로 패거리를 없앤, 패거리들만의 논공행상이 사라진 그런 정치다.

박정희 신화와의 이별

정치의 권력 세습(inherited power)이 법으로 금지된 미국도 이제 브랜드 네임을 가진, 이른바 정치왕조(political dynasty)가 득세하는 나라가 되어버렸다. 케네디, 부시, 클린턴 등의 이름으로 대통령이 세습되기도 하고 그 자리를 넘보기도 한다. 힐러리는 남편이 전직 대통령이었다는 정치적 후광으로 대통령후보로 나와 트럼프와 붙었다가 패해, 범인으로 돌아갔다. 부자가 그리고 부부가 돌아가면서 대통령의 권좌를 탐할 정도로 미국에는 대통령 할 사람이 그렇게 없을까? 천만의 말씀이다. 그 넓은 땅덩어리에 그 많은 사람 중 없을 리가 없다. 그래서 미국이 신귀족제사회가 되었다는 비판이 제기되는 것이다.

그런데 우습게도 태평양 건너 한반도에도 이런 일이 벌어지고 있다. 북한에는 3대째 세습이 이어지고, 대한민국에는 2대를 이은 대통령이 존재했다. 어찌 이런 어이없는 일이 벌어질 수 있을까. 북한은 상식이 통하지 않는 왕정국가나 마찬가지인 전체주의 공산당 독재국가이니 논외로 치자. 그렇다면 우리는 뭔가? 명색이 민주주의국가라면서, 뽑을 사람이 그리도 없어서 2대째 부녀 대통령이 나왔어아만 하나? 아무리 자격이 출중하다고 검증되었다고 해도 결단코 피해야 하는 일이었다. 그러나 우리는 철저한 검증도 없이, 간간히 튀어나오는 검증의 필요성을 제공하는 실마리를 완전히 무시하면서 박근혜를 뽑았다. 그리고 결과는 헌정사상 처음으로 대통령을 탄핵시켜 그 자리에서 끌어내렸고, 사법적 단죄를 목전에 두고 있다.

미국이나 우리나라에서 정치왕조 이야기가 나오게 된 배경은 각각의 역사와 문화적 배경이 다르듯 차이는 있다. 그러나 한 가지 유사점을 보인다. 바로 향수다. 빌 클린턴 대통령 때는 경제상황이 매우 좋았다. 그때를 기억하는 이들이 2008년 금융위기 이후 몰락하는 미국 경제의 암울함 속에서, 힐러리가 당선되면 달라질 수도 있겠다는 환상을 갖고 민주당 대통령후보로 밀었다. 마찬가지로 아버지 박정희 때의 고도 경제성장의 달콤함을 몸과 머리로 기억하는 세대들은, 그때의 향수를 안고 딸 박근혜에게 기꺼이 한 표를 던졌을 터였다. 그리고 그 결과 지금 그녀의 국정농단으로 온 국민이 크나큰 고난을 겪었다. 이른바 브랜드네임에 대한 맹목적 숭상과 쏠림은 결국 우리를 굴종과 노예의 삶 속으로 스스로 걸어 들어가게 만들었다. 우리의 고귀하고 값진 삶을 그깟 알량한 허명에 맡겨서는 안 되는 일이었다. 그러나 이미 엎질러진 물. 그 엎질러진 물에 허우적거릴 겨를도 우리에게는 없다.

이번이 적기다. 대한민국을 휘감고 있던 박정희 신화에 종지부를 찍을 절호의 기회다. 그의 딸로 인해 박정희 신화도 함께 벗겨지고 있다. 경제학자 이정우는 박정희를 구소련의 독재자 스탈린과 비교하며, 둘 사이의 유사점을 통해 박정희 신화가 일그러진 신화임을 날카롭게 지적한다. 그는 박정희의 경제모델과 스탈린의 경제모델은 다음과 같은 점에서 유사하다고 본다. 첫째, 박정희나 스탈린 둘 다 부국강병을 추구했다. 둘째, 30% 이상의 고투자(율) 정책을 썼다. 대신 국민은 허리띠를 바짝 졸라매는 희생을 강요당했다. 셋째 대기업 중심의 경제정책을 구사했다. 즉 중소기업 육성은 안중에도 없었다. 이렇게 해서 우리의 재벌이 탄생했다. 따라서 한국의 재벌은 바로 박정희 관치경제의 산물이다. 넷째, 경제의 모순적 성장이다. 양적성장의 성공과 질적성장의 심각한 발달장애라는 두 상반되는 현상을 동반했다. 즉 초기 고도성장의 이면에는 비민주성이 도사리고 있었다(이정우, 2014: 198~199). 그러나 사람들은 이런 박정희 시대의 경제성장의 이면과 자세한 내막은 잘 모르고, 오직 당시의 고도성장에만 초점을 맞춘다. 그것이 박정희 신화로 귀결되어왔다.

그러나 이정우는 "우리가 박정희식 고도성장을 통해 얻은 것도 많지만 잃은 것은 더 많다. 많은 조직의 독재적 구조, 대립적 노사관계, 재벌중심 경제, 주입식교육, 물질만능주의, 불신사회, 빈부격차, 부동산투기, 부정부패, 환경악화 등은 박정희가 남긴 부정적 유산이며 우리 민족이 오래오래 짊어져야 할 무거운 짐이다"라고 결론 내리고 있다(이정우, 2014: 199~200). 이런 이유로 이정우는 박정희 신화로부터 벗어나자고, 이미 박근혜 탄핵 한참 전부터 주문해온 것이다.

탄핵 이후 박정희 경제정책의 실체 외에도, 그의 청렴결백함이라는 이미지 또한 전혀 사실무근이라는 정황이 속속 드러나고 있다. 최근 최태민·최순실 일가가 가진 엄청난 재산이, 박정희로부터 최씨 일가에게로 넘어간 돈에서 시작되었다는 사실이 측근들에 의해 폭로되고 있다. 이를 보면 박정희가 청렴결백과는 거리가 먼 탐욕스러운 인물임이 대번에 드러난다. 노웅래 의원은 1970년대 박정희가 불법으로 조성했다고 알려진 스위스 비자금 의혹에 대해 폭로했다. 그는 1978년 미 하원 국제관계위원회 국제기구소위원회가 발행한 '프레이저 보고서'에 근거해, "박정희가 해외 차관이나 투자 자금을 국내에 들여오면서 전체 자금의 10~15%를 수수료로 가로채는 불법행위를 저질렀으며, 이 비자금을 스위스 최대 은행인 유니언뱅크 등에 차명으로 비밀계좌를 개설했다"고 주장했다. 이어 "1979년 박정희 시해 이후 박근혜가 보안요원 5명과 함께 스위스를 방문해 비밀계좌의 예금주 이름을 변경했다"고 주장했다. 또한 최순실이 "스위스은행의 비자금 세탁을 위해 1992년부터 독일에 페이퍼컴퍼니를 시작해, 지금은 이런 회사가 기백 개에 이르고 세탁된 비자금이 수조 원대로 추정된다"고 폭로했다(한겨레, 2017. 2. 23). 덧붙여 노웅래는 베트남 파병 군인들이 급여도 손댔다는 사실도 언급했다. 미국이 지불한 전투수당을 가로챘다는 것이다(오마이TV 장윤선의 팟짱, 2017. 2. 24).

나 또한 박근혜·최순실의 국정농단 게이트가 터지기 전까지는 솔직히 박정희의 공과(功過)가 반반일 거라고 생각했다. 그러나 이제는 생각이 바뀌었다. 박정희의 공은 무엇이고 과는 무엇이었을까? 과연 그에게 공이라는 게 있었을까? 독재로 이룬 부는 누가 가져갔는가? 박정희는 나쁜 잔재의 원흉이라는 소리를 들어도 과하지 않다는 게 현재 나의 심경이다. 청산되지 않은 일제의 잔재, 공산주의의 잔재, 강자의 무지막지한 횡포, 여기서 다루고 있는 지대추구 행위와 승자독식, 그리고 연고주의(특히, 영호남의 갈등야기) 등은 모두 박정희에 의해 고무, 찬양되고 증폭되었다. 그의 오랜 장기집권으로 인해 선량한 국민들은 박정희 일당의 프로파간다에 세뇌되었고, 머리는 절어버렸다. 그 결과 박정희의 과조차도 머리에서 아예 삭제해버리고 그의 공만을 침소봉대했다. 그를 신격화했다. 부끄럽다. 북한에 김일성의 동상이 있듯, 우리나라에 박정희의 동상이 있다는 사실이. 박정희는 '넘사벽'의 브랜드 네임이 되었고, 박근혜는 아버지의 이름을 들먹이며 아무 한 일 없이 최순실과 최태민의 아내 임선이의 공작에 의해 정치에 입문하고 선거의 여왕이 되었으며, 결국 대권을 잡았다. 로열패밀리라는 정치적 후광이 빚은 결과는 너무나 참혹하다. 그 결과를 지금 우리가 목도하고 있지 않은가.

경제학자 밀라노비치는 "지구상의 모든 독재자가 자신은 국민의 의지를 구현하는 존재라고 주장한다. 즉, 스스로가 민주주의자라고 믿는다"라고 독재자의 특징을 묘사한다(Milanovic, 2016: 199). 박근혜를 보라. 자신은 국가와 결혼했다고 말하고 신뢰와 원칙을 중시하는 민주주의자라고 스스럼없이 말한다. 그를 따르던 사람들, 그의 이름으로 국회의원이 되고 정계에 진출한 사람들, 즉 그의 이름이라는 우산 아래 행세했던 사람들은 지금도 자신들이 민주주의자의 화신, 애국주의와 민주주의의 화신이라고 말하고 굳게 믿는다. 그 허위의 믿음을 깨줄 사람들은 바로 국민이다. 그들을 정신병원에 보내기 전에 국민들이 실상을 알려주어야 한다. 그 실상을 알려주는 것이 정의를 실현하는 것이다. 정의는 그들의 단죄다. 용서와 화해는 단죄 이후 그들이 죗값을 호되게 치른 후에나 가능한 것이다. 그 이전에 어설픈 관용을 베풀자고 하는 것은 우리의 미래를 적폐의 구렁텅이 속으로 들이밀자는 말과 같다. 결국 독재자와 반민주주의자가 저질러놓은 적폐를 청산하려면, 국민의 독한 결단이 필요하다. 그리고 그 결단은 바로 국민 자신이 갖고 있는 허위의 믿음을 걷어내는 것이 먼저다. 민주주의라는 제도조차도 믿음에서 시작하기 때문이다.

그래서 값싼 동정과 아량, 관용은 절대 사절이어야 한다!

안민석 의원·주진우 기자·안원구 전 대구지방국세청장 등이 추적한 최순실의 해외 은닉재산과 최순실 일가의 국내재산은, 반드시 추적해 환수 조치해야 한다. 일생 동안 유치원 원장 말고는 공식적인 일을 하지 않던 최순실이 그렇게 많은 재산을 보유하기란 불가능하다. 모두 박정희·박근혜로부터 흘러온 재산일 개연성이 매우 높다. 그 부정한 재산을 모두 추적해 국가에 환수해야 한다. 그게 바로 정의다. 안원구는 최순실의 은닉재산을 추적하려면 약 100여 명의 전문가와 2년여의 시간이 필요하다고 말한다(TBS 김어준의 뉴스공장, 2017. 3. 10). 이들의 은닉재산을 추적해 환수할 수 있는 특별법이 제정되고 특검도 열어야 한다. 그렇게 해서 박근혜·최순실의 은닉재산이 모두 국가에 환수 조치되어야 한다. 그래야 바로 나라다. 적폐청산은 부정부패로 일군 부패 기득권세력의 재산을 몰수하는 것에서도 시작되어야 한다. 발자크가 말했듯, "부는 커다란 특권"(Honore de Balzac, 1901: 64)이므로. 특권을 포함해 모든 것이 부에서부터 시작되므로. 악 역시도 마찬가지다!

정교유착을 불허하라

촛불집회에 맞선 박근혜 탄핵 반대 친박집회에 태극기가 나와 많은 국민이 당황했다. 그것도 모자라 성조기와 이스라엘기까지 나와 더욱더 의아해하는 국민이 많았다. 성조기까지는 미국과의 동맹을 중시하는 사람들이 촛불집회를 반미의 프레임으로 몰고 가려는 계산에서 그러려니 하고 짐작이 갔다. 그런데 이스라엘기의 등장은 도통 의문이 가시지 않았다. 최근에야 그 의문이 풀렸다.

탐사전문 매체 〈뉴스타파〉는 3·1절 탄핵 반대 집회에 신도 수 20만 명에 이르는 대형교회가 교인들을 조직적으로 집회에 동원한 현장을 포착해 보도했다. 은혜와진리교회의 조용목 목사는 설교 도중 다음과 같이 집회 참여를 독려하는 설교를 한다.

삼일절 기념 또는 애국을 위해서 모이는 그런 모임에 참여한 분들 이야기가 물 많이 먹으면 안 된다고 생각합니다. 무슨 뜻인시 알겠지요. 하나님 은총의 메시지가 나라를 위해서 우리가 어떻게 해야 할 것이냐….

애국자들이 시위에 참여해 외치는 행동으로도 하나님께 호소해야 합니다. 하나님께서 우리의 부르심을 들으시고 응답하시는 기이하고 놀라운 방법으로 이를 성취하여 주실 것입니다.

예배 도중 애국가를 제창하기도 했다. PD가 예배 후 잠입 취재를 했는데, 교회 건물 밖 정차되어 있던 20여 대의 전세버스가 교인들을 태우고 내린 곳은 서울의 시위 현장이었다. 이스라엘기는 이렇게 등장했던 것이다. 개신교가 원천으로 생각하는 유대교이니 성조기를 들고 나온 김에 이스라엘기까지 들고 나온 것이다.

조용목이 저런 설교를 하는 와중에 신도들의 저항도 꽤 있었다는 인터뷰도 나왔다. 참으로 예배 도중 나와서는 안 되는 행동들이, 목사 탓에 터져 나온 것이다. 뉴스타파가 확인한 바에 의하면, 3·1절 탄핵반대 집회에 교인들을 동원한 교회는 여의도순복음교회와 은혜와진리교회 두 곳이다. 여의도순복음교회는 조용목의 형 조용기가 원로 목사로 있는 곳이다(뉴스타파, 2017. 3. 2).

종교는 원칙적으로 세속의 정치에 초연해야 한다. 정교는 분리되어야 한다. 단, 조건이 있다. 종교가 정치권력과 야합해 또 하나의 종교권력이 될 때만이다. 만일 종교가 그 자체로 권력이 되기를 거부하고 권력에 의해 억압당하는 자들의 편이 되어 대변하고 그들의 아픈 몸과 마음을 치유해주기 위해서라면, 정치에 초연해서는 안 된다. 정치권력에 쓴소리를 해야 한다. 갖은 핍박을 감수하고서라도. 이런 의미에서는 확실히 정교분리는 어불성설이다.

종교와 정치가 서로를 이용해 그 영역에서의 기득권세력들이 더 큰 권력과 부를 소유하기 위해 야합을 벌이는 것이 바로 정교(政敎)유착이다. 그런데 이들은 탐욕의 충족을 위해 정교유착을 하면서도, 정치권력이 무도한 행위로 국민들을 억압하고 민주주의를 파괴할 때는 종교가 절대로 권력체제에 비판하거나 항거해서는 안 된다며 정교분리를 교리로 내세운다. 남이 하면 불륜, 자기가 하면 로맨스? 그런 식이다. 해야 할 것은 하지 않고 하지 말아야 할 것을 하는 것이 과연 종교, 특히 권력이 되어버린 일부 개신교 목사들의 논리인가?

역사학자 박정신은 해방 이후 미군 점령과 이승만 정권은 한국 개신교를 기존 체제에 편입시켰다고 설명한다(Park, 2003: 171-180). 그럼으로써 개신교는 "반공을 매개로 이승만 정부와 더 깊은 공생 관계를 형성하면서 체제 순응의 '정치 종교'로서 특권과 혜택을 누렸고, 오롯이 '뒤틀린 기독교'가 되고 말았다"고 일갈한다(박정신·박규환, 2012: 41-42). 그러한 개신교의 처신은 박정희 이후 현재까지 계속되고 있다.

이렇게 박정신의 말대로 '뒤틀린 기독교'가 된 까닭은 바로 신도들이 개신교 목사들을 맹목적으로 순종하며 따르는 데서 비롯된다. "목사가 하면 다 맞다. 순종하라"는 오도된 교리와 가르침이 신도들을 눈멀게 하고, 그렇게 눈먼 신도들을 무기 삼아 세를 과시하며 정치권력에 때로는 아부하고 때로는 군림하면서 정교유착을 고착화한다. 그렇게 해서 개신교는 성장과 교세 확장을 통해 '종교권력'이 되었다(박정신·박규환, 2012: 58).

종교권력이 되어버린 이들은 정치권력을, 특히 정치권력의 정점에 서길 원하는 이들을 손아귀에 넣고 좌지우지할 정도가 되어버렸다. 대표적인 예가 바로 '조찬기도회 정치'다. 한국대학생선교회의 김준곤이 시동을 건 이것은 종교행위가 아닌 명백한 정치행위다. 노흥섭은 다음과 같이 말한다.

"[조찬기도회]는 그 계획과 출발부터 정치적이며, 모임 방법도 정치적이며, 정치적 배려 없이 이루어질 수 없으며, 정치적 결과를 노린 것이다(노흥섭, 1966: 76)."

이런 기도를 하는 것이 참기독교일까? 결코 아니다. 개신교는 프로테스탄트(protestant), 곧 저항하는 사람들의 종교다. 온갖 세속적인 것에 대한 저항, 부패한 구교에 대한 저항, 오로지 성경으로 돌아가자는 저항의 종교 말이다. 그런데 이러한 저항정신을 완전히 잊어버리고 일개 세속적 정권의 주구나 노리개로 전락해 비위나 맞추고 이득을 얻는, 그런 또 하나의 종교권력이 되어야겠는가. 한국 기독교는 '개독교'(개 같은 기독교)라는 비신자들의 이야기를 귀담아 들어야 한다. 다시 박정신과 박규환의 말이다(박정신·박규환, 2012: 58).

> '체제의 종교'로서 한국 개신교는 더 이상 '기독교'가 아니다. 삶의 현실에 대하여 끊임없이 회의하고 삶의 바탕 그 자체를 뛰어넘는 기독교 본연의 종교성, 바로 초월성을 잃어버린 채 국가권력에 달라붙어 그를 떠받드는 한갓 하부기관이자 국가주의 이데올로기의 재생산 기구일 따름이다.

기독교는 약자들의 기독교가 되어야 하고, 빈자들의 기독교가 되어야 한다. 부를 가진 자와 권력을 가진 자를 위한 방어막이나 수단으로 전락해서는 안 된다. 물론 가진 자와 가지지 못한 자 사이에서 무조건 가난한 자의 편을 드는 것이 정의는 아니다. 하지만 가진 자들의 부와 권력, 그리고 명예를 선망하는 눈으로 보아서는 안 된다. 그래서 그들 편이 되어서는 안 된다. 성조기가 웬 말인가. 미국이 더는 기독교 국가가 아니라는 사실을 개신교도들은 아는가?
이러한 정신 나간 '뒤틀린 기독교'를 이용해 권력 획득의 수단으로 삼으려는 정치와 정치가를 혐오한다. 그래서 단호히 말한다. 정권 획득의 수단으로 기독교를 이용하지 말라고, 종교를 이용하려 들지 말라고. 따라서 정치권력에 신도수를 가지고 아부하려 들거나 아니면 같은 편이 될 테니 대가를 달라고 접근하는 사이비 종교인들, 특히 개신교 목사들을 근처에도 못 오게 하라고. 그러기 위해서는 먼저, 조찬기도회에 참석하지 말라. 가서 목사들에게 안수받지 말라. 당신들이 머리를 숙이고 무릎을 꿇을 곳은 목사들 앞이 아니라 국민들이다.

chapter 07

사법부와
검찰개혁

앰뷸런스 체이서와 법비

요즘처럼 국민들 눈에 법조인들이 허접해 보인 적이 있을까. 나름 최고의 지성과 실력을 갖춘 사람들이라고 보였는데 "그게 아니었구 나!" 하는 사람들이 늘었다. 박근혜·최순실 국정농단 사태를 겪으 면서 주요 인물로 등장했던 몇몇 율사들의 행태와 말을 보면서 생 각들이 바뀐 것이다. 전·현직 판사, 검사, 변호사 등이 총망라해 등 장한다. 김기춘, 황교안, 우병우, 조윤선, 이재경, 홍만표, 진경준 등 화려한 등장인물들이다.

우리나라에서는 그래도 과거에는 율사들이 선망과 존경의 대상이었다면 미국은 좀 다르다. 수임료에만 눈이 먼 변호사들이 즐비한 터라 '앰뷸런스 체이서(ambulance chaser)'라는 말이 있을 정도다. 사고가 나면 앰뷸런스가 출동하니 그 뒤를 쫓아다니는 변호사란 뜻이다. 자동차 사고만 나면 그냥 지나가도 될 일에도 변호사들이 달라붙어서 보상을 타낼 수 있다고 사고 당사자들을 꼬드겨 소송을 부추기곤 한다. 그런 쓰레기 변호사들을 두고 하는 말이다. 미국의 이혼율이 높은 이유가 바로 이혼소송 변호사 때문이라는 소리도 있을 정도니, 미국에서 변호사를 비롯한 율사들이 얼마나 돈만 밝히는 인간 망종들로 인식되는지 알 수 있다. 그런데 이런 율사들에 대한 미국에서와 같은 부정적인 인식이 이제 한국에서도 기승을 부릴 것 같다. 그러나 이것은 모두 똑똑한 율사들 탓이다. 자업자득!

그런 맥락에서 지금 우리나라에서는 법비(法匪)라는 말이 유행하고 있다. 악당이라는 뜻의 '비'자는 '무장공비'에도 붙는 말이다. 그 '비'를 '법'에다 붙인 것이다. 즉 법률지식을 총동원해 비(匪)적질을 하는 무리들을 말한다. 그런 법비라 할 대표 인물들이 바로 국민들 입에서 '법꾸라지'로 불리는 김기춘, 우병우, 조윤선 같은 인물들이다.

우리나라에서 이처럼 법비나 법꾸라지라는 말이 나올 정도로 율사들을 부정적인 시선으로 보게 된 까닭은 그들이 알량한 법지식을 정의를 위해 사용하지 않았기 때문이다. '법은 약자들의 최후의 보루'라는 말이 있다. 돈과 권력을 가진 이들은 법이 없더라도 갖고 있는 돈과 권력을 이용해 이익을 마음껏 추구할 수 있다. 자유도 마음껏 누린다. 하지만 돈과 권력을 갖지 못한 일반 서민과 국민은 어떤 불상사가 생길 때면 아무데도 의지할 곳이 없다. 그때 기댈 수 있는 마지막 언덕은 바로 법이고, 법이 그들을 보호해줄 때 정의가 바로 선다. 만일 법이 그렇게 하지 못한다면 법이라고 할 수 없다. 법이라는 한자에 '수(氵)' 변이 있는 것은, 법이란 필시 물 흐르듯 공평하게 시시비비를 가려 바르지 못한 자를 제거한다는 뜻이다.

스티글리츠는 "만일 미국 정부가 1퍼센트의, 1퍼센트에 의한, 1퍼센트를 위한 정부라고 말할 수 있다면, 미국 정부는 율사들의, 율사들에 의한, 율사들을 위한 정부라는 말은 더욱 근거가 확실하다"며 법률가들이 자신들의 이익추구만을 위해 전력을 다하는 면을 날카롭게 지적하고 있다. 그가 조사한 바로는 미국 대통령 44명 가운데 26명이 율사 출신이고 미국 하원의원 중 36%가 법조계와 관련 깊은 인사들이다(Stiglitz, 2013: 99~100). 이들이 약자를 위한 정의 구현에 앞장선다면야 그들이 정치권을 잠식하는 것에 대해 딴지 걸 필요는 없다. 그러나 그들이 법지식을 동원해 그와는 정반대의 길을 간다는 게 문제다.

우리나라의 법조인들도 미국과 비슷한 양상을 보이고 있다. 특히 우리나라는 검사 한 명, 한 명 그 자체가 각각 하나의 권력이다. 그런 검사들로 이루어진 검찰을 권력으로 치면 '막강'이라는 수사가 무색해질 정도다. 우리나라 검찰만큼 무소불위의 권력을 가진 수사기관이 전 세계에 또 있을까. 2200여 명의 검사와 7000여 명의 수사관으로 구성된 검찰은 그야말로 거대권력이다. 이런 거대권력이 국민을 위한 정의의 사도 역할을 충실히 수행한다면 그 누가 뭐라 하겠는가. 문제는 검찰이 그 막강한 권한과 힘을 국민을 위해서가 아니라 일신의 입신양명, 자기 조직, 그리고 강자들의 이익 수호를 위해 사용한다는 점이다. 바로 정치권력을 향해 안테나를 높이 세우고 끊임없이 그 주파수에 맞추는 정치검찰의 모습에 국민들은 맥이 빠지고 실망하고 마침내 분노한다.

검사들의 기개와 결개가 사라진 곳에서는 부정부패가 창궐한다. 불공정과 불의, 그리고 불평등이 한도 끝도 없이 확장될 수밖에 없다. 무엇보다 썩은 정치권력일수록 이런 검사들을 선호하기 때문이다. 검찰 조직 전체가 검찰총장을 정점으로 일사불란하게 평검사까지 군대처럼 작동하는 이른바 '검사동일체'의 원칙이 적용되는 곳에서, 부패한 정치권력은 검찰총장 하나만 잡으려 한다. 그것만으로도 막강한 검찰조직 전체를 장악한 것과 다를 바 없기 때문이다. 그래서 부패한 정치권력은 권력 정점에 있는 대통령만 마냥 바라보는 해바라기형 검사로 검찰총장을 삼고, 청와대 민정수석도 그런 성향의 검사들로 채우고 검찰을 쥐락펴락한다.

그것도 모자라는지 청와대와 각 정부부처를 매년 수십 명의 파견 검사로 채운다. 검찰로서도 바라마지 않는 일이다. 검사들의 힘을 확장할 수 있기 때문이다. 조직으로서는 득이 되기 때문이다. 검찰과 검사 자체가 이런 방식으로 엮이게 되면 결국 정치검찰이 되어, 검찰과 검사의 본연의 임무를 수행하지 못한다는 것은 망각한 채 말이다. 정치검찰은 정치의 시녀로 전락한 타락한 검찰이다. 그것을 인식하지 못한다면 검찰의 존재의무를 잊은 것과 같다.

그러나 정치 검사로 거듭나서 보신과 입신에만 유리한 득을 보겠다고 작심한 타락한 검사들은 이런 의무감이란 안중에도 없다. 이렇게 정부부처에 있던 검사들은 나중 그 경력을 인정받아 대기업의 법률자문 변호사로, 또는 대형로펌으로 들어간다. 입법·사법·행정부에 간택되어 재취업하기도 한다. 누구는 국회의원으로, 국무총리로 화려하게(?) 변신한다. 황교안을 보라. 공안검사에서 법무부장관으로, 국무총리로, 나중에는 대통령권한대행을 하다 대권에 도전할 뜻도 슬쩍 내비치지 않았는가.

이런 권력지향적이고 이권만 추구하는 검사들과 법비들의 면면을 한번 보라. 김기춘은 근 40여년을 박정희와 박근혜 주위를 맴돌며 권력을 탐하고, 그들의 비위를 맞추며 온갖 불법과 위법행위를 기획하고 자행했다. 그러나 법망을 요리조리 피해 다니며 단 한 번도 걸리지 않고 승승장구하다 이번 국정농단 사태로 쇠고랑을 찼다. 우병우 전 민정수석은 어떤가? 민정수석 자리에 앉아 검찰의 우병우 라인을 만들어놓고 국정농단의 하수인 노릇을 해왔다. 물론 자신은 극구 부인하고 있지만 말이다. 황교안 전 국무총리는 또 어떤가? 국정농단 사태를 막지 못한 책임을 통감하지도 못하고, 대통령권한대행이 대통령인 줄 착각하고 특검이 청와대 압수수색도 못하게 하고, 특검연장도 허락하지 않았다. 이런 법비, 정치 검사들의 눈에는 국민은 보이지 않는다. 오로지 자신을 임명한 임명자와 살아 있는 권력밖에 없다고 생각할 수밖에 없다.

이런 법비들로 이루어진 부패 검찰은 최순실의 이름이 거론되며 게이트가 터져 나올 때 대통령과 우병우의 눈치만을 보고 부실하고 편파적인 수사를 했다. 2014년 정윤회 문건 사건이 터졌을 때 검찰은 문건이 유출된 과정이 문제라는 프레임에 얽매여, 무엇이 문제의 핵심인지를 건드리지 않는 본말전도의 수사를 펼쳤다. 만일 그때만이라도 검찰이 제 기능을 수행했더라면 희대의 국정농단 사태는 미연에 방지할 수도 있었을 것이다. 결국 국민에게 최대·최악의 굴욕감을 안겨준 박근혜·최순실 국정농단 게이트에 대한 일정 책임은 검찰에게도 있다. 검사와 검찰이 본분을 망각하고 권력의 시녀로 전락하면 이런 희대의 막장드라마가 벌어지는 것이다. 검찰에 '사정기관'이라는 딱지를 괜히 붙인 게 아니다. 이런 일을 방지하라고 부여한 임무다. 그런데 이를 제대로 수행하지 않았다면, 게다가 일부러 방치했다면 직무유기이고 직권남용이고 국가와 역사 앞에 커다란 죄를 지은 것이다.

그런데 뻔뻔스럽게도 검찰은 게이트가 불거진 초기에도 늑장·편파 수사로 국민들의 원성을 샀다. 특검이 출발한다고 하자 마지못해 박근혜를 수사하고 청와대를 압수수색하겠다고 설레발쳤을 뿐이다. 그리고 특검에게 톡톡히 망신을 당했다. 그리고 황교안 전 대통령권한대행이 특검연장을 거부한 뒤 공은 이제 다시 검찰에게로 넘어갔다.

검사동일체 원칙으로 움직이는 무소불위의 권력집단 검찰. 검찰에 대한 국민의 분노는 말로 표현할 수 없을 만큼 거세다. 그들에게

권력을 준 이유는 바로 국민이다. 국민을 위해 정의롭게 그 권력을 써달라는데 검찰은 검찰총장의 눈치를 보고, 검찰총장은 민정수석의 눈치를 보고 민정수석은 대통령의 눈치만을 본다. 그래서 국민을 통제하고 정적을 제거하는 데 검찰권력이 악용된다. 법과 원칙은 어디로 갔는가? 검찰을 움직이는 것은 법과 법과 원칙이어야 하지 않는가? 검찰을 움직이는 힘은 인사권을 쥐고 흔드는 상관인가? 그리고 자신의 승진과 입신양명인가?

국민에게는 이런 검찰, 이런 검사는 더는 필요 없다. 그래서 검찰은 개혁의 핵심 대상이다. 검찰의 막강한 권력은 검찰이 기소독점권을 갖는 데서 비롯한다. 필요하다면 검찰의 권력 분산을 위해 기소독점권을 압수하는 방안도 검토해야 한다. 만일 너무 급진적인 조치라면 보다 현실적으로, 검찰이 불기소결정을 내렸을 때 모든 고발사건에 대해 재정신청이 가능하도록 해야 한다. 검사들을 대상으로도 수사할 수 있는 고위공직자비리수사처(일명 공수처)의 설립도 강구해야 한다. 이대로는 안 된다. 출세와 조직의 보호, 그리고 인사권자인 정치권력에 마냥 해바라기가 되는 이런 검찰의 권력은 소환해야 한다. 민주주의 바로 세우기와 적폐청산을 위해서는 검찰개혁이 급선무다.

사법부의 관료제화

막스 베버는 관료제(bureaucracy)의 특징 중 하나로 위계의 서열화를 꼽았다. 관료제 사회는 상하관계가 뚜렷하다. 우리식으로 이야기하면 상명하복의 위계질서를 말한다. 주로 공무원 사회에서 위계서열이 강하다. 그런데 공직에도 이런 상명하복식 위계질서가 통해서도 안 되고 그럴 수 없는 곳이 두 군데 있다. 국립대 교수와 판사들이다. 국립대 교수는 소속이 국립이고 월급을 국가에서 받는 공무원 신분이지만 다른 사립대 교수들과 마찬가지로 교수들 간 상하 위계질서도 없고 상명하복식 문화도 없다. 교수면 다 같은 교수 신분이지 총장이나 보직교수들과 어떤 상하관계가 성립되지 않는다. 학문은 개별 학자의 양심과 자유가 중요하기 때문이다. 만일 이것이 보장되지 않을 경우 학문은 서거한다. 민주주의 사회에서 학문이 발달하고 독재사회에서는 그러하지 못하는 이유가 바로 거기에 있다.

판사들도 마찬가지다. 신분은 국가에서 녹을 먹는 공무원이지만 판사는 법과 소신에만 의거해 판결할 자유가 있어야 한다. 상명하복의 관료제가 침투해서는 안 되고 그럴 수 없다. 만일 관료제의 침투를 허락한다면 법 또한 서거하기 때문이다. 관료제는 국민을 위해 공무원 조직이 사용할 수단이지만 관료제가 고착되면 그 조직 자체가 목적이 될 가능성이 높아진다. 이를 두고 조직사회학에서 '목적의 전치'라고 한다. 수단이 목적이 되어버리는 기이한 현상, 그것이 바로 목적의 전치다. 즉 사법부라는 조직의 존재 이유는 곧 국민을 위해서인데, 사법부가 관료화하면 국민은 온데간데없고 오직 사법부의 존재 자체가 목적이 되어버릴 가능성이 커진다. 그렇게 되면 피해자는 국민이 된다. 이 목적의 전치 현상은 검찰에도 적용되고 검찰 조직의 목적의 전치 현상도 묵과해서는 안 된다. 그러나 그보다 사법부의 목적전치 현상을 절대로 용인해서는 안 되는 이유는, 사법부가 최종판단을 내리는 판관의 위치에 서 있기 때문이다. 검찰이 아무리 잘못한다고 해도 그 잘잘못을 법원에서 가리는 것이니, 사법부야말로 국민을 보호할 최후의 보루다.

그 최후의 보루인 사법부 판사가 사법부의 관료제화로 인해 상명하복의 문화에 잠식된다면 상상할 수 없는 결과로 이어진다. 최근이 문제로 우리나라 판사들이 술렁거렸다. 전국의 판사 2900명 중 480명이 참여한 최대 연구모임 '국제인권법연구회'에 대한 대법원의 견제 시도가 판사들에게 알려지면서다. 이 연구 모임은 전국 법관을 상대로 '사법독립과 법관인사제도에 관한 설문조사'를 실시해 발표하려 했는데, 대법원이 나서서 막고 압력을 가했다는 사실이 드러났기 때문이다. 법관 승진의 최단거리 코스, 꽃 보직으로 알려진 법원행정처에 막 발령받아 출근한 심의관 아무개 판사에게 대법원이 압력을 가하자, 심의관이 강력 항의하며 사의 표명도 불사했다. 그러자 심의관을 원래 소속인 법원으로 돌려보냈다. 이 일이 알려지자 일선 법관들이 반발하고 나선 것이다(경향신문, 2017. 3. 6).

일선 판사들의 반발에는 충분히 일리가 있다. 사법부 수장인 대법원장이 국회의 동의를 얻어 대통령이 임명하는 현 상태에서는 임명권자인 대통령이 사법부를 통제할 수 있다는 추론 때문이다. 게다가 대법원장이 일선 법관들 인사의 전권을 갖고 있으므로, 자칫 청와대부터 일선 판사들에 이르기까지 수직선상의 상명하복식 관료제화가 펼쳐질 우려도 대두되기 때문이다. 그러한 추론이 실제로 현실이 될 기미가 보인다는 불만과 좌절감이 일선 법관들 사이에서 비등하는 시점이다. 청와대가 찍은 법관들에 대해 유무형의 불이익을 가했다는 증거가 김영한 전 청와대 민정수석 업무수첩에서 드러났다. 뿐만 아니라, 대법원이 청와대 입맛에 맞는 일선 법관들의 인사에 직간접적으로 관여했다는 의구심이 드는 이때 국제인권법연구회 파동까지 났으니, 일선 법관들의 심기는 몹시 불편한 상태다.

대법원의 외압에도 불구하고 설문조사 결과가 공개되었는데 실로 충격적이다. 일선 법관들은 사법부 인사시스템에 대해 불만을 제기하며 개혁해야 한다는 반응을 보였다. 판사의 96%가 법관의 독립을 위해 사법행정을 바꿔야 한다고 생각했다. 45%가 넘는 판사들은 "주요 사건에서 상급심 판결에 반하는 판결을 하거나 주요 사건에서 행정부 또는 특정 정치세력 정책에 반하는 판결을 한 경우 불이익을 받을 우려가 있다"고 생각했다. 또 "대법원장·법원장 등 사법행정권자의 정책에 반하는 의사표시를 한 법관이 보직·평정·사무분담에서 불이익을 받을 우려가 있다"고 88.2%가 동의했다(뉴시스, 2017. 3. 25).

이런 상황에서 공정한 판결이 나올 수 있겠는가. 법과 소신에 의거한 공정한 판결은 개별 판사들의 자율과 자유가 최대한 보장되어 있을 때다. 상명하복식 관료제가 법관조직에 침투하면 그 자율성과 자유는 기대할 수 없다. 그렇게 되면 피해자는 곧 국민과 국가다. 법과 정의에 입각한 민주주의를 압살하려는 지대추구 행위자들과 승자독식주의자들이 원하는 것이 바로 이것이다. 법을 자기들 유리한 쪽으로 만들고 그마저도 분탕질해서, 법에 걸려들었을 때조차도 빠져나가려면 바로 관료화된 사법부가 절대적으로 필요하다. 그들의 더러운 마수를 관료화된 사법부의 수뇌부로만 뻗으면 게임은 끝난 것과 같기 때문이다.

교수(학자)는 논문과 책으로 말하며, 판사들은 판결문으로 말한다. 그런데 판사들의 판결에 영향을 주는 외부의 힘이 존재한다면 그 판결문이 온전할 리 없다. 그러나 실질적으로 대한민국 판사들의 절반가량은, 그런 힘이 존재하며 그에 반하는 판결을 할 경우 불이익을 받으리라고 생각하고 있다. 심각한 사태다. 우리의 사법시스템이 정당하게 돌아가고 있지 않다는 뜻이기 때문이다.

일선 법관들에 대한 이러한 외압 말고도, 법원 수뇌부들에게는 판결문으로 말하는 판사들을 무력화할 방법이 있다. 바로 사건배당이다. 삼성의 비리를 폭로한 내부고발자 전직 검사 김용철 변호사는, 법원 수뇌부가 사건배당을 어떻게 하느냐에 따라 특정 판결의 유도가 충분히 가능하다고 폭로했다. "법원 수뇌부가 이끌어내고 싶은 판결이 있다면, 수뇌부가 원하는 것과 같은 생각을 가진 판사를 골라 사건을 배당하면 되는 것이다(김용철, 2010: 381)." 2008년 촛불집회 재판 배당에서 그러했고, 삼성에버랜드 전환사채 판결 때도 그랬다. 2008년 4월 삼성특검이 삼성에버랜드 전환사채 헐값 발행 사건 등과 관련해 이건희 전 회장을 특정경제범죄가중처벌법의 배임과 조세포탈 등의 혐의로 기소하자, 서울중앙지법은 사건을 민병훈 부장판사가 있는 형사합의23부에 배당했다. 그는 1년 6개월 전 기자들에게 삼성에버랜드 전환사채 헐값 발행 사건이 무죄라고 공개적으로 밝혔던 인물인데, 그 판사가 이 사건을 맡은 것이다. 결과는 뻔하다. 그해 7월 16일 민병훈 판사는 삼성에버랜드 전환사채 헐값 발행 사건과 관련해 이건희 전 회장에게 무죄를 선고했다(한겨레 21, 2008. 7. 21).

2009년 5월 삼성에버랜드 전환사채 헐값 발행 사건에 대법원은 무죄판결을 내렸다. 그런데 대법원의 재판에도 문제가 많았다. 삼성에버랜드 사건은 유죄라고 판단한 특정 대법관(박시환·박일환)을 배제하기 위한 조치를 취한 후 재판을 열려 했기 때문이다(김용철, 2010: 378-383). 당시 방통대교수였던 곽노현 전 서울시 교육감은 "대법원장은 삼성사건에서 소수 의견을 고집하며 전원합의체 회부를 요구한 특정 대법관을 향후 심의 과정에서 눈 딱 감고 배제함으로써, 전례 없는 코드 배제의 주인공이 됐다"고 이용훈 당시 대법원장을 신랄하게 비판했다(곽노현, 2009).

이런 이상한 일은 이번에도 어김없이 일어났다. 특검에 의해 기소되어 구속수감된 이재용의 재판관이 3번이나 변동되는 재배당 코미디가 벌어졌다. 당초 1차 배당판사는 형사합의21부의 조의연 판사였다. 그러나 그는 이재용에 대한 구속영장을 기각한 바 있어 재배당을 요청했고, 형사합의33부(부장 이영훈 판사)에게 재배당됐다. 하지만 이영훈 판사의 장인 임정평이 최순실의 후견인으로 활동한 인물이라는 의혹을 안민석 의원이 제기하면서 파문이 일자, 또다시 형사합의27부로 재배당됐다. 이 합의27부의 부장판사는 김진동 판사다. 그런데 그는 2016년 12월 진경준 검사장 사건 담당 판사로서 1심에서 뇌물죄에 대해 무죄를 선고한 판사라 논란이 일고 있다. 특검이 이재용을 뇌물공여죄로 기소했기에 그렇다. 박근혜 또한 뇌물수수죄 등으로 특검에 의해 피의자로 지목된 이상, 이재용의 뇌물공여죄 유·무죄 여부는 그는 물론 박근혜의 단죄와도 직접적으로 연결된 매우 첨예한 사안이다. 이런 문제에 누가 들어도 고개를 갸우뚱거리게 하는 진경준 검사장의 뇌물죄 무죄를 선고한 판사가 이재용의 재판을 맡았다는 데 대해 국민들의 의구심은 증폭되고 있다. 그러나 이번에도 법원이 2008년 에버랜드 전환사채 헐값 사건 때처럼 어물쩍 넘어가려 한다면, 국민의 절대적인 저항과 마주하게 될 것이다. 사법부의 개혁의 목소리가 높아지고 있는 이때 역사에 어떠한 재판관으로 기록되는지를 마음속 깊이 새기라고, 국민들은 강력히 경고한다. 지금은 2008년과 확실히 다르다. 국민들이 잠에서 깨어나 눈을 부릅뜨고 지켜보고 있다.

씁쓸한 전관예우

2017년 2월 17일 오전 5시30분 한정석 판사는 이재용에 대한 영장을 발부했다. 79년 만의 삼성그룹 총수의 첫 구속수감이었다. 이보다 약 1달 전인 2017년 1월 이재용에 대한 영장이 조의연 판사에 의해 기각되었을 때 국민들의 입에서는 "이게 나라냐!" "역시 이 나

라는 삼성공화국"이라는 탄식이 흘러나왔지만, 한정석 판사의 결정
이 내려졌을 때는 새로운 희망이 살짝 보이기 시작했다. 그리고 국
민들은 한정석 판사에게 감사한 마음을 가졌다. 그러나 그의 결정
으로 국민들은 희망을 보기 시작했지만, 한정석 판사 개인적으로는
많은 것에 대한 포기도 감수해야 할지도 모른다.

　무엇보다 그는 승진에 대한 꿈을 접어야 할지도 모른다. 법원조직
조차 관료화 추세가 짙어지는 와중에 대법원 법관이나 원장이 되
려면, 일선 법관들의 의식 조사에서 나왔던 것처럼, 일단 그 조직
내에서 대세를 좇아 먼저 '알아서 기는 게' 절대적으로 필요하다. 우
리나라에서 정치권력과 삼성권력만이 법원을 좌지우지할 수 있다.

　정치권력의 경우, 사법부의 수장을 대통령이 임명하기 때문이다.
삼성의 경우는 이보다는 더 간접적이고 은밀하다. 삼성은 법원행정
처 출신의 대법관 물망에 오를 만한 판사들을 영입하고자 늘 혈안
이 되어 있다. 여의치 않으면 법원행정처의 일반 직원이라도 스카우
트하려 애쓴다. 법원행정처가 법관의 인사에 깊이 관여하는 핵심부
서라는 것을, 사법부를 장악할 핵심열쇠라는 것을 삼성은 잘 알고
있기 때문이다(김용철, 2010: 258).

　삼성은 자신들이 관리하는 정·관·법조·언론계 인사들에게, 이건
희가 말하는 이른바 '감동서비스'를 떡값을 비롯한 여러 형태로 제
공한다. 그중 하나가 관리 대상자들이 필요로 하는 정보나 인맥을
연결해주는 것이다(김용철, 2010: 256). 그것은 곧 승진에 결정적인 역할
을 한다. 즉 줄을 대주는 것이다. 그렇게 해서 삼성의 사람이 된 사

람들은 사법부의 수장으로 등극하기도 한다. 국회동의를 얻어 대통령이 임명하지만 그 자리에 오르기까지 삼성의 도움을 이모저모로 받은 사람들일 가능성이 높을 테니, 삼성을 위해 분골쇄신할 수밖에 없다. 2009년 대법원 원장이던 이용훈 판사는 법원에서 퇴직해 변호사 시절에 삼성에버랜드 사건을 맡아 삼성을 변호하던 변호인이었다. 그러다가 대법원장이 되어 자신이 변론했던 사건에 대한 판관의 자리에 오른 것이다. 물론 나중에 에버랜드 사건의 변호인이었다는 과거가 제척사유가 되어 전원합의체에서 이용훈 대법원장이 빠지긴 했으나, 어쨌든 삼성의 정보력과 관리는 이 정도로 치밀하고 정교하다(김용철, 2010: 383).

이럴 정도이니 어쩌면 한정석 판사에게 법원에서의 승진은 이제 물 건너갔을 수도 있다. 만일 그가 법원 내의 승진에 마음을 접고 변호사로서 방향전환을 한다고 해도, 그는 삼성 이재용의 영장을 발부했기 때문에 물질적으로도 전도양양한 미래는 불투명하다. 그는 반기업적인 인사로 낙인찍힐 가능성이 매우 높기 때문이다. 그것도 대삼성에 거슬렀으니 말이다. 아마도 그는 이 모든 것(승진 및 전관예우로 인한 막대한 물질적 보상)을 포기할 각오를 하고 이재용의 영장을 발부했을 것이다.

삼성은 해마다 검찰과 법원의 인사철이 돌아오면 촉각을 곤두세운다. 퇴직한 판·검사들을 고문이나 법무팀 소속 변호사로 모시기 위해서다. 삼성에서 직접 영입하지 않을 경우, 어떤 로펌에 가든 아니면 개인 변호사 사무실을 내든 대형사건을 맡기면서 공을 들인다. 즉 '삼성표 감동 서비스'요 '관리'다. 이것은 전관예우다(김용철, 2010: 256).

그러니 삼성에 불리한 판결을 행한 판사는 이러한 돈방석에 앉을 수 있는 기회를 박탈당할 가능성이 매우 높다. 또한 삼성에 반(反)했다는 낙인은 도매급으로 다른 재벌기업에게서도 똑같이 통용된다. 재벌대기업이 굵직한 수입 원천이니 로펌으로서는 이렇게 반기업적 인사로 낙인찍힌 변호사를 영입하지 않을 게 당연하다. 재벌기업이 그 변호사를 기피할 것이기 때문이다. 또 반기업적이라 낙인찍힌 변호사를 고용했다는 이유만으로 그 로펌 역시 반기업적이라는 딱지가 붙을 테니, 그런 변호사를 꺼릴 가능성은 매우 높다. 이렇게 되면 퇴임 후 불과 수년 안에 맛보아야 하는 전관예우의 장점은 놓친다. 이러니 누가 감히 삼성에 불리한 판결을 내릴 강단과 지조를 보일 것인가. 그럴 만한 정의로운 판사들이 극소수인 것은 뻔한 일이다(김용철, 2010: 389). 그래서 이재용의 구속이 실제로 단죄로 이어질지 몹시 불안하다. 국민들 역시 불안해하고 있다. 그만큼 우리는 정의감에 불타는 판사를 기대하기 어려운 부조리한 사법구조와 부패한 재벌 사이의 유착을 목도하고 있다.

그러나 이렇게 자신의 물질적 번영과 개인의 영달만을 추구하는 판사들이, 법조인들이 득실거린다면 나라는 어떻게 될 것인가. 그 대답을 미국에서 찾을 수 있다. 스티글리츠는 미국에서 법조인들이 대기업 이윤추구의 주구 노릇을 하며 미국사회를 얼마나 심각하게 오염시키고 있는지, 날카롭게 지적하고 있다. 법조인들이 법지식을 동원해 자신들에게 돈줄이 되는 대기업을 위해 전력을 다해 일하고 있다면 그것은 불의다. 그러나 스티글리츠가 확인해주듯이 미국의 율사들은 약자들과 국민들을 위한 정의구현에는 아예 관심이 없다. 그들의 관심은 오직 지대추구이며 승자독식의 만끽이다. 그것도 지대추구 행위자들을 적극적으로 도움으로써 말이다. 스티글리츠의 말이다(Stiglitz, 2013: 42-43).

　　일류 법조인들은 지대추구 행위의 마지막 대규모 집단이다. 여기에는 지대추구 행위자들이 법망을 피해 투옥을 피하는 데 조력함으로써 일약 거부가 된 사람들도 포함된다. 이들은 또한 의뢰인의 탈세가 가능하게 허점이 있는 복잡한 조세법을 만드는 데 도움을 주고, 이런 허점의 혜택이 돌아가도록 복잡한 거래를 설계한다. 그리고 복잡하고 불투명한 파생시장을 설계하는 데도 도움을 준다. 또한 겉보기에는 합법적인 것 같지만 실제는 독점력을 담보하는 계약방식의 설계를 돕는다. 시장이 시장 고유의 방식이 아닌 최상층에게 혜택을 주는 수단으로 만드는 데 일조함으로써 그 대가로 막대한 보상을 받는다.

　　그 결과 미국은 지금 쇠락 중이다. 중산층은 붕괴되고 빈곤층으로 전락하고 있다. 양극화는 심화되고 있다. 우리의 법조인들도 미국과 거의 똑같지 않은가? 그렇다면 우리의 미래도 미국과 닮을 수밖에 없다. 법비들의 탄생, 법미꾸라지들의 득세, 자신들의 이득에만 눈이 먼 율사들이 넘쳐나는 그런 사회에 미래는 없다. 이 때문에 인구에 비해 법률가가 상대적으로 적은 나라일수록 성장속도가 빠르다는 연구도 나오는 것이다(Magee, Brock, and Young, 1989). 율사들의 폐해가 거듭될수록 그들에 대한 국민들의 이미지는 마치 기생충 같다고 굳어질 확률이 높다. 언론인 권석천은 "'법 앞의 평등'은 법전 속에 박제된 원칙인가. 미생들의 비애와 의문을 삼키며 굴러가는 이 사회는 이미 밑둥부터 썩어 있는지 모른다"(권석천, 2015: 37)라고 탐욕적이고 불의한 율사들의 준동하는 작금의 대한민국에 일침을 가하고 있다.

법조인들이 애초 법조계에 입문할 때의 이유와 각오만큼은 믿어주고 싶다. 약관의 나이에 법대를 갈 때 그들 중 대다수는 이렇게 말했다. "약자를 위해 법의 정의를 실현하는 사람이 되기 위해" "부정부패가 없는 사회를 만들기 위해서" 법대를 지망했노라고. 그런 그들은 지금 어디로 갔나? 법정에 들어서는 판사, 검사, 그리고 변호사들은 어린 시절 법대에 입학하면서 품었던 저 마음을 지금도 간직하고 있는가. 약자, 그리고 법과 정의가 당신들 가슴속에 남아 있느냐고 묻고 싶다. 혹시 그것은 사라지고 오직 당신과 당신의 자식과 배우자의 복리만 남지 않았느냐고. 그러면 당신들과 최순실, 그리고 이건희와 이재용이 어떻게 다르냐고 묻고 싶다. 지극한 자기 사랑, 지극한 가족 사랑은 곧 나르시시즘이며 정신병이다. 탐욕의 정신병자에게 법의 판관과 집행을 맡길 수는 없다. 이런 이들에게 법을 맡기면 사법질서는 붕괴되고 국가는 혼탁해진다. 사회정의는 실현되지 못한다. 그러면 국민들의 입에서는 '무전유죄, 유전무죄'라는 말이 나올 수밖에 없다. 그것은 나라가 아니다. 오히려 법조인들이 없는 게 나을지도 모른다.

국민은 탐욕에 절은 법비를 보고 싶지 않다. 굳이 말하자면 언론인 권석천이 말하는 "인문학적 감수성과 인간애, 그리고 정의감"(권석천, 2015: 40)이 투철한 법조인을 보고 싶을 뿐이다. 우리는 삼성의 비리를 내부고발한 김용철 검사, 부패비리 정권에 대해 담대히 비아냥댈 수 있는 이정렬 판사, 상부의 불의한 지시에 사법부의 블랙리스트라며 반발한 법원행정처 심의관이었던 이름 모를 판사, 그리고 이재용에게 구속영장을 발부한 한정석 판사, 박근혜에게 구속영장을 발부한 강부영 판사, 그리고 특검의 박영수, 윤석렬 검사 등과 같은 멋진 법조인을 보고 싶다. 이들의 용기는 권력자와 재벌을 보지 않고 바로 국민과 법의 정의만을 보았기 때문에 발휘된 것이다.

국민들은 두 눈을 부릅뜨고 사법부를 지켜볼 것이다. 박근혜와 이재용이 어떤 단죄를 받느냐는 바로 사법부의 적폐청산의 수준을 정할 가늠자이다. 또한 사법부의 관료화도 막고 전관예우(과도한 변호사 수임료 등 포함)도 막을 수 있는 방안이 강구되어야 한다. 국민들이 한정석 판사에게 미안한 감정과 고마운 감정을 갖게 된 자체가 우리나라 사법부가 잘못 돌아가고 있음을 방증한다. 사법부의 비정상화는 반드시 정상화되어야 한다. 대한민국을 바로 세우는 길이다.

유독 도드라진 법조계 연고주의

특검의 칼날도 피해 간 천하의 우병우가 경북고등학교 출신이 아니라는 것을 평소 아킬레스건으로 생각했다는 내용이 SBS 방송의 〈그것이 알고 싶다〉에 보도된 적이 있다. 서울대 법대 출신이며 경북 봉화 태생으로 이른바 범 TK(대구경북)에 속하지만, 영주고등학교를 나와서 진정한 TK가 아니라는 뜻에서 그리 여겼다는 것이다. 진정한 TK란 경북고등학교를 나온 사람이어야 한다는 뜻이다. 우병우는 자신과 같은 '짝퉁 TK'는 권력 꼭대기까지는 오르지 못하리라는 조바심을 냈던 것 같다. 누가 봐도 엄친아인 그가 그런 생각을 했다니(더군다나 그는 시험도 아니고 추첨으로 고등학교에 들어간 세대다) 우리나라의 연고주의, 법조계의 연고주의는 이제 치유가 힘들 정도로 고질병이 된 것 같다.

파사현정(破邪顯正). 그릇됨을 깨트리고 바른 것을 드러낸다는, 불교에서 유래된 말이다. 엄정한 법 적용과 집행이 이루어져야 할 검찰과 사법부에서 이런 연고주의가 작동하고 있다면 파사현정은 법조계에서 전혀 기대할 수 없다. 학연·혈연·지연의 연고주의는 모두 비리로 이어지기 때문이다. 불로소득의 승자독식에 목을 매고 전력을 다하고 있는 지대추구 행위자들이 가장 선호하는 것이, 줄곧 이야기했듯 연고, 연줄이기 때문이다. 결국 학연·혈연·지연의 연고주의는 부정부패의 온상이며, 거짓과 비리를 부추기는 추동력이 된다. 따라서 연고주의로 돌아가는 법조계는 정의가 발붙일 수 없는 불의의 늪이 되어버린다. 발버둥치면 계속해서 더 빠질 수밖에 없는 부정의 늪으로 말이다.

검찰총장을 거쳐 48대 법무부장관을 지낸 김태정은 김영삼 정권에서는 부산 출신으로, 김대중 정부에서는 호남 출신으로 분류되었다. 39대 검찰총장이었던 채동욱도 법조인 신상정보를 수록한 《법조인대관》에는 고향이 서울로 나오지만 2013년 3월 총장 내정 때는 청와대에서 그의 "선산이 전북 군산에 있다"고 발표하는 등 출신지를 변경하는 코미디가 벌어질 정도로 법조계에서의 연고주의가 뿌리 깊게 내재되어 있다(권석천, 2015: 122–124).

이렇게 법조계에서 학연·혈연·지연의 연고주의를 중시하는 이유는 뭘까? 뻔하다. 그들의 출세에 디딤돌이 되기 때문이다. 그 연줄에 의해 인맥이 형성되고 그 인맥은 한 사람의 출세와 승진가도 그리고 물질적 성공의 중요한 수단이 된다. 바로 인맥이 지대추구의 원천이자, 그 자체가 지대가 된다. 그러니 법조인이 출세와 성공에 눈이 멀어버리면 연고에 집착할 수밖에 없는 구조다. 법과 정의가 가장 중시되는 곳에서 이런 부조리하고 불의한 연고주의가 확실한 성공의 열쇠로 작용하고 있다니, 참으로 한심하지 않은가. 이런 이들이 우리의 사법체계를 담당하고 국민을 재단하려 한다니 참으로 역겹기만 하다.

이 점을 훤히 꿰뚫고 있는 삼성은 될성부른 떡잎들을 추수해 자기 사람으로 일찌감치 관리하는데, 그 순서가 다음과 같다고 김용철 변호사는 말한다. 삼성에 영입하거나 관리할 사람이 너무 많은 경우 퇴직한 판·검사들의 "공직 재기용 가능성"을 가장 우선순위로 본다. 나중에 장관, 대법관, 국회의원 등 고관대작이 될 사람들을 집중 관리한다는 것이다. 출신지역이 TK, PK(부산경남), 그다음 명문고와 명문대 출신 순이다(김용철, 2010: 257). 모두 학연과 지연의 연고를 보는 것 아닌가? 지연 중 유독 TK와 PK를 우선순위를 두는 이유는 이 지역 출신이 다른 지역 출신들보다 권력의 꼭대기까지 갈 확률이 훨씬 높다는 사실을 드러낸다. 수십 년간 우리나라에 영남정권이 들어섰기 때문이다. 이러니 출세를 지향하는 법조인들이 출신지 명기를 두고 오락가락할 수밖에 없고, 천하의 우병우 같은 이마저도 출신 고등학교 때문에 열등감을 가질 수밖에 없었던 것이다.

김용철은 삼성에 들어가기 전 검사로 있을 때 법조비리를 수사했는데, 다음과 같이 회고한다.

"알고 보니 [법조비리에] 연루된 자들이 모두 특정 학교 동문이었다. 혈연, 지연, 학연으로 복잡하게 얽힌 인맥은 불법도 합법으로 만드는 힘이 있다(김용철, 2010: 391-392)."

불법도 합법으로 만드는 무서운 힘, 연고주의. 법조계를 혼탁하게 하고 사법체계를 무력화하며, 국기를 문란하게 하는 것이다. 삼성과 같은 재벌은 또한 이를 이용해 자신의 지대를 한껏 취한다.

과연 법조인들은 이 인맥밖에 의지할 것이 없는가? 이 부정하고 불의한 연줄에 의지할 그런 나약한 이들이 과연 우리나라 율사들이란 말인가? 그렇지 않다. 여느 범인들과 달리 우리나라의 율사들은 인맥에서 훨씬 더 자유로울 수 있는 이들이다. 막강한 권력과 그에 상응하는 보상이 주어지기 때문이다. 단 이들이 인맥에 얽매이는 이유는 더 많은 권력과 더 많은 부를 가지려는 탐욕 때문이다. 그들이 탐욕을 무한확장할 수 없도록 법적, 제도적 보완장치를 시급히 마련해야 한다. 아울러 본분을 재인식하는 법조인들의 뼈를 깎는 반성이 필요하다. 학연·지연·혈연의 연고주의 청산이 우리나라 사법계와 검찰의 중대한 과제다.

chapter 08

언론과
교육개혁

권력이 되어버린 언론

삼성 이건희 회장은 1986년 말 정식으로 경영권을 물려받는다. 당시 삼성은 다른 재벌들과 자웅을 겨루는 재벌 중 하나에 지나지 않았다. 그러나 삼성의 내부고발자 김용철에 따르면 2010년 이후 삼성은 정치권력인 대통령도 함부로 대하지 못하는 거대권력이 되었다. 삼성 내부자의 시선으로 봤을 때 삼성이 정부와 사법부, 그리고 입법부 위에서 왕처럼 군림하는 절대권력에 등극했다는 것이다.

그러나 이런 절대권력을 쥔 삼성의 이건희조차도 꼬리를 내리는 곳이 있었다. 언론, 특히 〈조선일보〉다. 2000년 1월 3일, 이건희는 모친 박두을의 소식을 듣고도 상가에 가지 않았다. 당시 이건희는 미국의 텍사스 주 휴스턴에 있는 MD 앤더슨 암센터(MD Anderson Cancer Center)에서 진료 중이었는데, 귀국하지 않은 것이다. 이를 두고 항간에는 설왕설래가 많았는데, 이건희가 재산싸움으로 사이가 틀어진 이맹희를 비롯한 형제들과 한자리에 맞닥뜨리는 것을 꺼렸기 때문이라는 설이 유력하다.

그런데 자기 모친의 상가에도 가지 않던 이건희가 2003년 8월 8일, 〈조선일보〉 사주였던 방일영이 사망했을 때 상가를 직접 방문했다. 게다가 아픈 몸을 친히 이끌고 빈소를 찾은 것이다. 이를 두고 이건희의 측근이던 김용철 변호사는 당시 적잖이 놀랐었다며, "어머니 상가에도 가지 않았던 이건희가 언론사주 상가에는 가는 구나" 하며 "그들만의[부패 기득권세력]의 폐쇄적인 공동체를 묶어주는 끈은 혈육 간의 정이 아니라 권력임을 이건희가 본능적으로 알았던 것"이라고 한마디로 정리한다(김용철, 2010: 235). 이건희가 김용철의 추론대로 언론이 권력임을 본능적으로 알아서 그 자리에 갔는지는 확인할 길 없다. 대신 혈육의 정까지도 포기하는 것이 탐욕에 가득 찬 지대추구 행위자들의 특징이라면, 어떻게 해야 지대를 추구할 수 있는지에 대한 감각은 누구보다 뛰어날 게 분명하다. 대통령 위의 삼성이라는 말이 과장이 아닐 정도의 절대권력을 휘둘렀던 이건희로서도 눈치 보지 않을 수 없는 자, 손잡을 수밖에 없는 자가 곧 언론이며, 그중에서도 〈조선일보〉였다. 그의 상가 조문으로 방증된다.

그렇게 언론 자체가 하나의 권력이 된 상황을 직시한 이건희는 또 김병관 〈동아일보〉 회장의 차남 김재열을 둘째 사위로 맞는다. 지금은 물러났지만 처남 홍석현을 통해 〈중앙일보〉를 사실상 거느리고 있는 마당에 〈동아일보〉까지 혼맥으로 이어놓으면, 이건희의 삼성을 건드릴 자가 대한민국에는 그 어디에도 없다고 봐도 무방하다. 말 그대로 무소불위다(김용철. 2010: 242).

재벌권력 삼성조차도 이처럼 공을 들일 정도로 하나의 막강한 권력이 되어버린 대한민국 언론에 대한 국민적 분노는 지금 극에 달하고 있다. 민주주의 공화국인 대한민국에서 그들이 마치 절대권력을 휘두르는 제왕처럼 군림하고 있기 때문이다. 다음은 〈조선일보〉 직원들의 사주를 향한 용비어천가이다. 작고한 방일영 회장이 1992년에 치른 칠순잔치에서 나온 발언이란다(유시민. 2002: 23).

> 회장님을 남산이라고 부르고 싶다. 남산에 있는 옛날의 중앙정보부와 현재의 안기부 못지않게 회장님이 계신 태평로1가에는 모든 정보와 인재들이 모여들었다. 낮의 대통령은 그동안 여러 분이 계셨지만 밤의 대통령은 오로지 회장님 한 분이었다.

자신들 말로도 '밤의 대통령'이 되어버린 언론권력. 그들은 대한민국에서 무소불위의 절대적 힘을 휘두르고 있다. 많은 사람들이 그런 언론을 구독하고, 접하고 있기 때문이다. 그들은 대중을 손아귀에 휘어잡을 수 있다. 그러나 절대권력은 절대로 부패하고, 망할 수밖에 없다. 재벌도 마찬가지고 언론도 예외가 아니다.

광화문광장을 비롯해 전국의 촛불집회에서 나온 구호 중 하나가 바로 "언론도 공범이다"였다. 언론이 그동안 누렸던 절대권력도 이제 그 종말의 시점이 다가왔다. 사필귀정. 올 것은 반드시 온다. 비록 시간이 걸릴지언정.

마투라카주와 심리적 문맹: 공중에서 대중으로

'마투라카주(matraquage)'라는 불어가 있다. 원래 곤봉으로 머리를 세게 때린다는 뜻인데, 매스컴을 통한 집중 선전과 세뇌라는 비유로도 쓰인다. 언론을 통한 세뇌. 무척 익숙하다. 대한민국 국민은 지난 수십 년간 이것에 사로잡혔기 때문이다.

언론의 마투라카주를 통해 사람들은 '허위의식(false consciousness)'에 사로잡힌다. 허위의식은 원래 마르크스가 만든 개념으로, 계급적 투쟁의식을 자각하지 못한 상태의 의식을 뜻한다. 그러나 여기에서 의미하는 허위의식이란 마르크스적인 계급적 개념을 넘어, 통상 고질병이 되어버린 보통 사람들의 맹신 상태다. 언론에 의한 마투라카주로 맹신 상태에 빠진 대중은, 시쳇말로 "중한 게 뭔지"도 모른 상태에서 주의력을 분산하고 허상을 쫓게 된다.

철학자 리처드 로티(Richard Rorty)는 "때때로 단기간의 유혈 전쟁을 포함한 사이비 사건을 포함한 가짜 사건들을 만일 미디어가 만들어내어 무산자들의 시선을 절망이 아닌 다른 데로 돌릴 수 있다면,

초갑부들은 이 세상에서 거의 아무것도 두려울 게 없을 것이다"라고 말했다(Rorty, 1998: 88). 결국 이런 일이 현실이 되면 승자는 바로 언론을 통제하는 자다. 그리고 그런 자들은 대부분 정치권력자, 거부, 그리고 언론 자체다. 언론을 통해 부패 기득권세력들은 부와 권력, 그리고 세력과 지위를 더욱더 공고히 할 수 있다. 물론 이때 언론의 통제를 받는 대중은 개돼지나 마찬가지로 취급받을 수밖에 없다. 통제하는 대로 따라하게 되니 말이다. 개돼지들은 "아니오"라고 부정할 수 없고 그렇게 하지 않는다. 그러나 인간만이 "아니오"라고 부정할 수 있다. 그러나 개돼지가 되어버린 인간들은 "아니오"라는 말을 하지 못하는, 성대를 거세당한 그런 짐승일 뿐이다.

1920년대 어떤 광고업자가 "비용만 아끼지 않는다면, 어떠한 토픽이든 자유자재로 여론을 조작할 수 있다"고 떠벌렸다. 언론의 힘이 얼마나 강한지 충분히 짐작이 간다(Adams, 1931: 360; Mills, 1956: 315에서 재인용). 언론이 인간에게 미치는 이렇게 지대한 영향을 두고 밀스는, 언론이 그것을 접하는 사람들의 "심리적 문맹 상태(psychological illiteracy)"를 촉진하기 때문이라고 에둘러 설명했다(Mills, 1956: 311). 앞서 언급한, 언론만을 믿는 맹신 상태를 뜻한다. 이 심리적 문맹 상태가 얼마나 무서운 것인지는, 본인이 직접 경험한 것조차도 신문이나 방송매체에서 나오기전에는 믿으려 하지 않는 경향에서 극대화된다(Lippmann, 1922: 1-25, 59-121). 미디어는 사람들의 내면심리 깊숙한 곳으로 침투해 신념이나 감정에 영향을 미친다. 그리고 그것을 고정관념으로 바꾸어버린다. 그렇게 형성된 고정관념은 마치 카메라의

"렌즈"와 같아서, 그것을 통해서만 사람들은 사물과 현상을 인식한다(Mills, 1956: 313). 그 외에는 아무것도 믿지도, 보려고도, 듣지도 않으려 한다. 오직 그 렌즈만으로 사물과 현상을 보고 듣는다. 요즘 유행하는 말로 일종의 '확증편향'이다. 자신이 믿는 것에 대한 의심은 전혀 발동하지 않는다. 자신의 렌즈를 통해 보는 것과 다른 견해를 비치는 사람들의 말은 "그거 언론에 나온 것이냐? 안 나왔잖아. 그래서 난 믿을 수 없어!" 하고 무시한다. 자신이 믿고 싶은 것만 보도하는 언론만 보고 접한다. 만일 그런 것조차 발견되지 않는다면 아예 가짜 뉴스를 직접 생산해내고 유포한다. 오호통재라. 신념의 동물인 인간, 너무 무섭고 그래서 애처로운 동물이다. 오히려 인간에게 신념이 아예 없었더라면 차라리 낫지 않았을까.

이렇게 언론에 의해 의식을 잠식당한 무리를 사회학자 밀스는 대중(the mass)이라 했다. 그리고 그렇지 않은, 즉 그 반대편에 있는 사람들을 공중(the public)이라 했는데, 그는 현대사회의 언론매체가 기승을 부리면서 공중이 사라지고 대중의 시대가 탄생했다고 일갈한다. 밀스의 눈에는 명백한 퇴행이다. 공중의 대중화는 곧 공중이 "적극적인 결정권(power of active decision)"을 강탈당한 채 심리적 문맹 상태에 빠진 것이기 때문이다(Mills, 1956: 301).

공중의 힘은 막강하다. 전제군주인 왕들마저 굴복하게 만드는 여론을 형성하는 주체이기 때문이다. 프랑스의 계몽철학자 루소(Jean Jacques Rousseau)는 "여론이야말로 세상의 왕들의 권력에도 복종하지 않는 세계 최고의 여왕이다. 세상의 왕들은 이 여왕의 첫 번째 노예들이다"라고 공중의 힘을 역설했다(Rousseau, 1960: 73-74). 그런데 우리는 루소가 말한 그 막강한 여론을 형성하는 주체자로서의 지위를 언론에 약탈당한 채, 그들이 주는 정보와 그들이 주는 각종 프로그램에 눈이 멀어 바보 같은 삶을 살아왔다. 언론이 만들어낸 박정희와 박근혜 신화에 감동해 박근혜에게 표를 던졌으며, 박정희 일가에게 무던히도 진득한 믿음을 한없이 부여했다. 무한 애정을 쏟았다.

그러다 이번에 발각 나버린 것이다. 천만다행으로 부패 기득권세력 간에 분열이 일어났다. 언론권력과 정치권력 간의 예기치 않은 알력이 일어, 그동안 그들의 계획적이고 집요한 마투라카주로 세뇌당해 주의력을 분산하고 '개돼지'로 살던 대한민국 국민을 깨우는 단초가 된 것이다. 밀월관계이던 청와대와 〈조선일보〉 간의 분열로 박근혜의 국정농단과 언론권력의 그 더러운 민낯이 세상에 그 모습을 드러냈으니 말이다. 정치·언론·재벌권력 모두 거짓투성이라는 사실이 그 가증스러운 가면이 벗겨지면서 적나라하게 까발려졌으니 말이다. 대한민국에게는 너무나 큰 행운이다. 그야말로 우리가 시도 때도 없이 불러댔던 애국가 가사의 덕을 크게 본 것은 아닐까. "하나님이 보우하사"를 그토록 불러댔으니까.

우리는 언론에 철저히 속았고, 완전히 농락당했다. 그러나 그것이 순전히 언론만의 책임은 아니다. 사기꾼에게 당한 피해자는 일정 부분 넋놓고 당한 본인에게도 책임이 있듯이, 우리 국민에게도 책임이 있다. 우리가 언론에 몸과 혼이 빼앗겨버렸기 때문이다. 책보다

TV드라마를 즐겨 본 죄, 입바른 소리를 내는 신문·방송보다 연예·
오락 등 말초적 재미에 더 집중한 죄다. 그렇게 우리는 우리의 책임
을 다하지 못함으로써 결국 공중이 되지 못하고 대중으로 살아갈
수밖에 없었다. 그래서 믿는 도끼에 발등 찍히듯 우리의 주권을 위
임한 이에게 철저히 농락당했다. 그러니 당해도 싸다.

그러면 이제 우리는 무엇을 해야 하는가. 바로 개돼지와 같은 대
중에서 공중으로 거듭나야 한다. 여론의 주체자로 다시 우뚝 서는
것이다. 기성 언론에 여론 형성을 맡기지 말고 우리 자신이 여론 형
성의 주체자로 적극 참여하는 것이다. 그것이 바로 공중으로 거듭
나는 방법이다. 밀스가 묘사하는 공중의 장대한 모습을 보라(Mills,
1956: 299).

> 모든 권력기관은 지배 여론에 의해 형성되기도 하고 폐지되
> 기도 한다. 그리고 자신들의 요구 충족에 좌절하는 한, 공중
> 은 단지 구체적인 정책들의 비판을 넘어 아예 그것들의 법적 권
> 위의 정당성, 바로 그것에까지 의문을 제기할 수 있다. 제퍼슨
> [Jefferson, 미국의 건국의 아버지]이 말한, 때로는 '혁명'이 필요
> 하다는 말의 의미가 바로 이것이다.

이제 선택은 우리에게 달려 있다. 언론의 마투라카주로 세뇌당한
채 노예와 같은 대중으로 살아갈 것인가 아니면 우리의 주권을 당
당히 실현할 수 있는 공중으로 살아갈 것인가. 그러나 어쨌든 세뇌

도 우리가 그것을 믿을 때까지만 유효하다. 회의가 몰려들면 세뇌
는 더는 공고한 콘크리트가 아니다. 콘크리트를 깨부수고 공중으로
거듭날 것인가는, 전적으로 우리에게 달려 있다.

정언유착: 권력의 언론장악

문재인 대통령은 2017년 3월 21일 MBC 〈100분 토론〉 주관으로
열린 6번째 더불어민주당 당내 대통령후보 경선 토론회에서 공영
방송의 기능을 완전히 상실한 MBC에 직격탄을 날렸다. 그의 말
이다.

이명박, 박근혜 정권이 공영방송을 장악해 국민의 방송이 아
니라 정권의 방송을 만들었다. 그래서 많은 공영방송이 망가졌
는데, MBC는 심하게 무너졌다. 옛날의 자랑스러운 MBC의 모
습이 어디 갔나… 지금 국민은 적폐청산을 말하고 있는데, 적
폐청산 가운데 가장 중요한 분야가 언론적폐다. 공영방송이라
도 제 역할을 했다면 이렇게 대통령이 탄핵되고 아주 중요한 범
죄의 피의자로 소환되는 사태는 발생하지 않았을 것이다… 아
직도 (해직 언론인들이) 길거리에 있다. 승소했지만, 회사가 상고해
놓고 아직도 복직을 안 시키고 있다. 뿐만 아니라 MBC는 이번
박근혜·최순실 게이트도 제대로 보도하지 않고, 지배구조를 개
선하자는 요구에도 불구하고 탄핵 정국 속에서 후기 사장 인사

를 강행했다. 그 이후에는 탄핵반대 집회에 찬성하기도 하고, 또 탄핵 다큐멘터리 방영을 취소했다… 공영방송으로서의 언론 자유와 공공성 회복이 시급하다. 해직 기자의 복직이 즉각 이뤄져야 한다고 촉구하고 싶다. 공영방송은 선거에 개입하지 말고 선거에서 중립성을 유지해야 한다. 나아가 정권이 방송을 장악하지 않고 지배구조를 개선해야 한다고 본다.

권력이 언론을 장악하면 어떤 사태가 펼쳐지는지 일목요연하게 설명하고 있다. 공영방송에 대한 내 생각과 견해와 같다. 정치권력과 재벌권력이 장악하려 애쓰는 가장 중요한 권력 수단은 바로 언론이다. 그들 권력은 언론을 통해 '마투라카주'함으로써 대다수 의식 있는 공중을 끊임없이 대중으로 만들려 한다. 대중은 잠자는 군중이다. '노(no)' 할 줄 모르는 무리다. 이렇게 순종하는 대중을 만들어놓고, 정치·재벌·언론권력은 지대를 추구한다. 모든 것을 농단한다. 간혹 저항하는 불충한(그들 입장에서) 무리들이 등장하면, 권력으로 찍어 누르고 압살한다. 다시 세상은 아무 일이 없다는 듯 조용해지고 그들의 권력은 더욱 강성해진다. 그러면 세상의 산출되는 이익은 모두 그들 차지가 된다. 배는 점점 더 불러지고 세상의 하늘 끝에 다다랐다는 교만함은 하늘을 찌른다. 그런데 문제는 영원한 권력은 없다는 것이다. 특히 절대권력은 절대적으로 부패하기 마련이며, 그 부패함 때문에 그리고 그 교만함 때문에 그 권력은 스스로 무너진다.

이명박·박근혜 정권은 공영방송을 통제해왔다. 그 결과 KBS와 MBC는 정권의 하수인으로 전락한 언론이 되어버렸다. 정치권력과 언론의 유착, 즉 정언유착이다. 그 결과는 무엇인가. 누구도 그들 방송사의 뉴스를 거들떠보지 않는다. 시청자와 국민의 신뢰를 잃어버린 언론, 그 상태에서 그 존재 이유를 찾을 수 있을까. 차라리 사라지는 게 자신들이나 국민들 입장에서 낫다. 괜한 전파 낭비이며 시청료 낭비다. 이와 같이 절대권력이 된 언론, 공영방송은 국민들이 외면을 받는 도깨비 언론이 되어버렸다. 스스로 판 무덤이다. 본분을 망각하면 그렇게 된다. 아무리 떠들어봤자, 콩으로 메주를 쑨다고 해봤자, 국민들은 철저히 외면할 것이다.

그렇다면 정치권력은? 정치권력이 언론을 장악하고 통제하고 철저히 친정권 위주로 방송하고 보도하다 보면 정치권력에게 이로울까? 전혀 그렇지 않다는 것이 이번 박근혜·최순실 국정농단 사태가 증명하고 있지 않은가. 공영방송과 종편이 박근혜를 향해 극진한 용비어천가를 읊어댔지만, 결국 그녀는 탄핵이 됐고 영어의 몸이 되지 않았는가. 박근혜를 두고 "형광등 100개를 켜놓은 듯한 아우라"라는 자막까지 까는 등 남세스럽게 찬양하곤 했으니. 정치권력에 날을 세워 비판하고 견제해야 할 언론이 제 기능을 못하면 이런 결과로 이어질 수밖에 없다.

광장으로 나온 촛불 시민들은 자신들을 속인 언론을 향해 거침없는 비난을 쏟아냈다. "언론도 공범이다!" 사실은 박근혜 부역자들만 쇠고랑을 차서는 안 된다. 언론도 공범이다. 언론도 쇠고랑을 차야 한다. 전파와 지면을 통해 혹세무민한 죄, 그 죄는 심히 중하다. 청산해야 할 우리나라의 적폐는 바로 이 언론에 의해 다량양산된 셈이다. 공중을 압살하고 절대 국민을 대중으로 만들어버리고 자신들의 이익을 추구했던 언론. 언론은 분명 박근혜와 공범이며, 우리가 청산해야 할 적폐다.

공영방송의 박근혜 친위대화는 공영방송의 부조리한 지배구조 때문이다. KBS이사회는 여당 추천 7명, 야당 추천 4명으로 이루어진다. MBC의 방송문화진흥원은 여당 추천 6명, 야당 추천 3명으로 구성된다. 이사회에서 사장을 임명하기 때문에 공영방송은 여당이 쥐락펴락할 수 있다. 대통령이 친위대가 되는 이유다(경향신문, 2016. 12. 13). 박근혜 정권에서는 이사회를 통하지 않고 직접 공영방송 인사에 개입하기도 했다. 공영방송의 제 기능을 회복하려면 이사진의 구성을 합리적으로 개선해야 한다. 그리고 공영방송은 물론 종합편성채널(종편)의 무분별한 막말·편파·오보 방송을 방지하기 위해, 방송통신심의위원회(방심위)의 구성비도 바꾸어야 한다. 지금은 정부·여당 추천 6명, 야당 추천 3명의 위원으로 구성된다. 공영방송의 이사진과 마찬가지로 친정부와 여당 편향적 심의가 이루어질 가능성이 높기 때문이다.

언론이 살아 있어야 나라가 산다. 그리고 국민이 산다. 손석희, 최승호, 이상호 모두 MBC에 몸담았던 언론인들이다. 그들 같은 살아 있는 언론인들 덕에 절벽으로 떨어지던 대한민국이라는 기차가 그나마 벼랑 끝에 걸려 있다. 이런 정론직필의 언론인들이 우리나라의 언론사에 가득 차야 한다. 그런데 그런 이들에게만 여론 형성을 맡길 수는 없다. 국민 전체가 깨어 있는 공중으로 늘 여론 형성에 참여해야 한다. 이른바 메이저 언론에만 치우쳐서는 안 된다는 말이다. 그래서 김어준, 주진우, 김용민, 이완배 같은 잡초 언론인(iron weed journalist)이 마구 나와야 한다. '아이언 위드'는 엉겅퀴 같은 잡초다. 콘크리트와 아스팔트의 틈을 비집고 올라오는 잡초. 이런 잡초 같은 언론인들이 우후죽순 쏟아져 나와서 모든 권력을 향해 나발을 불어대야, 대중이 공중이 될 수 있다. 그래서 저들의 활약이 더욱 대견하고 고맙다. 다만, 김어준에게는 충고 하나 하고 싶다. 잡초가 웬 '총수' 호칭을 달고 있는가? 아무리 반어적이라고 해도 '총수' 칭호는 볼썽사납다. 총수는 재벌권력 쓰레기 총수들에게나 줘버리라. 그대의 기개와 '총수'란 이름은 결코 어울리지 않는다.

서울대 우상화 유감

딱 까놓고 얘기를 시작하자. 대한민국 국민들은 왜 서울대에 들어가고 싶어할까? 고등학문을 한국 최고의 대학에서 배우기 위해서? 천만의 말씀이다. 그게 맞는 말이 되려면 서울대학에는 한국 최고의 교수들만 있어야 한다는 뜻인데, 그건 아니라고 본다. 솔직히 말해, 한국 최고의 교수들은 서울대학보다는 다른 대학에 더 많다. 말인즉슨, 서울대에 간다고 해서 유독 다른 대학에서 배우지 못하는 대단한 지식을 연마하는 것은 결코 아니라는 말이다. 그러니 그런 대답은 솔직하지 못하다.

이에 대한 돌직구식 대답은 서울대학 성낙인 현 총장의 입에서 나왔다. 2017년 서울대 입학식에서 그는 청운의 꿈에 부푼 새내기들에게 찬물을 확 끼얹는, 축사 아닌 축사를 했다. "오늘부로 '서울대'라는 단어를 머릿속에서 지우라"며 그 이유로, "서울대라는 이름에 도취하면 오만과 특권의식이 생기기 쉽기 때문"이라 했다. 이어서 그는 "내게 더 많은 것이 주어지는 게 당연하다는 생각이 생기면, 출세를 위해 편법을 동원하고도 문제의식을 느끼지 못하고 다른 사람을 무시하는 태도를 보인다"고 일침도 가했다.

서울대 구성원이 뽑은 1위 후보를 제치고 박근혜 정권의 간택으로 총장이 되었고, 수익사업 논란으로 반발이 심한 시흥캠퍼스 실시 협약 주역으로 찍혀 '서울대생이 뽑은 최악의 동문' 4위에 오른 성 총장에게 그런 일침을 가할 자격이 있는지는 잘 모르겠다. 어쨌든 그의 발언 자체는 왜 대한민국 국민이 서울대 졸업장을 받고 싶어 안달하는지에 대한 중요한 열쇠를 제시한다.

기를 쓰고 서울대 가려는 이유는, 학문 연마 때문도 아니고 단지 그 간판만으로 모든 경쟁에서 다른 이들을 제치고 영원히 우위를 점유하려는 것이다. 즉 대학 이후의 삶에서 수월한 인생을 보장받기 위해서다. 그들이 노리는 것은 특혜다. 서울대 졸업장으로 얻을 수 있는 엄청난 특혜다. 서울대 우상화는 이 특혜 때문에 비롯된다. 서울대 우상화는 학력이 인맥으로, 선배가 후배를 끌어주는 것으로 더욱 공고해진다. 문제는 그들이 특혜의 수혜를 누리는 만큼 다른 대학 졸업장을 가진 자들과, 아예 대학 근처에도 가보지 못한 이들이 피해를 본다는 점이다. 서울대 졸업생만 누리는 특혜로부터 철저히 배제된다는 것이다. 그렇다면 이미 불평등하고 불공정하며 부조리한 것이다. '서울대공화국'이라는 말은 학벌로 인해 빚어진 적폐, 즉 불공정, 불평등, 그리고 부조리의 정점에 바로 서울대가 위치해 있다는 뜻이다. 대한민국이 학벌공화국이라는 말은 곧 서울대공화국이라는 말과 등치된다. 어찌 '학벌'에 감히 서울대 이외의 잡것들이 들어갈 수 있단 말인가. 재벌에 삼성 말고 다른 기업이 이름을 올리기가 머쓱한 것처럼 말이다.

나는 서울대에 어떤 억하심정도 없고, 서울대 저격수도 아니다. 서울대가 문제가 아니다. 서울대를 보는 국민의 눈, 국민의 고정관념이 문제다. 그래서 우리나라 국민의 눈과 고정관념이 바뀌지 않는 한 서울대 우상화는 계속될 수밖에 없다. 설사 서울대가 폐지된다고 해도 다른 형태로 계속될 것이다. 연세대가, 고려대가, 다른 제3의 대학들이 계속해서 대신 이어받을 것이다. 말하자면 우리나라에서 '서울대'는 사라지지 않을 것이다. 서울대는 관악산 아래 건물에 있는 대학이 아니다. 국민들 마음속에 깊이 박힌 관념이다.

해서 서울대 우상화와 그로 인한 폐단을 청산하는 유일한 해법은 우리들이 가진 신념을 바꾸는 것이다. 근본적인 대학, 그리고 교육에 대한 패러다임(큰 생각의 틀)의 대전환이 필요하다. 특히 우리가 완전히 뜯어 고쳐야 할 것은 바로 경쟁이다. 경쟁 타파가 유일한 해법이다. 잔인무도한 경쟁하에서는 승자독식이 정당화되고, 교육이 지대(불로소득)로 변한다. 우리나라와 같은 나라에서는 대학 자체가, 그중에서도 서울대 자체가 지대가 되었다. 이게 바로 서울대 우상화의 핵심이다. 그러니 서울대의 우상화를 지우려면 서울대에 덧입혀진 지대를 벗겨내야 하고, 지대를 삭제하려면 교육에서 '경쟁'을 과감히 멈추어야 한다. 경쟁은 교육과 학문의 목적을 파행적으로 오도한다. 경쟁은 교육과 학문을 키우지 않고 사라지게 한다. 교육과 학문의 장에서 진리 탐구는 저 멀리 산으로 보내고 오직 경쟁으로 얻는 특혜, 이권만을 위해 교육과 학문을 수단으로 만든다. 명백한 목적전치다. 서울대가 그 본보기다. 서울대 우상화가 계속되는 한, 이 땅에 참다운 교육과 참다운 학문은 실로 요원하다. 그런데 서울대 우상화의 요체는 경쟁이다. 바로 경쟁이 문제다.

경쟁을 없앤 교육, 경쟁을 없앤 학문의 장, 그렇게 입학하는 대학을 만들자고 하면 과격하다는 견해도 따를 것이다. 그러나 고질적인 문제를 해결하려면 웬만한 해법으로는 불가능하다. 우리 교육의 새로운 패러다임의 대전환을 고려할 때, 하랄트 벨처(Harald Welzer)의 이야기는 무척 유용하다. 그는 애초 문제가 발생했던 그 의식 수준에서는 문제를 아무리 해결하려 노력해봤자 결국 허탕이며, 해결하려면 그 수준을 과감히 뛰어넘어 사고하는 것이 지름길이라고 했던 아인슈타인의 말을 빌려 다음과 같이 말한다(벨처, 2010: 353; 번역은 바우만[2013: 85-86]에서 재인용).

위기의 시대에 필요한 것은 전에는 결코 생각해본 적 없는 비전이나, 비전까지는 아니더라도 최소한 발상이라고 할 만한 것들을 찾아내는 것이다. 그러한 비전이나 발상들이 순진한 이야기처럼 들릴 수도 있겠지만, 실제로는 그렇지 않다… 문제들은 애초에 그 문제들을 만들어낸 사고 패턴으로는 해결할 수 없다. 진로를 바꿀 필요가 있으며, 그러자면 먼저 기차부터 정지시켜야 한다.

서울대를 향한 경쟁의 기차를 멈춰야 할 때다. 서울대 입성을 위해 지금도 불철주야 대치동과 전국 학원가에서 무거운 가방을 둘러매고 '혼밥'(혼자 먹는 밥) 하는 초등학생과 중고등학생들을 보라. 애처롭지 않은가. 우리의 아들딸이요, 동생들이다. 분명한 왜곡 현상이다. 혼자 밥 먹으며 방과 후 학원을 전전하는 것이 우리가 진정 원하는 교육인가? 다른 나라 사람들이 보면 도저히 이해하지 못할 이 기이한 현상이 지금 대한민국에서 벌어지고 있다. 그 이유의 정점에 서울대가 있는데, 이대로 내버려둘 것인가? 서울대 졸업장이 무사통과인 마패가 되는 기이한 현상, 그 모든 것이 승자독식을 노린 지대추구 행위가 초래한 사회의 파행적 단면이다. 다수가 어울려 살아야 할 사회의 완전한 왜곡이 빚어낸, 희극 같은 비극이다.

교육에서 경쟁을 제하라

경쟁이 지배하는 교육을 없애버리자. 그렇게 되면 많은 사람이 우려하듯 학생들이 모두 바보가 될까? 아니다. 그렇게 해서 우리나라보다 학력(學力)이 더 우수한 세계 제1의 학력 국가가 있다. 핀란드다. 이 나라의 교육은 다른 서구사회, 특히 우리나라와 같은 경쟁이 지배하는 교육을 완전히 쓰레기통에 처박아버렸다. 이른바 비정통적인 방법을 구사한다. 학교 현장에서 몇 가지 무경쟁시스템을 운영하는데, 그 첫 번째는 숙제가 없다. 학교에서 보내는 시간도 적다. 대신 여러 외국어는 자연스럽게 배운다. 시험에 객관식 문제가 없다. 그리고 국가가 시행하는 어떤 표준화된 시험도 없다. 짧게 요약하면 핀란드 교육이란 자고로 많이 놀리고 많이 생각하게 하는 것이다(Taylor, 2012. 11. 27; Anderson, 2011. 12. 12).

경쟁을 없애버린 이런 교육에는 어떤 장점이 있을까. 지대추구 행위로서의 교육이 사라진다. 교육이 승자독식의 발판이라는 개념 자체가 사라지기 때문이다. 경쟁이 없으니 함께 어울려 사는 공동의 삶이 중시된다. 삶의 여유가 생긴다. 그리고 창의성이 생긴다. 창의성은 여유에서 오는 것이니까.

'오티엄(otium)'은 여가(leisure)라는 말의 라틴말이다. 여기서 나온 영어단어는 '오시오스(otiose)'다. 오시오스는 '쓸데없는' 또는 '게으른'이라는 얼핏 부정적인 뜻이지만, '한가한' 또는 '유유자적한'이라는 긍정적인 뜻이기도 하다. 그런데 모든 창의는 바로 이 오시오스와 오티엄에서 비롯된다. 끝까지 밀어붙이는 경쟁 상태에서는 절대로 나올 수 없다. 한가롭게 산속 오솔길을 등반하거나 푸른 바다를 옆에 끼고 걷는 산책, 잔잔히 흐르는 강변의 벤치에 앉아 하는 독서, 그리고 친구들과의 소박한 음식을 함께하며 나누는 대화 등에서 창의는 나온다. 학원의 형광등 아래서 끝도 없이 풀어대는 문제, 편의점에서 허겁지겁 쑤셔 넣는 '혼밥'에서는 창의란 결코 얼굴을 드러낼 수 없다. 경쟁이 사라진 교육은 곧 여유를 통해 창의력을 증강할 것이다.

덧붙여 만일 이런 무경쟁시스템이 우리나라에 도입된다면 또 어떤 결과가 따라올까? 불평등이 사라질 것이다. 사교육이 사라질 것이다. 무엇보다 세간의 입방아에 오른 법비 등 이른바 헛똑똑이 엘리트를 더는 보지 않는 행운을 얻을 것이다. 경쟁의 끝까지 살아남아 악과 독만 남고, 모든 사람을 하대하는 교만과 어떻게든 책임을 회피하려는 교활을 드러내는 그런 파렴치한 자들을 더는 보지 않게 될 것이다.

사교육시장이 사라진 대한민국. 상상만 해도 홀가분하지 않은가. 이 땅의 부모들이여. 어깨의 짐이 벌써부터 풀리는 기분을 느끼지 않는가. 그런데 사교육시장이 사라지면 어깨의 짐이 덜어지는 이상의 변화가 찾아올 것이다. 지금 이 땅의 부모들이 어린 시절 살짝 경험한 적이 있다. 전두환 정권 시절 전면적으로 과외를 금지한 시절이 있었다. 장수명과 한치록 등은, 과외가 금지되어 교육 기회가 상대적으로 평등했던 그 시절에 학교를 다닌 세대가 다른 세대에 비해 사회적 지위 향상을 더 많이 경험했다는 연구 결과를 내놓았다(장수명·한치록, 2011). 게다가 사교육시장이 사라지면 자녀 양육에 따르는 경제 비용이 줄어 덤으로 출산율도 상승할 것이다. 부동산시장 거품도 꺼질 것이다. 경쟁이 사라지면 따라오는 긍정적 효과들이다.

지금처럼, 우리 교육현장에 똬리를 튼 독사처럼 경쟁이 주된 전술 전략인 상황에서는 "시험에 나오지 않을 질문에 호기심을 느끼지 못하는"(권석천, 2015: 40) 멍청한 주입식교육의 폐해인 바보들만 양산할 뿐이다. 물론 때로는 주입식교육이 필요하긴 하다. 주입식교육만으로도 세계 제1의 스마트폰을 만들고, TV를 만들고, 정말 아니다 싶을 때는 그 매서운 추위에도 광화문으로 촛불을 들고 나오는 의식을 일구었으니 말이다. 주입식교육 없이는, 그렇게 단기간 내 그 많은 사람들이 필요한 지식을 습득해 행동에 옮기기란 불가능하다. 혼군(昏君)을 끌어내리는 것도 불가능하다. 다 나름 조금씩 주입식으로 머리에 주워들은 게 있어서다.

그러나 딱 거기까지만이다. 창의성과는 거리가 멀어지고, 시스템이 정말로 잘못되었다는 사실을 절감하기까지는 묵묵히 눈치 보며 순응하는 한갓 쥐들의 무리가 되고 마니까. 이것을 서양에서는 '쥐새끼들의 경주(rat race)'라고도 한다. 남이 생각하는 대로 한쪽으로만 생각하고 남이 달려가면 그 방향으로만 가게 된다. 그러지 않으면 시험에 통과할 수 없고 맛있는 치즈를 먹기 어려우니, 아무 생각 없이 남들이 하는 대로 냅다 달릴 수밖에. 쥐들처럼. 그 치즈를 손에 넣는 사람들은 그저 성실히 시험이라는 달리기에 통과한 자들이고, 그 대열에서 처지거나 이탈한 사람들에게는 어떤 국물도 없을 테니까. 다른 생각, 제2의 기회라고는 없는 곳, 그런 곳에서 가장 숭배

받는 자는 시험을 잘 본 사람, 점수를 높이 받은 자이다. 그러니 시험에 나오지 않는 질문에 호기심을 느끼지 못하는 게 당연지사. 그 시험을 통과한 자들에게만 승자독식으로 얻은 금빛 찬란한 치즈가 돌아간다. 이런 사회를 전사사회(warrior society), 병목사회(bottleneck society), 또는 '큰 시험사회(big test society)'라고 부른다(피시킨, 2016: 31-33). 그러나 이제 세상은 이렇게 시험만 통과한 자는 살아남지 못하는 사회다. 창의력이 없으면 버틸 수 없는 사회가 이미 도래했다. 구태의연하면 배척되는 세상이다.

시험 통과가 목적인 경쟁의 교육이 벌어지는 곳에서는 기껏해야 "인간에 대해 열량을 소비할 가치를 느끼지 못하는, …수많은 사람을 위기로 몰아넣는" "공허한 눈빛"의 "엘리트"들을 양산할 뿐이다(권석천, 2015: 40). 우리는 이번 박근혜·최순실 국정농단 게이트를 겪으면서 이런 "공허한 눈빛의 엘리트"들을 너무나 많이 목도했다. 그동안 내 자식을 저렇게 만들고 싶었던 속칭 '워너비'들의 민낯을 똑똑히 봤다. 수백 억, 수천 억의 재산, 고관대작의 직위와 권력. 그게 다 무엇이었나? 무슨 의미가 있었나? 자녀들이 저런 인물이 되어 끝내 쇠고랑을 차는, 치욕스러운 범죄자가 되게 하고 싶은가? 아니라면 이제 다 걷어치우자. 경쟁이라는 이데올로기를!

2003년도 노벨문학상을 받은 남아프리카공화국 출신의 소설가 존 맥스웰 쿳시(J. M. Coetzee)의 《어느 운 나쁜 해의 일기》라는 소설에는 다음과 같은 구절이 나온다(쿳시, 2009: 92-93).

세계가 경쟁적인 경제들로 구분되어야 하는 건 그것이 세계의 본질이기 때문이라는 주장은 무리다. 경제가 경쟁적인 관계에 있다면, 그것은 우리가 그런 식으로 세계가 돌아가도록 결정했기 때문이다. 경쟁은 전쟁의 승화이다. 전쟁에는 불가피한 것도 없다. 전쟁을 원하면 우리는 전쟁을 택할 수 있다. 똑같은 의미로 평화를 원하면 평화를 택할 수 있다. 경쟁을 원하면 경쟁을 택할 수 있다. 그 대신 동지적인 협력의 길을 택할 수도 있다.

"전쟁은 불가피한 것이 아니다"라고 번역하고 싶었지만, 어쨌든 경쟁을 버리고 협력을 선택하는 순간 우리는 지금껏 몰랐던 기쁨을 맛볼 수 있을 것이다. 다른 이와 함께하는 기쁨, 다른 이의 아픔을 함께 나누는 데서 오는 기쁨을, 다른 이의 슬픔을 덜어주는 데서 오는 기쁨을 느낄 수 있을 것이다. 그래서 그 기쁨을 누군가는 '공생공락(共生共樂, conviviality)'이라 한다. 내 것을 남에게 덜어주며 함께 나누는 기쁨, 자기 혼자 경쟁에서 승리해 모든 전리품을 비밀금고 속에 넣어둔 기쁨과는 비교할 수 없는 기쁨이다. 영국의 사회학자 바우만은 그런 기쁨을 재발견하자고 강권한다. "무한경쟁이 주는 잔인한 쾌락 대신 지금까지 거의 잊혀 있던 공동 목적을 위한 공생공락, 친목, 협력의 기쁨을 되살리고 재발견"(2013: 84)하자고. 우리 아이들에게 잔인한 경쟁의 승리자가 되도록 계속해서 그 쓸데없는 고생을 시킬 것인가. 아니면 화목의 장에서 여유를 가지며 공생

공략의 기쁨을 맛보게 할 것인가. 기성세대인 부모들은 진지한 선택의 고민을 해야 할 때다.

결단과 합의가 있다면 당장이라도 우리는 교육현장에서 경쟁을 몰아낼 수 있다. 그러면 적어도 지금과 같은 교육지옥, 입시지옥, 사교육지옥, 저출산지옥, 부동산지옥 등은 사라질 것이다. 우리나라의 사회·국가문제는 대부분이 바로 교육에서 비롯되기 때문이다.

교육의 독과점: 신분제사회

나는 '좋은 대학' 혐오자가 아니다. 나는 좋은 대학이 많아야 한다고 생각한다. 다만 서울대공화국이라는 말이 나오는 이 독특한 대한민국의 사회현상은 정중히 거절한다. 교육 및 학문과는 전혀 관련 없는, 관련되어서도 안 되는 독점과 관련되기 때문이다. 어느 나라에고 좋은 대학들이 있지만 우리처럼 유독 한 대학에 독점적 우위를 주고 그 졸업장만으로 실력을 인정해주고, 칭송하며, 그것도 모자라 모든 특혜를 주는 나라는 아마도 없다. 확실히 우리나라의 이러한 현상은 불평등하고 불공정하며 부조리하다. 서울대 우상화가 남아 있는 한 공정과 정의, 평등은 없다.

서울대 우상화 다음 수순은 무엇일까. 우리식으로 재정의되는 공정과 정의가 온다. 서울대 졸업장이 우대받지 못한다면 그 또한 불공정이고 불의이며, 부조리요 역차별이라는 식의, 정의와 공정, 평등에 대한 엉뚱한 재해석이 나온다. 더 큰 문제는 그러한 재정의를 부조리하다며 배척해야 할 국민 대부분이 이를 당연하게 받아들인 다는 것이다. 해방 이후 우리나라는 이러한 전도된 정의와 공정, 그 리고 부조리함 속에 매몰되어 살았다. 심지어 문제가 많다고 생각 하면서도 감내하려 든다. 왜일까? 나도, 그리고 내 자식도 어쩌면 서울대를 갈 수 있다고 생각하니까. 그러면 언제든 그런 특권이 내 것이, 내 자식 것이 된다고 생각하니까 벌어지는 일이다.

산업화가 한창이던 시절 그런 생각은 현실이 될 가능성이 꽤 높 았지만, 이제는 모든 계층의 사람들에게 가능한 이야기는 아니다. 이제는 재력이 있는 집에서 서울대에 갈 확률이 더 높아진 사회가 되어버렸다. "국민은 개돼지" "신분제사회" 운운했던 교육부 고위 관료를 떠올려보라. 서울대 우상화를 두둔하는 자들이 다시 정의 내린 부조리와 정의와 공정, 그리고 평등을 '혹시나' 해서 수긍하는 것은 이제 현실과는 한참이나 동떨어진 생각이라는 사실을 유념했 으면 좋겠다. 마치 빈곤층으로 전락하고 있는 미국 중산층이 아직 도 "나도 곧 부자가 될 수 있어(soon to be rich)"라고 굳게 믿으며, 이룰 수 없는 현실을 직시하지 못하고 있는 것과 유사하다. 자수성가의 꿈, 아메리칸드림은 이미 물 건너간 지 오래다. 우리나라에서도 개 천에서 용 나는 시절은 다 지났다. 물론 그 용이 기껏 김기춘·우병 우 같은 이들이지만, 어쨌든 이제는 용소(龍沼)에서 용이 날 뿐이다. 그러니 개천에서 용이 날 거라는 꿈은 깨시라.

서울대 우상화를 과거 수십 년과 같이 그대로 받아들이고 싶은 사람들이 여전히 존재한다면, 광장에 촛불을 들고 뛰쳐나가 불평등과 불공정, 그리고 부조리의 시정과 척결을 주장하기에 앞서 현실을 제대로 직시해야 한다.

손낙구가 2004년~2006년 3년 동안 서울 시내 일반계 고등학교 졸업생 1000명당 서울대 합격자 수와 2007년 1월 1일 국토해양부 공시가격 기준 '서울시 구별 공동주택 평균 가격' 통계를 비교해 얻은 결론은 매우 우습지만, 한편 슬프기도 하다. 손낙구는 2007년 현재 동네별 평균 공동주택 가격을 기준으로 서울시를 1억대부터 7억 이상의 6개 구역으로 나누고, 권역별 1000명당 서울대 합격자 수를 단순히 계산해보았다. 그 결과는 다음과 같다(손낙구, 2008: 162).

> 서울대 합격은 아파트 가격순이다. 8억대 아파트에 살면 서울대에 28명이 합격하고, 7억대 아파트에 살면 22명, 5억대 아파트에 살면 12명이 합격한다. 4억은 9명, 3억은 8명이 합격한다.

10년 전 이야기지만 지금도 이 결과는 유효하다. 이 모든 것은 사교육비 지출과 이어진다. 그런데 단순히 거주지역의 평균 소득격차에 기인하지 않는다. 가장 중요한 요인은 거주지역의 부동산 가격 상승으로 인한 불로소득의 격차에서 비롯된 사교육비 지출로 이어진다. 현재 불로소득을 현실화해서 주머니에 집어넣지 않더라도, 그만큼 상승한 부동산 가격에 대한 심리적 안정 때문에 소득수준에 걸맞지 않은 사교육비 지출을 감행할 용기와 동기가 충분히 부여된다는 것이다. 실제 통계를 보면, 서울대 합격자 수가 28명으로 가장 많은 강남구의 가구당 월평균 소득은 307만 원으로, 그 수가 적은 은평구 등 7개 구 평균인 236만 원의 고작 1.3배 수준이다. 그러나 한 달 평균 아파트값 상승으로 얻는 불로소득은 강남구가 667만 원으로 하위 7개구 평균 소득인 105만 원의 무려 6.4배에 달한다(손낙구, 2008: 165; 이주호, 2006; 김경근, 2005).

특수목적고는 서울대 우상론자들에게 속고 있는 순진한 국민들에게 더 큰 배신감을 안긴다. 강남권의 일반계 고등학교보다 서울대 등 상위권 대학에 더 많은 합격자를 내는 곳이기 때문이다. 서울시교육청의 자료를 보면 2004~2006년 3년 사이 6개 외국어고와 2개 과학고 등 특목고의 졸업생을 1000명이라 가정하면, 서울대에 96명이 가서 이들 8개의 특목고의 서울대 합격자수가 강남 3개구에 있는 38개 고등학교 합격자수인 62명의 1.5배에 달한다. 또 1000명 중 절반이 넘는 529명이 이른바 'SKY 대학교'에 입학한 것으로 나타난다(최순영, 2006; 손낙구, 2008: 169).

그런데 왜 특수목적고가 큰 배신감을 안긴다는 것인가. 그에 대한 해답을 언론인 권석천이 제시한다. 그는 과거의 경기고가 지고 이제는 새로이 대원외고가 뜨고 있다고 말한다. 그는 2009년판《한국법조인대관》을 근거로 대원외고 출신의 법조인 수는 322명(경기고 441명), 2012년 현재 대원외고가 경기고를 추월했다고 추정했다. 그는 과거 경기고는 전국 각지에서 학생이 충원된 반면, 대원외고는 "계층적 동질성이 매우 강한" 것으로 판단한다(2015: 111). 계층적 동질성이 매우 강하다는 말은 바로 부모의 경제력이 비슷한 학생들이 대원외고에 다닌다는 사실을 에둘러 표현한 것이다. 이 모두를 요약하면, 우리나라의 교육(고등학교·대학교)의 독과점은 예나 지금이나 변함없는 현상이라는 말이다. 단 하나 달라진 점이 있는데, 지금은 과거와 달리 부모의 경제력이 그 독과점을 쟁취하는 데 커다란 요인으로 작용한다.

서울대 우상화는 청산되어야 한다. 그 이유를 요약한다. 첫째, 이제 서울대는 과거와 같이 누구나 들어갈 수는 없다. 해서 재력이 없어도 노력하면 자녀가 서울대에 들어갈 수 있다는 생각은 큰 오산이다. 부의 대물림이 심화하고 있다. 계층 간 이동을 용이하게 했던 사다리로서의 교육, 이제 그 사다리는 부러져버렸다. 둘째, 서울대에 들어간다 해도 현 상태와 같은 우상화가 계속되는 한, 서울대 출신 엘리트들은 괴물로 변해버릴 확률이 너무나 크다. 서울대의 존재 이유가 결코 괴물 엘리트 양산이 아닌데도, 서울대의 우상화가 가속화할수록 그러한 부작용은 더욱 도드라질 수밖에 없다.

셋째, 최근 들어 서울대 졸업에 대한 이점이 점점 사라지고 있는, 너무나 반가운 조짐이 엿보인다. 과거의 고도성장이 멈추고 저성장이 정상화하는 시점에 벌어진 효과다. 서울대 해체와 대학 평준화를 외쳐오던 '학벌 없는 사회'라는 시민단체가 자진 해산했다. 이 단체는 학벌사회가 해체되지는 않았지만, 학벌이 삶의 안정을 유지하기 어려운 상태가 되었다고 그 해산 이유를 밝혔다(연합뉴스, 2016. 4. 29).

저성장이라는 이유로 그 막강한 서울대의 약발이 떨어질 때, 이

때가 절호의 기회다. 지대추구와 승자독식에 세뇌되고, 거기에 한 눈을 팔고 있는 세속적인 국민을 설득하려면, 세속적인 이유도 하나의 방법일 수 있다. 이참에 우리의 교육에서 이 지긋지긋한 경쟁을 몰아내자. 그리고 교육을 정상화하자. 정말이지 이대로는 부모, 자녀, 그리고 대한민국 모두가 피곤하다. 모두가 힘들며 모두가 피해자다. 이 지옥에서 반드시 탈출해야 한다.

정상적이고 인간적인 삶을 회복하려면 바로 교육에서 경쟁을 몰아내야 한다. 잔악무도한 경쟁에서 이긴 승자만이 갖는 재력과 여유를, 골고루 나눠 갖자. 승자독식은 절대로 허용하지 말자. 그것은 우리가 경쟁을 몰아내느냐 아니냐에 달려 있다. 그 첫 단초는 바로 서울대 우상화 없애기다.

그냥 놔두어도 언젠가 괜찮아지리라는 생각, 나의 아이들도 어떻게든 서울대에 갈 수 있고, 가면 그만이라는 안일한 생각으로는 그 무엇도 바뀌지 않는다. 안일함은 낙관주의에서 온다. 독일의 극작가 하이너 뮐러(Heiner Müller)는 낙관주의의 폐부를 찌른다. "낙관주의는 그저 정보의 부족에서 비롯될 뿐이다(Optimism is just lack of information)" 라고. 이대로가 좋다는 낙관주의에 젖어 있는 동안 득 보는 사람들은 극소수다. 나머지 국민에게 돌아가는 것은 없다. 대신 지옥만 있을 뿐이다.

선수치기

뮐러의 말대로 낙관주의는 다분히 정보 부족에서 비롯되는데, 우리나라 국민이 접하는 정보는 그저 악질적인 것이다. 그래서 낙관주의가 팽배한다. 교육에서 주된 정보 제공자는 바로 사교육 업체다. 그러나 이들이 잠재적 소비자인 국민에게 맨 처음 다가가 제공하는 정보는 낙관적이지 않다. 충격과 공포의 정보만을 제공한다. "당신 아이는 현재로서는 대학에 못 간다." 그러나 이 경고의 포로가 되어 겁에 질린 소비자에게는 얼른 말을 바꾼다. "그러나 걱정 말라. 우리가 다 알아서 할 테니 우리에게 맡겨라. 당신 아이의 미래는 우리가 있는 한 창창하다"라고. 그러고 나서 그들은 서울대 우상화의 정보와 거기에 입성하기 위한 정보만을 죽 나열한다. 서울대 우상화에 절어 있는 소비자들의 기존 신념과 확증편향도 동시에 작동한다. 다시 말해 정보 제공자들은 정말로 필요한 정보, 진실된 정보는 절대로 제공하지 않으면서 나름의 지대를 추구하고 승자독식을 추구한다. 다른 한편 소비자들도 똑같이 한다. 그렇게 우리나라 교육의 독과점이라는 병폐는 지속되어왔다.

그러나 진실된 정보, 아니 적어도 현실을 기존과는 달리 해석하는 정보에 귀 기울일 필요가 있다. 바보가 되지 않기 위해서이기도 하다. 또한 오도된 정보를 접하면 서울대 우상화는 계속되고 더욱 공고해지며, 그것을 굳힌 사람들 중 극히 소수만이 그 혜택을 볼 뿐이다. 그러나 이제 앞서 말했듯 우리의 경제 현실이, 그리고 다가

올 미래는 다르다. 과거처럼 서울대 우상화와 교육 독과점과 그것을 통한 지대추구와 승자독식이 병행해 일어날 가능성이 현저히 감소하는 상황이다. 즉 서울대를 비롯한 SKY를 나와도 이제 과거와 같은 열매를 독식할 가능성이 점점 희박해지고 있다. 저성장의 정상화는 독식할 열매마저 그 씨를 말리기 때문이다. 그 희소한 열매는 학벌보다 더한 것이 선점하고 독식할 것이므로. 그런데 이런 정보는 국민들이 접하지 못한다. 간혹 접한다 해도 흘려 넘기며 무시하고 만다. 확증편향, 굳어버린 머리 때문이다. 그러나 낙관주의는 곧 당신을 배신할 것이다.

근거 없는 낙관주의, 확증편향을 과감히 버려야 한다. 그러나 아직도 국민들은 죽은 아들 뭐 만지는 것처럼 쓸데없는 짓을 계속하고 있다. 그리고 기껏 택한 것은 선배들이 톡톡히 재미를 본 구태의연한 전략이다. 이른바 '선수치기(one-upmanship)'다. 사회적 자원의 희소성을 두고 벌이는 경쟁 게임에서 승리하려고 벌이는 치사한 전술 전략이다. 때로는 꼼수 또는 선점 전략으로 달리 표현한다.

그런데 바우만에 의하면 선수치기는 불평등을 전제로 한다(바우만, 2013: 79). 예를 들어보자. 우리나라의 사교육이 바로 대표적인 선수치기다. 사교육은 결국 가진 자들이 싹쓸이해버린다. 각종 대학 입시가 달라질 때마다 승승장구하는 이들은 바로 이런 꼼수와 선점에 능한 자들이다. 이들은 정보를 원하며, 정보는 골고루 분배되지 않는다. 그리고 그 정보의 분배에는 돈의 논리가 반드시 개입한다. 결국 정보를 선점하고 관리 통제할 수 있는 자가 게임에서 승리할 수 있다. 그 근본이 상호약탈과 같다. 다른 이가 실패해야 곧 내가 성공하기 때문이다. 그리고 그 게임에서의 승자가 모든 열매를 독식한다. 그것은 승자독식일 뿐만 아니라 지대추구 행위와도 직결된다. 일단 한번 이 게임에서 승리한 자들은 그것을 이용해 계속해서 불로소득을 편취할 수 있기 때문이다.

우리나라에서 현재 시행되는 학생부종합전형, 논술전형 등의 수시는 그야말로 복불복이자 깜깜이다. 온통 사기다. 이렇게 교육현장이 불투명해지면 지대추구 행위자들이 가장 좋아한다. 그들은 스티글리츠가 말한 대로 "시장의 투명성을 감소"시키는 데 전력을 기울인다. 우리의 대입이 불투명해지면 가장 신나는 것은 이들이다. 시장의 불투명성을 악용해 독점 이익을 취하는 악덕 재벌대기업체처럼, 우리나라의 불투명한 대학입시제도를 사교육 업체와 심지어 대학당국이 악용한다. 그 결과 돈 없으면 학교 못 간다. 불공정하고 불평등이 심화한다.

사기업체가 고위험 고수익으로 이득을 편취하듯 우리 교육도 때문에 이렇게 다 절단 나버렸다. 대학을 붙은 아이들과 떨어진 아이들 모두 자신이 왜 붙고 왜 떨어졌는지 정확히 모른다. 마치 미국의 파생금융상품이 우량 채권과 불량 채권을 마구 섞어 경제 상황을 오리무중으로 만들어버렸듯이 말이다. 결국 이득 본 것은 대학과 사교육시장이고 망한 것은 공교육과 학생, 그리고 학부모들이다.

그 결과 한국은 이제 신분제사회로 변모하고 있다. 신분제사회를 타파해야 할 중차대한 임무를 지닌 교육이 오히려 그 추동체로 작동해버렸다. 로또가 되어버린 각종 수시는 부모의 재력과 학력으로 해결하는 시대가 되어버렸다. 소위 가진 자들에 의해 오리무중인 정보가 사유화되고, 그들은 정보력과 힘으로 재빨리 정보와 이득을 편취한다. 이는 불공정할 뿐만 아니라 불평등의 시발점으로 작용한다(이왕원·김문조·최율, 2016). 부의 대물림. '유전합격, 무전낙오'라는 말이 난무하는 교육현장을 빠져나온 아이들이 세상을 과연 어떻게 바라볼 것인가. 잔뜩 일그러진 모습일 게 뻔하다.

간판따기

그러나 교육을 통한 신분제사회의 조성은 해방 이후부터 이어온 우리의 치욕스러운 교육 현실이다. 자기 대에 대학에 들어갔다는 이유만으로 새로운 신분을 얻는다. 학력이 신분이 되는 시대였다. 결국 그때나 지금이나 대학(특히 서울대)을 나왔다는 신분으로 지대추구를 하려는 것은 변함없다. 이런 곳에서는 대학은 본말이 전도된다. 대학 입학의 목적이 배움이 아니라 졸업장을 따는 데만 있기 때문이다. 속된 말로 '간판따기'가 대학의 목적이 된다. 경제학에서 말하는 '선별(screening)' 개념과 연결된다. 이 개념을 통해 교육을 재단해보면, 교육이란 사람의 능력을 키우는 것이 아니라 그저 능력 있는 사람을 가려내는 수단일 뿐이다. 이러한 교육의 기능이 강화되는 사회를 흔히 '학력사회(credential society)'라고 한다. 학력사회에서는 "학력이 생산성을 높이지도 않으면서 지위와 소득의 결정에 큰 영향력을 행사한다(이정우, 2015: 106)."

그런데 학력사회의 폐단은 여기에 그치지 않는다. 만일 지위와 소득 결정에 학력이 큰 영향력을 미치게 된다면, 즉 가방끈 긴 사람이 노동시장에서 더 유리한 위치를 점유하고 승승장구할 수 있다면 교육에 대한 수요가 과잉될 수밖에 없다. 즉 학력사회가 '학력 과잉사회'로 변모한다. 교육에 대한 수요가 흘러넘치는 세태가 되기 때문이다. 이렇게 되면 사회 전반, 특히 노동시장에서는 어떤 일이 벌어질까? 사회적으로 교육에 대한 과잉투자가 일어나고 결국 특정 직종이 불필요한 과잉학력을 지닌 이들로 채워진다. 이를 '추돌현상 (bumping)'이라 한다. 과거에는 은행창구 일을 상고 출신 근로자가 맡았다면 이제는 대졸 출신이 맡고, 고졸 출신의 근로자를 이전에 중졸자가 하던 일로 계속해서 밀어내는, 마치 자동차 연쇄 충돌 같은 현상이 노동현장에서 발생한다(이정우, 2015: 107).

이처럼 학력사회와 과잉학력으로 인한 추돌현상이 벌어지면, 그 사회의 "자원 낭비가 심할 뿐 아니라 교육이 확대된다고 하더라도 학력 간 불평등은 해소되지 않는다(이정우, 2015: 108)." 학력사회와 과잉학력은 마치 골목상권에 침범한 재벌의 빵집이나 카페 또는 편의점에 비유할 수 있다. 골목상권은 덩치 큰 대기업이 들어올 정도로 규모가 크지 않다. 영세 자영업자들이나 사업할 만한, 그리 화려하지 않은 곳이다. 그러나 덩치에 맞지 않게 재벌대기업이 침범해버리면 어떤 결과가 펼쳐질까? 영세업자들의 피눈물과 한숨만이 남는다. 경제적인 불평등은 심화하고, 그 폐해는 고스란히 국가경제에 악영향을 미친다.

학력과잉사회에서는 학위(증) 즉 간판에 대한 물신숭배 사상이 생긴다(김광기, 2010: 194-195). 나는 이전에 한국 사회에서 존재감을 얻는데 있어 중요한 한 가지 조건으로 '면허증'을 중시하는 세태를 지적한 바 있다. '면허증의 물신숭배(fetishism of the certificate)'라고 이름 붙였다. 어떤 이가 어떤 종류의 면허증을 보유했다면, 우리는 "그가 그만한 자질을 가지고 있는가?"가 아니라 "그가 그 '증'을 가지고 있는가?" 즉 면허증의 소유 여부에만 관심을 집중하는 태세를 가리키는 용어다.

쉽게 예를 들어보자. 우리는 도로에 직접 자동차를 몰고 나와 실제로 운행을 잘할 수 있는가가 아니라, 장롱 속에 고이 모셔두더라도 일단은 자동차운전 면허증을 따기를 원한다. 청년들이 수십 종의 자격증을 일단 따두자고 덤벼드는 것과 같다. 이를 단지 그들의 잘못으로만 치부할 수 없는 이유는, 바로 우리의 문화 속에 깊이 뿌리박힌 그 '증'에 대한 숭배에 일차적 책임이 있기 때문이다. 청년들이야 부모세대가 그렇게 해왔으니 그냥 따라할 수밖에 없고, 또 전쟁터보다 더 치열한 취업전쟁에서 자격증 소유 여부를 따져 묻는 곳이 있으니 별 생각 없이 무턱대고 따려고 드는 것이다.

그러나 어쨌든 이런 세태를 조금 더 파고 들어가보면, 면허증을 숭배하는 사상은 남들보다 앞서기 위한, 일종의 존재감을 드러내려는 '선수치기' 전략의 일환이다. 고만고만한 사람들로 복작거리는 곳에서 남들을 뒤로하고, 두각은 아닐지라도 조금이라도 튀어 보이려면 '증'을 소유하는 것만큼 남는 장사가 없기 때문이다. 우리나라 국민이라면 금치산자가 아닌 이상 죄다 알고 있는 속내다. 존재감, 조금 유식한 말로 해서 '면(체면, face)'을 세우려면 '증' 즉 '간판'만큼 유용한 것은 없다.

우리나라 교육이 이 지경으로 파행에 가까워진 이유도 다 이 때문이다. 우리나라의 초등·중등·고등 교육기관의 각 과정도 사실은 각 단계를 충실히 수료하는 데 의미가 있는 것이 아니라, 오로지 대학 간판을 따기 위한 대학입시 전문기관으로 변모했다. 그렇다면 대학에는 왜 들어가려 할까. 교양을 넓히고 전문지식을 습득하기 위해 가는 이들은 별로 없다. 죄다 대학 졸업장을 따기 위해서다. "대학을 나왔다", 그것도 "어느 대학을 나왔다"라는 이야기에서 우리가 모두 이해하는 바로 그 사태 말이다. 어떤 영화에서 나온 대사라던가? "나 이대 나온 여자야!" 그 말을 정유라도 하고 싶었던 것인가? 이 대목에서 정곡이 찔리지 않을 사람은 거의 없다.

그래서 우리는 그 면허증을 따는 데만 몰두하고 정작 면허증을 따기 위한 자격을 갖추는 것은 상대적으로 등한시한다. 보다 더 큰 문제는 이러한 자격을 갖추기 위한 노력마저도 면허증을 습득하는 순간, 거기서 딱 멈춘다. 마치 어사의 마패처럼 신비스러운 힘을 발휘하는 면허증, 그것을 일단 따낸 마당에 무슨 노력이 더 필요하단 말인가. 면허증을 따는 순간부터 경이로운 힘을 분출하는 마당에, 실력 향상을 더 추구하는 이는 바보 취급을 당한다. 바로 오늘 한국의 상황이다. 그러나 죽어라 공부해 대학을 가도 지쳐서 놀기만

한다. 진짜 공부는 그때부터인데 말이다. 한마디로 요약하면 한국에서 다른 이를 뒤로 따돌리고 존재감을 발휘할 수 있는 거의 유일무이한 전략은 바로 그 줄을 따는 것이다. 그래서 학벌은 거의 신분이 되어버렸다(강준만, 2009; 김부태 1995).

그런데 영국의 사회학자 로널드 도어(Ronald Dore)의 설명을 들어보면, 대학학위에 대한 이러한 물신숭배 현상은 단지 우리나라만의 문제는 아닌 것 같다. 물론 우리나라의 대학간판 중시 현상은 앞서 말했던 체면치레 또는 존재감 부각이라는 한국만의 독특한 문화적 특성에 기인한 것도 사실이지만, 도어가 그의 《학위병(The Diploma Disease)》이라는 책에서 제시한 이유에도 해당한다. 도어는 '학위병'의 발병을 후진국(late development)의 교육과 연관시킨다. 후진국일수록 취업에서 졸업장이 관건이 되며, 그래서 학위 인플레이션의 속도가 빠르다. 이런 경향 때문에 참교육은 뒷전으로 물러나고 시험 위주의 교육이 활개친다(Dore, 1997: 72).

이것이 바로 후진국에서 일어나는 교육의 병폐인데, 도어가 한 말을 찬찬히 음미해보면 우리도 부인하기 어려운 게 사실이다. '학위병'은 확실히 후진국에서 일어나는 후진적인 병이다. 이제 우리나라도 선진국으로 도약한 만큼 과거의 후진성에서 과감히 벗어날 때가 되지 않았을까. 그 후진국병에 이젠 넌더리가 나기 때문이다. 방송국의 아나운서가 어느 학교 출신인지 궁금해서 인터넷을 검색하는 이 나라. 이제는 정말 간판 중시, 이 또한 하나의 적폐로 삼아 깨끗이 청산했으면 한다. 필요 없는 간판은 반드시 내려야 한다.

다시 말하지만 학벌과 관련된 '선수치기'와 '간판따기'조차도 이제는 아무 소용없는 시대가 코앞에 다가와 있다. 학벌이 곧 신분이던 시절도 있었지만, 이제는 부모의 신분이 자녀의 신분으로 그대로 이전되는 진짜 신분제사회로 변모하고 있다. 이런 마당에 언제까지 학벌에 연연할 것인가. 그 학벌을 따기 위해 언제까지 무모한 경쟁을 하려 하는가. 바야흐로 SKY를 졸업해도 실업자 신세를 비켜갈 수 없는 저성장 시대다. 신분이 대물림되는 신분제사회의 척결에 초점을 맞추어야 한다. 이참에 학벌이 신분이던 과거의 적폐도 청산해버리자.

교육부의 시치미

박근혜·최순실 국정농단 사태는 정유라의 이화여대 특혜 문제가 불거지면서 세상에 드러나기 시작했다. 그런데 이 와중에 나를 웃긴 한 가지 소식이 있었다. 교육부가 이화여대를 특별 감사했다는 뉴스였다. 내가 웃은 이유는 특별 감사가 필요한 곳은 바로 교육부라서 그렇다. 교육부는 특별 감사의 주체가 아니라 대상이어야 한다.

이화여대는 2016년 교육부가 시행한 9개 사업 가운데 무려 8개 지원 사업에서 지원 대상으로 선정되었다. 지원액은 180억 원에 달한다. 국내 전체 163개 사립대학 중 5개 사업 이상 선정된 대학이 불과 16개(9.8%)임을 고려해볼 때, 이런 선정은 정상적으로 보이지 않는다. 어떤 야로가 있는 것이다. 박근혜 정권 들어 신설된 6개 신규 지원 사업 모두에 선정된 대학은 이화여대 하나다. 대학특성화사업, 산업연계교육활성화사업, 대학인문역량강화사업, 여성공학인재 양성사업, 고교정상화기여대학지원사업, 평생교육단과대학사업 등이다.

이 또한 정유라의 특혜와 관련한 일종의 보상이라는 의미에서 이화여대와 박근혜·최순실 간 모종의 짬짜미라는 게 박영수 특검의 수사 결과다. 최경희 이대 전 총장을 비롯해 여러 교수들이 이 정유라 특혜 사건과 관련해 구속되어 재판 중이다. 곧 판결이 내려지 겠지만, 이화여대가 교육부 시행 사업 9개 중 8개를 독식한 것이 단순히 박근혜·최순실과의 결탁 때문만은 아니라고 생각한다. 그런 부조리한 일에는 반드시 행동대장이 있어야 하니까. 그 사업 시행의 주체는 바로 교육부다. 아무리 위에서 내려온 지시라 해도, 아무리 영혼 없는 관리라고 하지만 교육부에도 응당 책임이 있다. 부당한 지시는 마땅히 거부했어야 했다. 그리고 그 특혜에 행동대장으로 적극 가담했을 테니, 이번 사태의 진실 규명을 위해서는 교육부를 상대로 특별 감사가 선행되어야 했다. 그런데 아무 잘못 없다는 듯 시치미를 떼며 교육부가 이화여대에 특별 감사를 실시했다니, 저절로 코웃음만 나온다. 철면피가 따로없다.

2017년 1월 초, 대학 재정지원 9개 중 8개를 이화여대가 싹쓸이한 것이 정유라 특혜에 대한 대가라는 의혹에도 불구하고, 교육부는 이화여대에 대해 엄중 처벌과 재정지원 환수는커녕 단 1개 사업에 대해서만 '지원중단' 결정을 내린다. 나머지에 대해서는 '사업비 집행정지'라는 솜방망이 처벌에 그쳤다. 문제는 2월에 그 집행정지가 풀리고 예산은 다시 집행된다는 것이다(경향신문, 2017. 1. 6).

이런 괴이한 행태를 보인 교육부가 대학재정지원사업에 대한 감사원 감사를 받았는데, 그 결과가 예상대로다. 손바닥으로 하늘을 가릴 수는 없는 법. 감사원의 보고서에는 "교육부의 부당개입"이라는 표현이 부지기수로 나온다. "공정성과 투명성 훼손"을 이유로 시정을 요구한 사항만 25건이나 된다. 즉, 교육부가 청와대의 강압에 의해 대학 재정지원한 것이 아니라 자신들 입맛대로, 주체적으로 사업대상자를 선정했음을 방증한다. 교육부는 원래 하던 방식대로 일해오던 차에 박근혜·최순실 압력만 슬쩍 숟가락에 올려서 부역해주고, 그럼으로써 자신들이 그동안 행해왔던 부당하고 부조리한 짓들을 덮으려 한 정황이 포착되었다.

다시 말해 교육부가 청와대와 이대 간 단순한 가교 역할만 담당한 게 아니라, 적극적으로 가담했다는 것이다. 교육부는 특히 산업연계교육활성화 선도대학 사업의 경우, 교육부가 신청 대학들의 "공정한 심판자"가 아니었다고 감사 결과를 발표했다. 탈락한 상명대 본교와 이화여대 중 상명대가 심사 점수가 더 높았는데도 이화여대를 선정, 공정 심사가 의심된다는 것이다. 해서 감사원은 교육부 대학 정책실장의 중징계와 관련자 문책을 요구했다.

그런데 문제는 교육부의 전횡이 이화여대 특혜에만 국한된다는 게 아니다. 교육부가 하는 일이 매사 다 이렇다. 특히 돈으로 대학을 쥐락펴락하려 한다. 일선 대학에 대해 일종의 '슈퍼 갑질'을 행하는 것이다. 그리고 모종의 거래를 하기도 한다. 교육부 퇴직 관피아가 소규모 대학의 총장이나 교수로 가는 게 그 예다. 교육부가 대학으로 장난칠 수 있는 것은 바로 1조 8000억 원 규모로 불어난 재정지원 사업이다. 감사원은 감사보고에서 "교육부가 재정지원을 대학 통제 수단으로 이용하고 있어 대학들이 평가의 공정성과 객관성을 의심한다"고 결론 내렸다(한국경제, 2017. 3. 26).

한마디로 교육부는 국정농단 사태의 공범이다. 교육부의 농단은 단순히 대학재정지원사업에만 국한되지 않는다. 2017년 1월 국공립대 총장으로 추천되었지만 박근혜 정권에서 정당한 사유 없이 낙마한 총장 후보 8명이 김기춘·우병우 등을 겨냥해 특검에 고소장을 제출했다. 내가 소속되어 있는 경북대 총장 후보 김사열 교수도 참여했다. 그는 1위였지만 아무런 이유도 듣지 못한 채 2위인 다른 교수가 임용되는 바람에 뜻을 이루지 못했다. 그런 총장 후보가 5명이다. 방송대는 총장 공석이 30개월째다.

국립대 총장 임명에서도 교육부는 청와대와 국립대 사이에서 야로를 부린 게 아닌가 싶다. 교육부는 이명박 정권 때부터 국립대 총장 선출에 대해 그동안 감 놔라 배 놔라 간섭해왔기 때문이다. 총장 직선제 선출도 간선제로 바꾸도록 강압했다. 돈줄을 틀어쥐고 말이다. 민주주의 사회에서 초등학교에서도 반장을 직접 선출하는데 대학에서 총장을 직접 선출하지 말라는 것은 무슨 말인가. 모두 교육부의 손아귀에 대학을, 교수사회를 틀어쥐겠다는 심산에서 나온 수작들이다. 간선제 총장은 직선제 총장보다 교육부 말을 잘 들을 수도 있고, 수틀리면 교육부 퇴직 관료들이 국립대 총장으로 앉을 수도 있겠다는 계산에서다.

교수들을 일사분란하게 한 줄로 세우겠다는 전체주의적이고 관료적인 발상의 발로. 비판하는 대학 지성인들의 입에 재갈을 물리겠다는 불순한 시도다. 학문의 성격상 그 연구 업적을 전혀 비교할 수 없는 대학교수들을 성과급 연봉제로 한 줄로 세워 차등을 두는 치욕을 안긴 것도 교육부다. 그런 자들이 고등교육인 대학 정책을 좌지우지하고 우리나라 초등교육과 중등교육까지 움직인다. 교육현장을 상업화하고 저질스럽게 만든 것은 바로 천박한 교육행정을 일삼고 있는 교육부다.

교육부야말로 중앙행정부처에서 없애버려야 할 제1의 관료조직이다. 교육부와 교육부 관료가 있는 한 관치교육이 시행될 것이고, 우리나라 교육의 미래는 없다. 보라. 영혼 없는 딸랑이로 박근혜 정권 입맛에 맞는 국정화교과서를 밀어붙이지 않았나. 어느 학교 하나 채택하려 들지 않는 쓰레기 교과서를 만드는 데 혈안이 되었던 교육부. 빨리 해체해야 한다. 우리나라 교육은 시대에 뒤떨어진 비민주적 사고의 결합체인 교육부가 없어져야 새싹이 틀 수 있다. 교육부가 죽어야 우리나라 교육이 산다. 그러면 우리나라가 산다.

PART 3

불평등

소득불평등은 중산층의 공동화뿐만 아니라
민주주의의 공동화 현상까지 가속화한다.
— 브랑코 밀라노비치

chapter 09

소득
불평등

한국의 소득불평등

바우만은 《왜 우리는 불평등을 감수하는가》라는 책에서 "사회적 불평등은 패배한 것이 아니라 오히려 승리한 것처럼 보인다… 이제 사회적 불평등은 스스로를 영속할 수 있는 능력에다 스스로를 선전하고 강화할 수 있는 능력까지 갖추게 되었다. 이제 불평등은 한계를 모르고 하늘까지 치솟을 것이다(Bauman, 2013: 77)"라고 예언했다. 이처럼 사회적 불평등은 전 세계적인 현상이다.

2015년 기준, 우리나라에서 최저생계비 이하로 살아가는 가구는 179만 가구다. 그리고 기초생활보장제도의 혜택을 보는 수급가구는

83만 가구나 된다(오준호, 2017: 49). 보건복지부가 2016년 발표한 바로는 우리나라의 4인 가구 최저생계비는 매월 약 175만 원이며, 1인 가구는 약 65만 원이다(오준호, 2017: 194). 이들보다 생활이 조금 나은 정규직을 포함한 우리나라 노동자 4명 중 3명의 평균 연봉은 4000만 원 이하다(오준호, 2017: 63). 반면, 이렇게 전반적으로 국민 대부분이 소득 여건이 열악한데도, 재벌 일가는 매년 수백억 원에 이르는 주식배당금을 꼬박꼬박 챙기며 고소득을 올리고 있다(오준호, 2017: 63; 민중의소리, 2015).

우리나라 소득불평등을 나타내는 지니계수는 겉으로 드러난 것만 보면 다른 나라에 비해 상대적으로 양호해 보인다. 통계적으로 보면 한국의 소득불평등 OECD국가 중 가처분소득 지니계수가 2012년 0.307, 2014년 0.302로 중간 정도에 위치해 성적이 그리 나쁘지 않기 때문이다(http://www.oecd.org/social/income-distribution-database.htm).

그러나 사회학자 신광영(2017)은 문제가 많은 수치라고 말한다. 그 수치를 도출한 자료에 문제가 많기 때문이다. 통계청은 '가계동향조사'로 표본수(무작위로 조사하는 사람의 수)가 작고 고소득층 포함률이 낮은 조사를 사용하기 때문에 수치의 신빙성이 떨어진다는 말이다. 쉽게 이야기하면, 표본수가 커지면 고소득층의 포함률이 높아질 수 있어서 정확도가 더 향상한다. 그 단적인 예가 바로 표본수가 '가계동향조사'보다 약 2배가량 많은 '가계금융복지패널조사'인데, 이 조사의 수치는 2012년 0.444, 2014년 0.3783, 2015년 0.3814

로 가계동향조사보다 높다. 지니계수는 0과 1사이의 값을 갖는데, 그 값이 1에 가까울수록 불평등도가 높다.

어쨌든 우리나라의 소득불평등은 OECD국가 기준으로는 비교적 양호한 편이지만, 실제로는 통계수치에 드러나지 않은 문제점이 있다는 것만은 일단 짚고 넘어가자. 그 수치에 대한 더 큰 문제점은 뒤에 더 언급하기로 하고, 일단 우리나라의 저임금노동자와 소득상위계층의 사정을 알아보자.

우리나라의 저임금노동자는 안타깝게도 OECD국가 중 최상위그룹에 포진한다. 2014년 현재 23.7%로, 아일랜드(25.1%), 미국(25.0%)에 이어 3위에 위치한다. 노동자 4명 중 1명이 저임금노동자(lower wage worker)라는 말이다. 참고로 저임금노동자의 비율이 최저인 벨기에는 고작 3.4%다(《OECD 저임금노동자 비율》 그래프 참조).

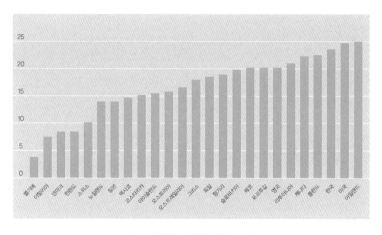

OECD 저임금노동자 비율, 2014
〈출처: OECD〉(https://data.oecd.org/earnwage/wage-levels.htm)

그렇다면 소득 상위계층은 사정이 어떨까? 〈세계의 부와 소득 자료원〉(WID.world)의 보고서(World Wealth & Income Database)에 따르면, 우리나라 상위 10%는 2012년 현재 전체 소득의 45%를 차지하고 나머지 90%가 전체 소득의 55%를 나누어 갖는다. 상위 5%와 상위 1%는 각각 전체 소득의 30.1%, 12.2%를 가져간다.

아래 그래프에서 보듯, 한국의 소득 상위 1%는 1995년을 기점으로 상승세를 보여 2012년까지 소득집중도를 거의 두 배나 올린다. 상위 10% 또한 동기간 중 15.7%포인트의 차이를 보이며 급증하는 모양새를 보인다. 소득불평등의 심화를 한눈으로 확인할 수 있다.

종합해보면, 상대적으로 양호한 우리나라의 지니계수를 무색하

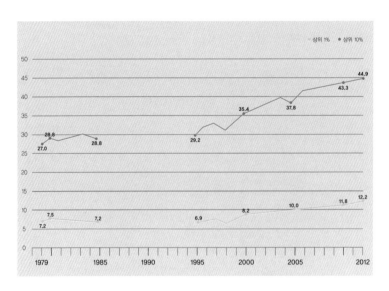

상위 1%, 10%계층의 소득집중도 추이: 1979~1985 & 1995~2012
출처: WID.world, 〈The World Wealth & Incomes Database, 2015〉

게 할 만큼 우리나라의 소득불평등은 심화되고 있다. 저임금노동자의 비율은 OECD국가 중 최상위권에 속해 있을 정도로 높은 반면, 소득 상위 계층의 소득집중도는 계속해서 증가하고 있기 때문이다. 그 결과 양극화는 세계 주요 국가 중 미국에 이어 2위를 차지하는 것으로 나타났다(스포츠경향, 2016. 9. 5).

1대 99가 아니다

〈월 가를 점령하라〉의 구호는 '1대 99'였다. 그러나 나는 크게 잘못 짚은 것이라고 논박했었다. 미국의 불평등은 1대 99의 비율이 아니라 0.01대 99.99의 문제라고. 즉 상위 1% 내에도 엄청난 빈부격차, 즉 불평등이 존재한다. 따라서 미국사회를 상위 1%와 나머지의 대립으로 몰고 가는 것은, 불평등의 현실을 크게 호도하는 것이다(김광기, 2016).

마찬가지로 우리나라의 소득불평등을 1%의 소득집중도와 99%의 그것으로 대변하기란 무리가 있다. 그런데 우리나라의 경우 미국보다 더 큰 문제가 도사리고 있다. 상위 1%내에 공식적으로 잡히지 않는 고소득자들의 소득이 존재한다는 것이다.

첫째, 고소득 전문직이나 자영업자들은 소득을 이런 저런 방식으로 제대로 신고하지 않는다. 그래서 그들의 소득은 정식으로 잘 잡히지 않는다. 말하자면 통계에 나온 소득 1%에 포함되지 않은 고소득자들의 규모를 파악하기 어렵다. 그들이 빠진 소득집중도는 아무런 의미가 없다. 투명성이 결여된 국가의 운명이다.

둘째, 이건희, 이재용같이 보수를 한 푼도 안 받아 간다고 하지만 엄청난 배당금을 타 가는 사람들이 있다. 이들의 소득은 오리무중이다. 이건희가 삼성전자로부터 받은 연간 보수는 0원이다. 그래서 직장의료보험이 아닌 지역의료보험에 가입이 가능하다. 그러나 그는 삼성전자로부터 2016년 배당금을 1371억 원이나 받았다. 아들 이재용의 연봉도 외부에 공개된 적이 한 번도 없다. 2016년 10월 전까지는 비등기임원이었기 때문에 보수 공개 의무 대상자가 아니었다. 그러나 그의 연봉은 안개에 가려 있다. 어떤 것으로 공개할지 아직 정해지지 않았다고 한다. 그가 이건희와는 달리 상근자이기에 어떤 식으로든 급여를 받은 것으로 처리해야 하는데, 아직 미정이란다.

대략 3가지 시나리오가 있다. 하나는 현재 삼성전자 CEO급 등기임원이 받는 보수 추이대로 최소 50억 원 이상, 아니면 5억 미만, 또는 88만 원만 소득신고를 하는 시나리오다. 5억 원 미만으로 하는 이유는 보수 공개 의무를 5억 원 이상 고액연봉을 받는 등기임원까지로 정한 자본시장통합법 때문이다. 그래서 보수 공개를 피하기 위해 5억 원 미만으로 신고한다는 것이다. 88만 원은 단 한 푼도 보수를 받지 않아도 세무사에는 공식적으로 최소 88만 원으로 소득신고를 해야 하기 때문이다(에너지경제, 2017. 2. 6). 세상에 이런 고무줄 소득이 어디 있을까. 이처럼 소득이 안개에 휩싸인 상위 소득계층이 우리나라에 적지 않다는 게 문제다.

모두 의심할 수는 없지만 일단 이재용처럼 미등기임원으로, 보수를 공개하지 않는 재벌대기업의 임원(회장, 부회장, 사장, 전무)들의 소득이 제대로 신고되었을지 일단 의문이다. 이처럼 보수 공개를 회피하기 위한 미등기임원이 최근 증가했다. 등기임원들이 미등기임원으로 전환하는 꼼수를 부리고 있기 때문이다. 자본시장통합법 개정안이 통과된 직후 보수공시 대상 임원을 미등기임원으로 전환한 기업은 100대 기업 중 13개에 달했다. 최태원 SK회장, 최지성 전 삼성전자 부회장, 연제훈 삼성생명 부사장, 정호영 LG디스플레이 전무 등이 미등기임원으로 전환했다(시사오늘, 2016. 9. 2).

이런 문제 외에도 우리나라의 소득불평등을 볼 때 주의해야 할 점이 또 있다. 우리나라의 소득 1%에도 심각한 빈부격차가 존재하기 때문에, 소득불평등을 말할 때 1대 99의 구도로 사태를 파악하지 않도록 주의해야 한다. 3대 그룹 등기 사내이사들의 최근 3개년(2013~2015) 연간 보수 현황을 다룬 다음 그래프를 보자.

삼성전자 권오현 부회장은 연 100억 원, 신종균 부회장 연 80억 원, 윤부근 사장은 연 33억 원의 소득을 올렸다. 현대자동차 그룹의 정몽구는 현대차 한곳에서만 연 56억 원, 정의선은 연 18억 원, 윤갑한은 연 10억 원의 보수를 챙겼다. LG전자의 구본준 부회장은 연 15억 원의 보수를 받았다. 실로 어마어마한 액수가 아닌가. 일반 서민 근로자들로서는 상상하기 힘든 액수다.

월급 7천 810만 원이 넘는 고소득 직장인이 가장 많은 곳은 삼성전자와 김앤장 법률사무소로 최근 조사됐다. 단순 계산으로 연봉 9

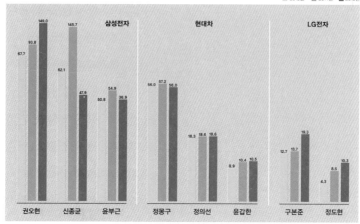

3대 그룹 등기 사내이사 최근 3개년 연간 보수 현황: 2013~2015년
출처: 에너지경제(2017. 2. 6)

억 3천 700만 원 소득자가 삼성전자 151명, 김앤장은 119명이라는 것이다. 국민건강보험공단 자료에 따르면 2016년 12월 기준 건보료 최고상한액 월 239만 원을 내는 납부자는 총 3천 403명으로 집계됐다(연합뉴스. 2017. 2. 13). 이들 3400명은 한 달 수입이 239만 원이 아니라 건보료로 239만 원을 내는 고소득자들이다. 이들 백분율을 전체 인구대비 구해보니 0.0068%이다. 그리고 그 수는 다음 그래프에서 볼 수 있듯 매년 증가하고 있다. 건보료 최고상한액을 책정하는 월소득이 7천 810만 원이니, 연봉이 약 10억 원이 넘는 고소득 직장인이 우리나라에 약 3천 400여 명 존재한다는 것이다. 직장인이 아니라 소득이 제대로 잡히지 않는 이들까지 합하면 이 숫자를 훨씬 능가할 것이다.

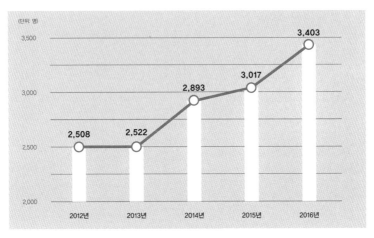

(단위: 명)

3,500 ········ ○ 3,403

3,017
3,000 ········ 2,893 ○

2,508   2,522 ○
2,500 ○────○

2,000

2012년   2013년   2014년   2015년   2016년

월 보수 7810만 원 초과 고소득 직장건보료 가입자 추세: 2012~2016년
출처: 보건복지부/건강보험공단

확실한 결론을 내릴 수는 없지만, 어쨌든 우리나라도 1대 99의 소득불평등 국가는 결코 아니다. 1% 내에도 소득의 격차가 참으로 크기 때문이다. 건보료로 소득이 드러난 3400명에 고소득자들까지 포함해 공식적으로 통계에 잡히지 않은 고소득자 전체를 대략 1만 명으로만 잡아도 인구 대비 비율을 구해보면 0.02%이니 우리나라는 0.02 대 99.98의 사회라고 할 사람도 있을 것이다. 물론 정확한 통계치가 아니니 주의해야 한다. 다만 대략적인 추산이라는 의미다. 미국이 0.01 대 99.99의 불평등 국가이니 우리나라도 소득불평등에 있어서는 그에 버금가는 국가다. 즉 우리나라도 1대 99의 사회가 아니다. 이것은 1억 원 미만의 근로소득 간 격차로 소득불평등을 논하는 자체에 어폐가 있음을 뜻한다.

소득불평등 심화

우리나라의 불평등은 1997년 외환위기 이후 악화되고 가속이 붙었다(장하성, 2015: 19). 경제학자 장하성은 한국의 불평등은 부의 불평등보다 소득불평등에 기인한다고 본다. 그리고 소득불평등은 '고용불평등'과 '기업 간 불균형'에 터한다며, 그 근본 원인으로 재벌대기업을 지목한다(장하성, 2015: 25-27). 장하성은 왜 그렇게 주장할까. 성장의 열매를 대기업이 다 독식하고 국민에게는 돌아간 몫이 없기 때문이다.

그는 국민총소득 중 가계소득이 줄고 기업소득은 그만큼 늘었다는 점을 논거로 내세운다. 외환위기 직전인 1996년에 국민총소득 중 가계소득 비중이 71%였지만 2014년에는 62%로 9%포인트 하락했는데, 반면 기업소득분배 비중은 16%에서 25%로 9%포인트 증가한 사실을 증거로 든다(장하성, 2015: 31). 그렇다고 기업이 늘어난 소득으로 새롭게 투자를 한 것도 아니다. 그냥 저축만 늘렸다.

실제로, 한국은행 발표에 따르면 최근 몇 년간 가계예금 증가액은 감소하는 데 비해 기업예금 증가액은 확대되고 있다. 2013~2016년 사이 기업예금 증가액은 다음 그래프에서 보듯 2013년 7조 7863억 원에서 2016년 35조 4043억 원으로 가파르게 증가했다. 반면 가계예금은 갈수록 하락하고 있다. 기업의 사내유보금도 증가하고 있다. 10대 그룹의 사내유보금은 2016년 6월 550조 원을 돌파해 사상 최대치를 보였다. 그렇다면 투자는? 매우 부진하다.

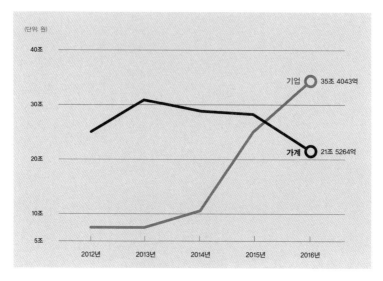

(단위: 원)

40조

30조 ── 기업 ○ 35조 4043억

20조 ── **가계** ○ 21조 5264억

10조

5조

2012년　2013년　2014년　2015년　2016년

예금은행의 가계·기업예금잔액 증가액
출처: 한국은행/경향신문(2017. 2. 14)

2016년 설비투자 증가율은 마이너스 2.4%다(경향신문, 2017. 2. 14). 그런데 사내유보금의 비효율성은 이미 프리드먼(Milton Friedman)이 강조한바 있다. 사내유보금 증가는 기업이 차입을 하지 않는다는 의미이고곧 시장의 위축으로 이어진다. 자본의 선순환이 일어나지 않기 때문이다(장하성, 2015: 167).

불평등을 보는 장하성의 주장을 요약하면 다음과 같다. 우리나라의 불평등은 곧 소득불평등을 뜻한다. 그리고 그 불평등의 원인은 "제조업 대기업과 중소기업의 임금격차"다(장하성, 2015: 172). 그는부의 불평등은 소득불평등보다 비중이 작다고 간주한다. "한국 자본주의가 아직은 극소수의 재벌 가족들을 제외하고는 선진국에서와 같은 자본가 계층의 형성이 뚜렷하지 않기 때문"이란다. 그래서 그는 "한국 사회의 불평등의 근원은 부의 불평등보다는 다른 조건이나 환경에서 찾아야 한다"고 주장한다(장하성, 2015: 191).

장하성의 주장은 일리 있지만 동의하기 어려운 부분도 있다. 첫째, 소득불평등의 원인을 단지 대기업과 중소기업의 임금격차에서만 찾는 것은 무리가 있다. 소득불평등은 단지 업계만으로 국한해서 바라보면 안 되기 때문이다. 소득불평등은 보다 더 큰 조감도로 살펴봐야 한다. 분석의 수준을 기업이 아닌 개인의 수준으로 봐야 한다. 그러면 대기업과 중소기업 근로자 간 임금격차만을 놓고 따졌을 때 놓치는 요소들이 눈에 들어올 것이다. 예를 들면 앞서 언급했듯, 공식적으로 소득이 잡히지 않는 대기업의 미등기임원 총수들이나 극소수의 고소득 전문직이나 자영업자들까지 살펴봐야 할 필요가 있다. 기업체 근로자의 임금격차에만 국한할 경우, 소득불평등을 분석할 때 빠트릴 사람들이 늘어날 수 있다는 이야기다.

둘째, 부의 불평등을 소홀히 여긴 점이다. 우리나라의 불평등은 소득불평등보다 부의 불평등이 불평등 면에서 더 주된 현상이라고 생각한다. 돈이 돈을 버는 것이 바로 부의 불평등이다. 물론 뒤에 보다 더 자세히 다루겠지만, 요지는 최근 소득불평등의 소득최상위 계층은 부동산을 통해 재산을 늘려가고, 그것을 통해 더욱더 불평등이 심화하기 때문이다.

우리나라도 자본이 자본을 재생산하는 단계로 접어든 지 오래다. 예를 들어보자. 골목상권, 즉 카페와 편의점도 이미 재벌에 의해

접수되었다. 결국 돈이 돈을 버는 것이다. 또 다른 중요한 예는 부동산이다. 그런데 장하성은 이른바 '자본가 계층'을 너무 두껍게 생각한 듯하다. 그러니 한국의 자본가 계층 형성이 뚜렷하지 않다는 견해를 갖게 된 것 같다. 그러나 자본가 계층은 결코 두껍지 않다. 미국이나 한국이나 자본가 계층은 극소수다. 재벌총수 일가, 그리고 대기업 고위 임원들, 부동산 자산가 등 말이다. 이들의 재산이 잘 잡히지 않는데도 문제가 있지만, 결국 이들이 한국에서 돈 놓고 돈 먹는 이들이므로, 그 재산을 불평등을 고려할 때 제외한다면, 불평등의 중요한 측면을 놓치는 셈이다.

여기에 요사이 전관예우를 통해 새로이 법비로 등장한 이른바 관변, 재변 법조인들까지 포함시키면 한국의 1%, 아니 0.0068%가 눈에 그려진다. 물론 그들의 삶이 그리고 인물이 별것이 아닌, 모래 위에 지은 집이라는 사실이 이번 박근혜·최순실 국정농단 게이트로 그 민낯을 드러냈지만 말이다. 어쨌든, 그들은 권력이든 정보든 언론이든 무엇이고 다 동원해 결국 부를 아귀처럼 긁어모으고 있다. 그렇게 대대손손 힘들이지 않고 살아갈 수 있는 불평등의 수혜자인 탐욕의 괴물들로 우뚝 서게 되었다.

터널효과

도대체 우리는 얼마나 가져야 충분한가(how much is enough)? 역사학·정치학·경제학·철학 등을 두루 섭렵한 스키델스키(Skidelsky) 형제가 우리에게 돌직구로 던지는 도발적 질문이다. 인간의 탐욕은 한도 끝도 없다. 그런데 신자유주의 시장은 그 탐욕을 한껏 옹호했다. 탐욕을 미화하는 데 그치지 않고 동시에 저런 질문을 제기하는 것 자체를 루저(loser, 실패자)의 푸념과 공상이라 폄훼했다. "자유시장 자본주의 이데올로기는 어느 정도의 돈이라면 '충분함'을 나타낼 수 있다는 생각 자체를 한결같이 적대시했다(스키델스키와 스키델스키, 2013: 75)." 탐욕의 절대화, 즉 "탐욕 없이는 성장도 없고, 성장이 없다면 우리는 공멸할 것이라는 주문"을 이 시대를 사는 모든 사람들이 당연한 듯 외우고 있다(Dorling, 2011: 4). 그리고 "탐욕이 곧 행복을 보장한다(more means happiness)"는 믿음으로 가득한 세상이다(Lawson, 2009: 12).

그러나 절제되지 않는 탐욕은 고삐 풀린 망아지처럼 이권의 바다를 누볐다. 미국을 비롯한 서구에만 국한된 현상이 아니다. 우리나라의 재벌대기업 총수와 그 일가, 대기업의 고위임원들, 그리고 정치권력들, 언론권력들, 사법과 검찰권력들 모두 짬짜미가 되어 더 많은 탐욕을 추구하기 위해, 더 많은 지대를 추구하기 위해, 더 확실한 승자독식을 위해 전력을 다했다. 크리슈나의 수레(juggernaut)처럼 부패 기득권세력이 거대한 한 몸통이 되어 국민들과 서민들을 압도했다.

'가질 수 있을 때 더 많이!' 이것이 저들의 유일한 삶의 목적인가 보다. 박근혜와 최순실도, 이재용을 비롯한 재벌총수들도, 박근혜 정권 부역자들도 죄다 '가질 수 있을 때 더 많이!'를 거침없이 실행했다. 국민들의 한숨과 눈물은 보이지 않았고 오직 자신들의 탐욕만이 보였을 뿐이다. 그들은 그렇게 더 많이 가질 수 있는 것이 당연한 권리라 말했고 국민의 복리에 대해서는 '너희들이 알아서!'라며 외면했다. 물론 국민 각자가 알아서 해야 할 것들도 있다. 그러나 그렇게 할 수 없는 처지에 있는 사람들에 대해서는 정부와 권력자들의 눈길과 손길이 가야 마땅하다. 그러나 부패 기득권세력들은 한 몸통이 되어 아귀처럼 탐욕만 채우고 배만 채웠을 뿐이다. '너희들의 처지는 내 알 바 아니다'라면서….

재벌들의 탐욕을 제어해야 할 정치권력이 되레 그들과 한패가 되어 탐욕을 채우는 데 일익을 담당했다. 그 와중 정치권력의 이권을 챙기는 비열함! 정치권력은 국민의 지갑에서는 어림 반 푼어치도 없이 세금을 꼬박꼬박 징수해 가면서도 재벌에게는 한없이 관대했다. 관대함의 대상이 바뀌어버린 것이다. 우리는 이재용을 위해 우리의 피 같은 돈인 국민연금을 손해 보면서 탐욕의 희생양이 되었다. 최고 부자들은 일반 국민의 복리증진에 기여하든 않든 상관없이 자신들 몫을, 그것도 과한 몫을 받을 권리가 있다고 천명한다. 경쟁에서 승리자가 전리품을 챙기는 것은 당연하다면서. 정치권력은 야합하고 그들 주장에 맞장구를 친다.

그러나 묻지 않을 수 없다. 그들은 도대체 얼마나 가져야 충분하다고 할까? 정치경제학자이자 역사학자인 알페로비츠와 데일리(Alperovitz and Daly)는, 최고 부자들이 그렇게 탐욕을 부려 자기 것을 끝없이 챙길 권리가 없다고 일침을 놓는다. 사람이 얼마나 벌어야

합리적인가를 따지기란 어려운 일이라고 그들은 말한다. "우리가 향유하는 것의 상당량은 이미 과거 수세대에 걸친 선조들의 기여에 바탕한 공짜 선물이기에 그렇다(Alperovitz and Daly, 2009: 97)." 최고 부자들이 엄청난 성취를 이뤘다고 하더라도, 그 성취의 밑바탕은 선조들이 일궈놓은 것들을 기반으로 했기에, 온전히 자신들 힘으로 성취했다고 주장할 수 없다. 따라서 그 성취에 의한 열매를 그들이 모두 독식해서는 안 된다는 게 알페로비츠와 데일리의 주장이다. 무척 설득력 있다.

그러나 이러한 합리적이고 겸손한 생각이 없다면, 그래서 최고 부자들의 탐욕을 무한정 허용한다면 어떤 결과로 이어질까? 불평등이다. 그런데 불평등은 불평등의 피해자에게만 나쁜 게 아니다. 불평등 유발자들에게도 결국 독으로 다가온다. 생각해보라. 최고 부자들도 탐욕을 계속해서 충족하려면 결국 그 피해자가 있어야만 한다. 그것이 전제조건이다. 그러나 만일 불평등이 극에 달해 아예 피해자 자체가 사라지게 된다면, 최고 부자들은 그들의 이익을 어디서 뽑아낼까? 결국 그들의 탐욕 추구도 불가능해진다. 매우 극단적이고 혐오스러운 이야기지만, 이런 맥락에서도 사회적 불평등은 모든 사람들에게 나쁘다. 그래서 바우만은 "사회적 불평등의 냉혹한 현실은, 사회 내의 모든 사람에게, 또는 거의 모든 사람에게 나쁘다"라고 말한 바 있다(바우만, 2013: 28).

경제학자 허쉬맨과 로스차일드(Hirschman and Rothschild)는 '터널효과(tunnel effect)'라는 개념을 만들었다. 경제발전 초기에는 소득분배에서 불평등을 어느 정도는 용인하는 경향이 지배적이다. 그러나 분배의 불평등이 개선되지 않고 지속되는 경우, 어느 시점에 이르면 불평등의 피해 당사자인 국민들의 인내가 폭발한다. 터널효과는 이를 설명한 개념이다.

허쉬맨과 로스차일드는 후진국의 열악한 경제 상황을 터널 속 두 차선에 줄 지어 서 있는 자동차들의 정체현상으로 설명한다. 막 정체가 시작된 터널 속 자동차의 운전자들처럼, 다른 차선의 차가 움직이기 시작하면 곧 자신들의 차선의 차도 움직일 것이라는 기대로 정체를 기꺼이 참는다. 이와 같이 후진국에서 국민들은 경제발전 초기에는 불평등한 분배가 곧 개선되리라 믿고 인내한다. 하지만, 터널 속 다른 차선의 차는 계속해서 이동하는데 자신의 차선만 계속 정체해 있다면 불만이 폭발하듯, 소득에 있어서의 불평등이 시간이 지나도 개선 기미가 전혀 없고 양극화만 갈수록 심화된다면 사회적 불만이 표출할 수밖에 없다. 따라서 사회적 불안정성은 악화된다(Hirschman and Rothschild, 1973: 545).

결국 자기 차선만 움직이지 않아 불만을 표출하면 터널 속을 아비규환으로 만들 수 있듯, 경제적 불평등의 악화 또한 국가나 사회의 대혼란을 야기할 수 있다. 이러한 불평등이 지대추구로 인한 불로소득 그리고 승자독식에 의한 것이라는 인식이 팽배할 경우, 불평등한 분배의 피해자들은 "사회적 불공정에 대한 실망, 소외, 그리고 격노(Hirschman and Rothschild, 1973: 553)"상태에 놓이는 것은 당연하다. 한마디로 이런 상태에서는 불평등의 피해자들이 극심한 '상대적 박탈감(relative deprivation)'에 시달릴 수밖에 없고, 분노를 표출하게 된다.

이처럼 불평등은 종국적으로는 사회구성원 중 어느 한쪽에만 피해를 주지 않는다. 구성원 모두가 피해자가 된다. 나아가 시스템 자체를 붕괴시킬 수 있다. 경제학자 밀라노비치는 이 점을 강력히 경고한다. 밀라노비치는 불평등이 자본주의 자체와 민주주의적 자본주의(democratic capitalism)를 위협한다고 딱 잘라 말한다(Milanovic, 2016: 192). 먼저, 자본주의 자체에 대한 위협은 어떻게 이루어질까? 밀라노비치는 소득불평등이 증가하면 자본주의의 부정적 측면을 노정함으로써, 자본주의의 이념적 우위성을 약화한다고 주장한다. 즉 "극단적인 물질주의, 승자독식의 이념, 그리고 돈과 관련 없는 동기에 대한 경시"가 극성을 부림으로써, 자본주의가 가진 장점을 완전히 없애버린다고 설파한다(Milanovic, 2016: 193).

다음으로 민주주의적 자본주의도 불평등이 심해지면 위협을 받는다. 불평등의 심화로 금권주의(plutocracy)가 성행하기 때문이다. 바로 미국의 예다(김광기, 2016). 정치학자 래리 바텔스(Larry M. Bartels)의 주장에 귀 기울여보자. 미국의 경우 이런 경향은 갈수록 심화하고 있다. 바텔스는 "저소득층 유권자의 여론이 상원의원의 투표 행태에 조금이라도 영향을 끼친다는 점을 뚜렷이 입증할 만한 근거가 없다"고 주장한다. 또한 이런 경향은 중산층에게까지 어김없이 적용된다. 즉 상원의원이 중산층의 이해에 부응하기보다는, 부유층의 이해에 부응할 가능성이 5~6배 더 크다는 사실을 확인시킨다. 상원의원들 자체가 부유층이라는 사실도 일정 부분 작용한다(Bartels, 2005: 28-29). 즉 금수저들이 흙수저의 사정을 이해하지도, 할 수도 없는 한계를 지닌다. 그들은 원래 금수저 출신이기 때문이다. 공주처럼 자란 박근혜가 일반 국민들의 마음과 처지를 헤아릴 수 없듯이. 그래서 우리도 대통령만큼은 금수저 출신을 결코 뽑으면 안 된다. 다시는 속아서는 안 된다. 최고의 엘리트를, 재력가를, 그리고 부모로부터 정치적 후광을 물려받은 사람을 대통령으로 뽑아서는 안 된다. 국회의원들도 마찬가지다. 공직자들도 마찬가지다. 재산이 과하다 싶을 정도로 많은 사람들은 선출직으로든 임명직으로든 고관대작의 자리에 가급적 앉히지 말아야 한다. 어쩌면 역차별적으로 들릴지 모르겠으나 되도록이면 그래야 한다. 그들은 흙수저들의 마음과 처지를 전혀 헤아리지 못하기(원천적으로 어렵기) 때문이다. 그리고 그들은 금수저들의 이익만을 대변할 가능성이 매우 크기 때문이다. 우리나라의 정치·행정 시스템이 그들의 더 많은 탐욕을 충족시키라고 존재하는 게 아니다. 그런 이들을 정치·행정 시스템에서 한 자리 주는 것은 하지 말자. 눈을 크게 부릅뜨고!

다시 밀라노비치의 말이다. 그는 소득불평등은 "중산층의 공동화뿐만 아니라 민주주의의 공동화 현상까지 가속화"한다고 일갈한다(Milanovic, 2016: 194). 중산층의 공동화는 곧 중산층의 소멸을 의미한다. 중산층이 소멸된다면 곧 민주주의의 소멸을 의미한다. 민주주의의 전달자와 담지자(擔智者)는 부자와 권력자가 아니다. 서민이고 일반 국민이다. 곧 중산층이다. 이번 박근혜 탄핵과 구속, 그리고 이재용의 구속으로 확실히 증명된 사실이다. 일반 국민의 힘으로 이뤄낸 것이지, 국회의원이, 판사와 검사가 이뤄낸 것이 아니다. 중산층이, 일반 공중(the public)이 이뤄낸 역사다. 대한민국 민주주의의 역사는 중산층이, 서민이, 일반 국민이 만들어낸 것이다. 민주주의는 이들에 의해서만 작동되고 유지될 수 있다. 그런데 만일 이들이 사라진다면 대한민국에도 민주주의는 사라질 것이다. 대한민국 자체도 사라질 것이다. 밀라노비치는 이 점을 다음과 같이 잘 요약했다(Milanovic, 2016: 194). "중산층은 민주주의와 안정성 유지에 없어서는 안 될 존재이다"라고.

노동조합과 중산층

민주주의의 요체는 바로 중산층이다. 민주주의의 존속 유지를 위해 중산층이 가장 소중한 존재다. 따라서, 먼저 결론부터 말하겠다. 소득불평등을 줄이고 중산층을 살리기 위해서는 노동조합이 활성화되어야 한다. 그런데 우리나라에서는 "눈에 흙이 들어가도 노조는 안 된다"는 삼성의 무노조경영을 필두로 해서, 일반인들이 노조에 대해 갖는 인상은 대체로 부정적이다. 이런 압박 때문인지 우리나라의 노동조합 조직률 추이는 모양새가 매우 좋지 않다.

다음 그래프에서와 같이 우리나라의 노동조합 조직률을 보면, 1977년 25.4%였다가 1980년 21%로 급격히 하강한다. 그 뒤 완만한 하강 국면에 접어들다가 1986년 16.8%로 떨어진다. 그 뒤 1989년

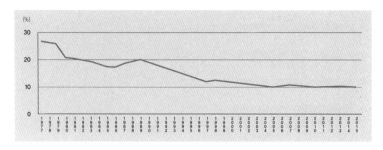

노동조합 조직률 추이: 1977년~2015년
출처: 고용노동부(2016), 〈2015 전국노동조합조직현황〉/통계청
http://www.index.go.kr/potal/main/EachDtlPageDetail.do?idx_cd=2903

19.8%로 잠시 상승세를 타다가 1990년대 11~12%로 급격히 떨어지고, 2000년대 후반에 접어들면서 10%대까지 완만히 하강, 2015년 현재 10.2%에 이르렀다(고용노동부/통계청, 2016).

또한, 한국은 OECD국가 중 노조조직률이 가장 낮은 국가로 악명이 높다. OECD가 산정한 노조조직률은 우리나라 고용노동부가 작성한 수치보다 낮다. 2012년의 경우, 고용노동부는 10.3%로, OECD는 10.1%로 산정했다. 미국(10.8%), 터키(7.0%)와 함께 조직률 최하위권 국가에 위치한다(OECD Trade Union Density, 2017; http://www.oecd-ilibrary.org/employment/data/trade-unions/trade-union-density_data-00371-en).

노조조직률 하락에 대해 미국의 노조조직률 하락과 연결지어 생각해보면, 한 가지 중요한 함의가 떠오른다(김광기, 2016). 다름 아니라 중산층의 하락이다. 왕성한 노조조직률이 곧 탄탄한 중산층 확립을 담보한다면, 조직률 하락은 곧 중산층 몰락을 의미한다. 미국과 한국 모두 예외가 아니다. 두꺼운 중산층을 위한 전제조건으로 왕성한 노조의 활성화를 요구하는 이유다. 노조와 중산층은 떼려야 뗄 수 없는 불가분의 관계다. 해서 노조 없이 중산층은 없다. 1997년 이후 꺾이고 그 뒤 맥을 못 추고 있는 노조조직률, 그것은 곧 중산층의 증발을 의미한다.

노조조직률이 높았던 1987년에서 1990년대 초반까지 노조조직률은 거의 20%에 근접했고, 많이 떨어져봤자 10% 후반대다. 지금은 10%대다. 이것은 무슨 의미일까. 당시 한국의 경제성장률이 높기도 했지만 중산층이 지금보다 두꺼웠던 시기임을 의미한다. 중산층의 두께와 노조조직률의 상관관계가 높다는 것이 우리나라에도 그대로 적용된다는 의미다. 그 시기는 우리나라 중산층의 황금기라 해도 과언이 아닐 정도다. 그러나 노조조직률은 외환위기 이후 1997년을 기점으로 하락세를 타고 현재 10%에 이른다. 외환위기는 곧 우리나라 노동계에는 사형선고나 다름없었다. 각종 노동 악법이 이 시점에 만들어져 시행되고 더불어 노조는 맥아리를 못 추고 쇠퇴한다.

노동자들의 소득불평등과 관련해 노조에 대한 두 가지 엇갈린 평가가 공존한다. 먼저, 시카고학파의 밀턴 프리드먼으로 대표되는 부정적 견해가 있다. 이들은 노조의 활성화가 고임금 집단의 임금을 올리게 되어 임금 불평등을 심화한다는 견해를 피력한다. 노조를 노동시장의 자유경쟁을 방해하는 일종의 "독점조직(union as monopoly)"으로 간주하는 것이다(Friedman, 1951). 반면 하버드학파인 프리맨이나 메도프(Freeman and Medoff) 같은 이들은 "노조는 연대의 정신에 입각해 임금표준화 전략을 추구, 임금 불평등을 감소시킨다"며 긍정적인 평가를 내린다(이정우, 2014: 34-37).

그러나 노조를, 임금상승을 위한 경제적 이익 조직으로만 보아서는 안 된다. 노조는 "경제적 조직"인 동시에 저항의 "목소리"를 내는 "정치적 조직"이기 때문이다. 그래서 프리맨과 메도프는 "모든 것을 고려해볼 때, 노동조합은 사회 경제체계에 해가 되기보다는 그것을 증진시킨다"고 결론짓는다(Freeman and Medoff, 1984: 19).

노조는 불평등 해소의 첨병이다. 그리고 노조의 활성화 여부는 바로 불평등이 얼마나 해소 또는 심화되고 있는지를 가늠할 리트머스 시험지와도 같다. 이런 점에서 스티글리츠는 "강력한 노동조합은 불평등을 감소시키는 데 기여하지만, 쇠약한 노동조합은 최고경영자들이 불평등을 심화시키는 것을 더욱 용이하게 만든다"고 주장하며, 불평등 해소를 위해 강력한 노동조합을 요청하고 있는 것이다(Stiglitz, 2012: 38). 따라서 지대추구를 통해 승자가 모든 것을 독식하고자 하는 불공정 사회에서는 노조야말로 눈엣가시다. 그래서 그들은 어떻게 해서든 노조를 압살하려고 시도한다. 부패 기득권세력은 노조를 말살하기 위해 수단과 방법을 가리지 않는다. 때로는 정치권력(행정부와 입법부)을, 때로는 사법부를 구워삶아 법을 만들고 집행하고 단죄하며 노조를 압살하려고 혈안이 된다. 노동탄압으로 그 이빨을 드러낸다.

이정우(2014: 276-77)는 독재와 노동탄압은 나란히 보조를 맞추어

같이 행동한다고 본다. 그리고 사라져야 할 독재 잔재 청산의 핵심 과제로 바로 노동탄압을 들었다. 매사추세츠공과대학(MIT)의 앨리스 암즈덴(Alice Amsden)도, 우리나라의 고도 경제성장 과정 중 노동자 탄압과 성장의 열매에서 노동자들이 철저히 배제되었음을 신랄히 비판했다. "한국의 중앙정보부[국정원]는 노동문제에 실질적 지배권을 행사하고 있었으며, 고임금·저임금의 구별 없이 노동자는 모두 생명조차 위협받는 탄압을 받고 있었다(Amsden, 1989; 이정우, 2014: 276에서 재인용)." 노동탄압으로 사 측은 이득을 보며 지대를 마음껏 추구하고, 노동탄압으로 노동자는 승자가 모든 열매를 독식하는 세상에서 불공정하고 불의한 방법으로 피해자가 된다. 결국 노동탄압은, 우리 사회의 노동자들을 중산층에서 빈곤층으로 전락시키는 가장 강력한 수단이 된다.

바꿔 말하면, 우리 중산층을 살리려면 노동자 탄압에 대해 결연히 맞서야 한다. 그리고 그 저항과 맞섬은 곧 노조를 통한 연대, 그 길밖에는 없다. 소득불평등을 논할 때 노조조직률을 반드시 거론해야 하는 이유다.

chapter 10

부의
불평등

한국의 부의 불평등

작년 8월 2015년도 국체청 국세통계조기공개자료를 인용한 보도를 보고 몹시 씁쓸했다. 2015년 한 해의 상속재산 신고액이 13조 2천억 원으로 역대 최대치를 기록했다는 소식을 접하고서다. 상속재산가액은 보험금, 신탁재산, 부동산, 유가증권 등 경제적 가치가 있는 물건과 권리를 모두 돈으로 환산해 더한 총액이라는데, 10억 원 이상을 상속받은 사람은 총 4166명이다. 그중 상속재산이 100억 원이 넘는 금수저도 167명이나 된다(경향신문, 2016. 8. 1). 부모가 사망하면 단 한 푼도 물려받지 못하는 사람이 거의 대부분인 우리나라 현실에서, 이런 소식은 많은 사람들을 허탈하게 한다. 부의 불평등이다.

크레디트스위스의 보고서(2014, 2016)에 따르면, 우리나라의 부의 불평등을 가늠할 수 있다. 2000년도부터 계상된 통계치 추이를 보면, 최상위 1%의 부는 가파르게 상승하고 있다. 우리나라에서 부의 불평등이 매우 심각하다는 의미다. 그 정도가 얼마나 심각한지 알아보기 위해서는 다른 나라와 비교해보는 것도 한 가지 방법이다. 미국을 추가해 추이를 살펴보면 다음과 같은 그래프가 나온다.

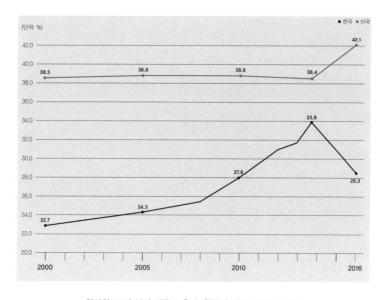

최상위 1%의 부의 집중도 추이, 한국과 미국: 2000~2016
출처: Credit Suisse, 〈Global Wealth Databook〉(2014, 2016: 2015년 통계치 없음)

나라의 전체 부에서 상위 1%가 소유한 부의 비중은 4개국 중 미국이 42.1%로 선두에 서 있다. 미국은 세계에서 둘째가라면 서러울 악명 높은 '불평등국가'라는 별명이 손색없을 정도다. 그 집중도가 40%가 넘는 나라로는 브라질, 중국, 인도네시아, 러시아, 칠레 등이 있다. 그런 미국에 한국은 거의 근접해 있다 해도 과언이 아니다. 2016년 28.3%로 2014년(33.9%)에 비해 5.6%포인트 하락해 잠시 숨을 고르는 듯 보이지만, 과거 15년 동안(2000년~2014년)의 상승세는 숨 가쁘기만 하다. 무려 11.2%포인트나 앙등했으니 말이다. 그만큼 재산에 있어 한국은 심각한 불평등 현상에 몸살을 앓고 있다는 이야기다. 실제로 증가폭은 OECD국가들 중 둘째로 컸고, 불평등 순위는 6위였다. 상위 10%와 5%의 부의 집중도는 각각 58.8%, 47.3%다. 미국은 각각 77.6%, 66.5%로 조사됐다.

앞서 언급했듯이 장하성은 한국의 불평등은 재산불평등보다는 소득불평등이 주된 현상이라고 주장한다(2015: 25). 그래서 불평등을 해소하려면 재산보다는 소득에 초점을 맞춰야 한다고 주장한다. 그에게 집과 같은 부동산은 불평등 분석에서 고려 대상이 아닌 듯하다. 그는 집이라는 것을 소득 창출의 수단이라기보다는 소득의 가장 큰 부분을 쏟아부어야 하는, 일종의 애물단지로 보는 것 같다(2015: 194).

그런데 과연 그럴까? 나는 시각이 조금 다르다. 우리나라에서는 현재 애물단지로 보이는 집도 어느 시점에는 시세차익으로 다가왔다. 게다가 바로 집이나 부동산을 소유하고 있지 않은 사람 사이에 불평등의 기원이 된다. 이것이 바로 부의 불평등이다. 우리나라는 부동산 때문에 재산 격차가 확연해지는 불평등의 나라다. 그것을 기반으로, 자식들의 집을 마련해준 사람과 해주지 못한 사람의 경우, 자식 대에서 재산 격차는 엄청나게 벌어진다. 즉 부는 대물림된다. 또 주택도 주택 나름이다. 지역(예, 강북/강남, 서울/지방 등)차이가 매우 크다. 따라서 부동산을 매각한 후 남은 것은 곧 불평등의 씨앗이 된다. 그로 인한 불평등은 단순히 노동을 통해 얻는 소득의 격차를 훨씬 능가한다.

경제학자 이정우는 이 같은 견해를 제시하는 대표 학자다. 그는 한국의 경우 상속재산의 65%(75%라고 주장하는 이도 있다. 손낙구가 그 예다 [2008: 205])가 부동산이며 국민들 관심도 거기에 꽂혀 있다고 본다. 그래서 부동산 소유가 매우 불평등할 뿐만 아니라 수십 년 동안 땅값 앙등이 지속돼, 부동산으로 인한 부의 불평등은 악화일로에 놓여 있다고 지적한다(이정우, 2015: 278). 손낙구는 대한민국의 "빈부격차는 곧 부동산 격차"(2008: 196)라고 말할 정도다. 왜 이런 말이 나올까? 삼성금융연구소가 2005년 실시한 〈가계금융이용실태조사〉를 보면, 그런 주장이 아주 터무니없다고 반박할 수 없음을 알게 된다. 2005년 현재 재산 상위 20%의 재산은 하위 20% 가구의 20배다. 5배 차이인 소득격차보다 4배 더 많은 것이다(삼성금융연구소, 2006; 손낙구, 197-198에서 재인용).

우리나라 불평등 원인에서 갑중의 갑은 뭐니 뭐니 해도 바로 부동산으로 인한 불로소득이다. 이를 논하지 않고 단순히 매달 벌어들이는 근로소득만으로 불평등을 논한다면, 눈 감고 코끼리 발가락 만지는 것이나 진배없다.

부동산 불패신화

한국의 토지보유 실태는 거의 절망적이다. 한국을 100명이 사는 마을이라고 가정해보자. 그 마을의 반이 사유지다. 그 사유지 중 55%를 주민 1명이 소유한다. 주민 10명이 사유지의 97%, 주민 72명이 사유지의 1%를 나눠 가지고 있거나 어떤 이는 아예 땅이 없다 (남기업, 2014; 오준호, 2017: 148에서 재인용).

손낙구가 정의하는 한국 부동산의 세 가지 문제점은 다음과 같다. 첫째, 너무 빨리, 너무 많이 오른다. 둘째, 서민과 국가경제가 감당하기 어려울 정도로 비싸다. 마지막으로 부동산 상승으로 인한 엄청난 이익을 일부 부유층만 향유해 빈부격차의 주범이 되고 있다 (손낙구, 2008: 24).

그렇다면 부동산은 얼마나 빨리 올랐을까. 먼저, 땅값이다. 1963년도를 기준으로 100으로 놓고 볼 때, 1963~2007년까지 서울 땅값은 1,1176배, 대도시 땅값은 923배 상승했다. 동기간 소비자물가는 43배 상승했다(손낙구, 2008: 25). '수도권 및 서울 땅값 비중 변화'를 나타낸 다음 표에서처럼, 경제정의실천시민연합이 최근 조사한 바로는 1963~2015까지 50년 동안, 서울 땅값은 1,1365배 뛰었고 지방보다 119배 더 올랐다. 국토의 1%인 서울이 전체 땅값의 30%를

구분	1964*	2015**	상승정도	
			상승액	지방 대비
수도권	200	124만 6000	124만 5000	13배
서울	1000	1136만 5000	1136만 4000	119배
지방	100	9만 5000	9만 4000	-
전국	100	23만 3000	23만 2000	2배

(단위: 원/3.3㎡)

*한국은행 공개자료이며, 서울 땅값은 서울 땅값을 서울 면적(전체의 1%)으로 나눈 값
**경실련 추정 땅값을 국토부가 공개한 시·도별 공시면적으로 나눈 값

수도권 및 서울 땅값 비중 변화: 1964년~2015년
출처: 경실련/경향신문(2017. 3. 15).

차지한다. 수도권을 포함하면 64%나 된다.

그리고 과거 50년 동안 국내 땅값(민유지)이 약 4000배(2015년 현재 민유지 땅값: 6704조 원) 급등해 국내총생산(GDP) 증가분의 4배를 넘는 것으로 나타났다. 동기간에 생필품인 쌀값은 45배 증가했다. 땅값의 상승폭이 물가나 GDP에 비해서도 엄청난 수준이다. 그리고 역대 정권에서 가장 땅값이 폭등했을 때는 노무현 정부로, 3123조 원이 상승했다(《정권별 땅값 변화》 그래프 참조 : 경향신문, 2017. 3. 15).

그러나 이 그래프에서 착각을 일으킬 수 있으므로 매우 유의해서 살펴볼 필요가 있다. 자칫 과거 박정희·전두환·노태우 등 군사 독재정권이 상대적으로 부동산 정책을 성공적으로 운용했다는 식으로, 노무현 정권은 잘 못했다는 식으로 평가할 수 있기 때문이다.

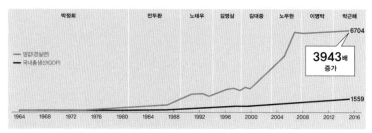

── 땅값(경실련)
── 국내총생산(GDP)

6704

3943배
증가

1559

1964 1968 1972 1976 1980 1984 1988 1992 1996 2000 2004 2008 2012 2016

쌀값(80kg) 1964년 3470원 ⋯→ 2015년 15만 7029원 : **45.2배**
휘발유값(ℓ) 23.65원 ⋯→ 2015년 1510.4원 : **62.8배**

정권별 땅값 변화: 1964년~2015년
출처: 경실련/경향신문(2017. 3. 15).

그런 착각을 일으킬 수 있는 이유는, 경실련이 땅값 상승률을 계산하지 않고 단순히 액수로 계산해서다. 즉 땅값이 비싼 노무현 정부를 필두로 후기 정권을 땅값을 폭등시킨 정권으로 낙인 찍을 수 있다. 그러나 이는 사실을 호도한 것이다(이정우, 2017).

이정우에 의하면 정권별 땅값 상승률은 박정희 정권이 연평균 36.2%, 노태우 21.9%, 이승만 21.6%로 그 뒤를 잇는다. 노무현은 13.9%다. 또한 매년의 생산소득을 100으로 볼 때, 땅값 상승으로 인한 불로소득의 비율을 측정해보면 박정희 정권이 243%, 노태우 111%, 노무현 68% 순이다. 즉 박정희 정권에서 땅에서 얻는 불로소득이 생산소득의 2.4배라는 뜻이다. 땅값 앙등에서 상대적으로 큰 책임은 바로 박정희를 비롯한 독재정권에 상대적으로 큰 책임이 있다(이정우, 2017).

이처럼 땅값이 오르면 그 위에 집값이 상승하고, 세입자인 주민이나 자영업자가 물어야 할 임차료도 상승한다. 주택의 경우, 1988년도에서 2016년까지 서울 강남권(강남·서초·송파구) 아파트 값은 임금상승치의 43배, 비강남권은 19배 올랐다. 강남 아파트값이 10억 오르는 동안 임금은 30년간 고작 2465만 원 늘어났을 뿐이다. 1988년 노동자 평균임금은 월 36만 원(연 430만 원)이었으나, 2016년에는 월 241만 원으로 연 2895만 원이다. 30년 사이 임금이 약 6배 상승했다. 반면 동기간 강남권 아파트값은 10억 6267만 원 올라 임금상승치에 비해 43.1배 폭등했다. 비강남권 아파트값은 4억 6193만 원으로 임금상승치에 비교할 때 18.7배 뛰었다. 열심히 일하는 것보다 은행에서 돈을 빌려 아파트를 사는 게 훨씬 이득이라는 이야기가 된다. 즉 우리나라는 부동산으로 인한 불로소득의 유혹이 큰 나라라는 뜻이다(경향신문, 2017. 3. 6).

이는 자가주택 보유자와 전·월세 임차인들 간 자산 격차가 벌어지는 현상으로도 확인할 수 있는 사실이다. 예를 들어 30년 동안 강남권의 전세와 월세 보증금도 각각 14.5배, 7.6배 상승했다. 경실련은 강남권 아파트 소유자와 무주택자인 전월세 세입자가 단지 아파트 소유 때문에 벌어진 자산 격차가, 전세는 12억 원, 월세는 13억 원이 된다고 보고했다. 또 비강남권 아파트의 경우 각각 전세 7억 원, 월세 8억 원의 자산 격차가 집 때문에 생긴다(경향신문, 2017. 3. 6). 요약하면, 집을 소유하고 있는가의 여부, 가지고 있다면 단독주택인가 아파트인가 서울인가 지방인가의 여부, 또 서울이면 강남인가 강북인가에 따라 자산 격차가 벌어진다((서울 강남과 비강남권 아파트

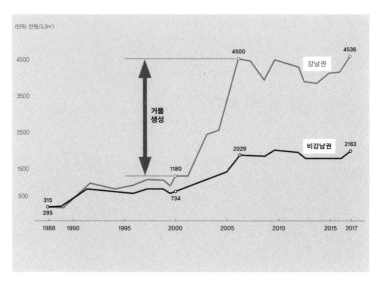

(단위: 만원/3.3㎡)

서울 강남·비강남권 아파트 가격 변화추이: 1988년~2016년
출처: 경실련/경향신문(2017. 3. 6).

가격 변화추이〉 그래프 참조). 이 자산 격차는 노동에 의한 것이 아니라 순전히 불로소득에 의해 양산되는, 매우 불의하고 불공정한 것이다.

우리나라 땅값이 얼마나 비정상적인가는 다음 이야기로 설명이 가능하다. 10년 전인 2008년 기준 우리나라의 땅값은 5천조 원이다. 그런데 이 땅을 팔아 캐나다 땅을 사면 무려 6번이나 살 수 있고, 프랑스를 9번 살 수 있다. 캐나다는 남한 면적의 100배, 프랑스는 5배다(손낙구, 2008: 86). 기형적으로 비싼 한국의 땅값, 어쩌다 이렇게 되었을까. 총 네 차례에 걸친 부동산투기 광풍이 우리나라의 부동산 가격을 세계 최고 수준으로 폭등시켰고, 서울 대 지방, 수도권 대 비수도권, 강남 대 비강남 등 부동산 가격의 지역격차를 크게 벌려놓았다(손낙구, 2008: 46).

부동산: 불로소득과 불평등의 원천

박근혜의 삼성동 집은 1990년 매입 당시 10억 원이었는데, 2017년 약 68억 원에 매각한 것으로 알려졌다. 27년 만에 58억 원의 불로소득이 발생했다. 최순실의 신사동 빌딩은 1988년 매입 당시 12억 6000만 원이었는데, 현재 150억 원으로 추정되어 29년 만에 무려 137억 4000만 원의 시세차익을 챙길 수 있다. 대한민국에서 이만한 지대추구 행위, 즉 불로소득을 올리는 방법을 찾기란 쉽지 않을 것이다.

그렇다. 이렇기 때문에 한국에는 부동산 불패신화가 있다. 죽어라 하고 일해 애써서 벌어 저축해봤자, 부동산을 사서 가만히 앉아 버는 떼돈에 비하면 아무것도 아니니, 너도나도 부동산에 목을 맨다. 그러나 누구나 부동산투기를 할 수 있는 것은 아니다. 어느 정도의 밑천이 있어야 할 수 있다. 아무것도 없는 가난한 이들에게 부동산이란 그림의 떡일 뿐이다.

우리나라 국민 중 땅을 소유한 사람은 1609만 명으로 31.7%다. 나머지 국민 68.3%는 땅이 한 평도 없다. 땅의 소유가 불로소득의 원천이 되면, 땅을 소유하지 못한 사람들은 불로소득 역시 올리지 못한다. 지난 50년간(1964년~2015년) 개인과 법인을 모두 포함해 땅값 상승으로 인한 불로소득은 총 6702조 원이다. 그 상승분 중 상위 1%가 2551조 원(38.1%)을 챙겼고, 상위 5%가 4391조 원(65.5%)을, 상위 10%가 5546조 원(82.8%)을 각각 챙겼다. 다음 그래프에서 2015년만 기준으로 보면, 개인과 법인은 상위 1%가 전체 땅값의 47.7%, 상위 5%는 70.6%, 상위 10%는 83.9%를 차지했다(경향신문, 2017. 3. 30). 개인은 50년 동안 6702조 원 중 65%인 4357조 원을 차지했다. 이 가운데 약 50만 명인 상위 1%가 1545조 원(35.5%)을 챙긴 것으로 알려졌다. 토지 무소유 국민을 포함해 계산하면, 상위 부유층들의 불로소득 점유율은 이보다 훨씬 올라간다(정희남·김창현, 1997; 손낙구, 2008: 65).

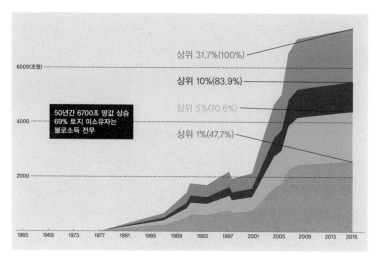

토지 불로소득 증가와 계층별 점유: 1964년~2015년
출처: 경실련/경향신문(2017. 3. 30).

다음 그림 〈가구저축액과 상위계층의 불로소득 비교〉를 보자. 상위 1%가 차지한 불로소득 몫을 1인당 계산해보면 약 33억 4000만 원이다. 3인 가구로 환산하면 약 100억 원의 불로소득을 챙긴 셈이다. 상위 2~5%인 200만 명은 7억 원, 상위 6~10%인 250만 명의 국민은 3억 2000만 원을 차지한 것으로 계상됐다. 상위 1%의 1인당 불로소득은 노동자가 월급을 받아 남은 돈(2015년 기준, 연 1050만 원)을 무려 318년 동안 꼬박 모아야 하는 돈이다. 죽었다 깨어나도 월급쟁이가 생활하고 남은 여윳돈을 저축해도, 상위1%가 불로소득으로 챙긴 돈을 따라잡기가 불가능하다는 이야기다(경향신문, 2017, 3, 30).

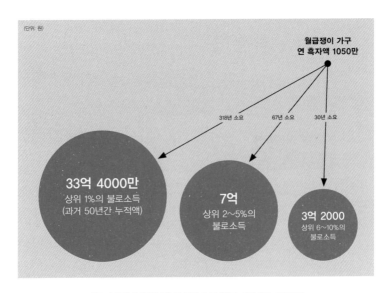

가구저축액과 상위계층의 불로소득 비교: 1964년~2015년
출처: 경실련/경향신문(2017, 3, 30).

특히 국민들은 땅보다는 아파트를 통해 불로소득 올리기에 열을 올렸다. 한국은 아파트공화국이라는 이야기가 이 때문에 나온다. 일반 주택보다는 아파트에서 불로소득 올리기가 더 쉽기 때문이다. 2003년 당시 행자부가 발표한 주택소유통계를 보면, 2003년 기준 과거 6년 동안 전체 집값이 폭등해 발생한 불로소득의 60%는 집을 2채 이상 소유한 자들에게 돌아갔다. 그중에서도 아파트 소유자들이 불로소득을 더 많이 챙겼다. 동기간 동안 불로소득의 26%는 아파트를 2채 이상 가진 사람들이 차지했다. 물론, 강남 3개 구의 불로소득은 다른 지역에 비해 더 많다. 아파트를 1채 가진 사람은 평균 3억 8359만 원을, 6채에서 20채씩 가진 사람들은 평균 29억 2167만 원의 불로소득을 챙겼다(손낙구, 2008: 65-66). 이러니 대한민국에서 아파트투기가 없을 수 없다. 돈에 조금이라도 여유가 있는 사람들, 아니 은행이자를 갚을 여력만 있다면 이 지대추구의 장에서 탐욕의 눈을 번득이지 않을 리 만무하다.

이 책의 본론에서 이야기한 불공정과 부조리 그리고 불평등이 우리나라에서 발생하는 원인으로 지목한 지대추구 행위와 승자독식이, 저 위의 정치권력이나 기득권세력들에서만 벌어지지 않는다는 의미다. 물론 부동산으로 인한 불로소득은 저절로 일어난 것은 아니다. 그 주범은 부동산을 통한 지대추구의 기획자들과 협업자들이다. 부동산은 결코 저절로 폭등할 수 없다. 뚜렷한 목적을 갖고 가격을 끌어올리는 작전 세력이 있고, 뒷받침하는 장치와 시스템이 작동한 협업의 결과다. 그동안 한국 사회에서 발생한 여러 차례의 "투기는 막대한 투기자금 조성, 투기 규제장치 완화, 경기부양 개발정책이라는 동일한 조건에서 일어났다"고 요약된다(손낙구, 2008: 87). 투기의 주범으로는 재벌·관벌·정치권·보수언론·관변 학자 등이 "부동산 5적"으로 꼽힌다(김헌동·선대인, 2005: 박태견, 2005: 손낙구, 2008: 74에서 재인용).

그런데도 부동산 5적이 만든 부동산 불패신화에 일반 국민도 함께 부화뇌동하며, 부동산이 없는 사람은 취할 수 없는 지대(불로소득)를 추구하고 독식해, 가진 자와 아닌 자 간 불평등이 심화했다. 불평등·불공정·부조리의 원인으로 지적했던 연줄이 여기서도 어김없이 작동한다. 학연·지연·혈연 등의 연고를 통해 부동산 개발에 대한 정보들이 연줄을 타고 은밀하게 전달되기 때문이다. "부동산에 울고 부동산에 웃는 나라, 직업과 노동소득보다는 부동산을 중심으로 한 자산소득이 불평등의 잣대가 되는 사회, 즉 부동산 계급사회"(손낙구, 2008: 8)인 우리나라에서 정보는, 결국 경제적 사다리를 타고 상층으로 올라가는 관건이다.

주식시장이 폭등해 돈을 벌었을 경우 자본이득(capital gains)이라 한다. 이것도 분명 소득이다. 그러나 이론적으로는 소득인 자본이득을 각국의 소득 통계에서는 거의 제외시킨다. 우리나라의 경우 주식가격의 시세차익에서 오는 자본이득보다 토지가격의 폭등으로 인한 자본이득이 더 크다. 이정우는 부동산으로 인한 불로소득이 과세되고 있지 않음을 한탄한다.

"우리 주위에는 아파트 하나 잘 사서 수억 원을 번 행운아들을 종종 볼 수 있다. 그러나 이 사람들의 자본이득은 좀처럼 소득으로 파악되지 않는다. 우리나라에서는 막대한 자본이득이 소득으로 포착되지 않고, 제대로 과세되지도 않고 있다(이정우, 2015: 46)."

아무런 대가나 노동 없이 얻은 불로소득은 마땅히 환수해야 한다. 그대로 방치할 경우 경제체제와 사회체계의 심각한 파행을 초래하기 때문이다. 부동산으로 인한 불로소득 추구가 만연하면 근로의욕이 상실되고, 저축의 무용성, 과시소비, 그리고 상대적 박탈감과 심각한 사회적 불평등을 낳는다. 사회에 막대한 폐해를 주는 이 불로소득에 대한 환수장치가 제대로 마련되어 있는지에 대한 여부로, 그 사회의 건전성과 안전성을 가늠해볼 수 있다.

그러나 아쉽게도 우리나라는 부동산으로 인한 불로소득의 환수장치가 고장난 상태다. 손낙구가 분석해본 바로는 1980년~2001년 사이, 즉 21년 동안 땅값 상승으로 인한 불로소득 1284조 원에 대한 환수 총액은 총 113조 원으로, 불로소득 대비 약 8.8%에 불과하다. 환수총액에 포함시킨 이전과세와 취득과세, 그리고 토지부담금 중 불로소득 환수 수단으로 간주하기 어려운 취득세 등 이전과세를 제외하면, 환수 수준은 6.1%로 하락한다. 그마저도 시장가격이 아닌 공시지가로 매긴 것이니 시장가격에 맞추면 환수 수준은 턱없이 떨어진다(손낙구, 2008: 62-63).

2006년 통계청이 전국 9300가구를 대상으로 실시한 〈가계자산 조사〉 결과는 우리나라의 부자와 빈자의 경계가, 바로 부동산 소유 여부로 갈라지는 현실을 드러낸다. 부자와 빈자의 격차는 금융자산이 12.1배, 부동산 재산은 무려 23배나 되었다. 이를 두고 손낙구는 "부자가 부자인 이유도 부동산이 많아서이고, 가난한 사람이 가난한 이유도 부동산이 없어서"라고 일갈했다(손낙구, 2008: 201).

재벌 및 기업들의 땅장사

삼성의 내부비리를 외부에 폭로한 김용철 변호사는 이건희 회장이 늘 집에서 일했다고 회고한다. 이건희가 주재하는 사장단 회의는 삼성 본관이 아니라 이태원동에 있는 집무실에서 열었는데, 그 회의 때마다 이건희가 늘 부동산에 관심을 보였다고 한다. 이건희는 자신 명의, 또는 차명으로 부동산을 많이 소유했다. 또 회사 명의로 보유한 부동산도 많다. 그런데 그 어떤 경우든 보유한 부동산 매각을 몹시 꺼려 했다고 김용철은 전한다. 부동산을 오래 갖고 있어도 전혀 손해 볼 일 없다는 판단에서였다고 한다. 이건희는 부동산의 불로소득에도 감각이 뛰어났던 모양이다(김용철, 2010: 255).

1982년~1991년 사이 국내 기업의 연구개발 투자비는 약 15조 2000억 원이었다. 반면 토지구입비는 17조 8000억 원이었다. 이것도 문제지만, 투기가 극성이던 1989~1991년 사이로 국한해보면 연구개발 투자비와 토지구입비는 각각 8조 3000억 원, 11조 9000억 원이다. "기업들이 저달러·저유가·저금리의 3저 호황으로 얻은 이윤의 상당 부분을 기술 개발 등 생산 부문에 쓰지 않고 부동산을 사들이는 데 썼다는 뜻이다"(손낙구, 2008: 72). 그중 선봉에는 역시 재벌대기업이 있다. 1985~1988년 사이 삼성·롯데·기아·금호·두산 등 5대 재벌은 부동산 매입 이외에는 5334억 원을 썼지만, 부동산 구입에 2조 2783억 원을 썼다. 생산 부문의 무려 4.3배를 부동산에 투자한 것이다(손낙구, 2008: 72).

국세청과 안전행정부, 그리고 김영주 의원의 분석에 따르면, 2008~2014년도 사이 6년 동안 부동산 보유금액 상위 1% 기업(1549개 기업)이 소유한 부동산 가격은 2008년 545조 원에서 2014년 966조 원으로, 77%가량 앙등했다. 전체 기업의 보유부동산 금액도 2008년(약 11만 개 기업) 791조 원에서 2014년(약 15만 5천개 기업) 1267조 원으로 불어나 60% 증가했다. 이 기간 중 상위 10개 기업의 보유 부동산 가격은 266조 원 늘어나 무려 147% 폭증했다. 2008년 상위 10개 기업 소유 부동산은 180조 원이었으나 2014년에는 448조 원(공시가액은 369조 6602억 원)에 달했다. 또 상위 10개 기업의 주택 보유 금액은 7조 8천억 원이었다. 다음 표와 그림에서 1996년 대비 2014년 토지보유현황을 살펴보면, 상위 10위에 있는 대기업들은 면적과 토지공시가격 총액 면에서 각각 모두 약 15배가 늘었다(뉴스타워, 2016; 한겨레, 2016).

이 모두 마치 중이 염불보다 잿밥에 더 관심이 많듯, 기업이 본연의 사업보다는 쉽게 그리고 더 많은 이윤을 남길 수 있는 부동산투기에 관심이 꽂혀 있다는 의미다. 기업의 부동산투기를 제어할 방안 강구가 시급하다.

1996년				2014년 ★법인명 미공개	
순위(가액 기준)	면적(㎡)	㎡당 가격(원)	가액(원)	순위	면적 및 가액
1 동아건설산업㈜	2469만9067	32만1020	7조9289억800만	1 ?	
2 선경건설㈜	1101만8789	61만7329	6조8022억2100만	2 ?	
3 삼성종합화학	1855만2851	10만9121	2조245억600만	3 ?	면적 19억1022만 9816㎡
4 한국국토개발㈜	4022만593	3만9973	1조6077억6400만	4 ?	
5 삼성생명㈜	131만547	115만3317	1조5114억7700만	5 ?	
6 ㈜대우	379만9269	33만0635	1조2561억7300만	6 ?	
7 ㈜유공	849만9145	13만6820	1조1628억540만	7 ?	
8 현대자동차㈜	1062만4598	8만3251	8845억900만	8 ?	1~10위 합계 369조 6602억 원
9 현대중공업㈜	805만7064	10만8932	8776억7900만	9 ?	
10 삼성전자	360만7230	22만6554	8172억3300만	10 ?	
합계(1~10위)	1억3038만9153		24조8733억2400만 원		

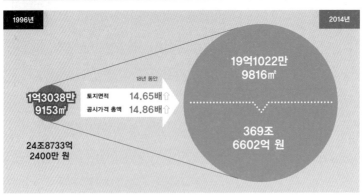

부동산 보유 상위 10개 기업 현황: 1996년에서 2014년
출처: 〈한겨레신문, 2016. 8. 30.〉

토건국가의 오명

'토건국가(construction state)'란 개번 매코맥(Gavan McCormack)이 일본의 고도성장을 가리켜 허울뿐인 풍요로 묘사한 데서 시작되었다. 매코맥이 본 일본의 경제 번영은 심각한 정경유착의 결과다. "토건업자와 정치권(관료와 정부) 간"의 이러한 야비하고 "밀접한 제휴" (McCormack, 2001: 32)가 겉으로는, 정부가 사회간접자본(SOC)에 투자해 나라 살림을 부유하게 이끌려는 것 같지만, 그 속내는 상호 이권 챙기기에 있다는 것이다. 그 결과 국가는 이들 토건 세력과 부패한 정치권에 의해 절단 나고 말았다는 것이 매코맥의 결론이다. 그의 결론에 비추어보면 일본의 경제 번영은 곧 허울뿐인 공허한 풍요다.

그렇다면 이러한 토건업자들과 정치권의 밀접한 관계가 왜 부패할 수밖에 없는가? 예상하다시피 답은 이미 나와 있다. 매코맥는 다음과 같은 방식으로 그 답을 재확인해준다. "오랫동안 토건업계를 특징지어온 요소"는 바로 "유착, 가격조작, 그리고 뇌물(collusion, price fixing, and bribery)"이다. 그렇게 썩은 곳이 정치권과 줄을 대면 거기에는 "현금 뭉치의 교환(exchange bundles of cash)"이 존재하고, 돈 냄새를 맡은 "정계의 보스, 사업가, 금융가, 관료, 심지어는 야쿠자까지" 한데 모여든다. 이렇게 담합한 자들은 "카르텔"을 형성하고, 건설부는 뇌물을 갖다 바치는 토건업체에게만 발주를 한다(McCormack, 2001: 33-35).

따라서 카르텔 속 "건설업체는 정기적인 수주가 보장되며, 경쟁을 염려할 필요가 없다." 그렇다면 이때 정치(가)란 무엇일까? 한낱 이 부패담합 카르텔을 위한 일종의 "브로커"일 뿐이다. 중개수수료 떼어 먹는. 즉, "사적인 목적이나 정당의 이익을 추구할 목적으로 공공재원을 전용"하기 위해 혈안이 된 부패한 브로커, 그 이상 그 이하도 아니다. 매코맥에 의하면 이러한 "정·관·재계 지도자들 간 유착관계", 즉 "부패 유착구조(the structure of collusive corruption)는 1990년대 초 일본 정치위기의 핵심이었다"고 진단한다(McCormack, 2001: 33-35).

그렇다면 우리나라는 어떨까? 일본과 한 치도 어긋나지 않는다. 대한민국도 부인하기 힘든 토건국가다. 한국도 GDP 대비 건설업이 차지하는 비중이 17%로 18%를 차지하는 일본에 결코 뒤지지 않기 때문이다(이정우, 2015: 280). OECD국가의 그 비중은 평균 13%다. 이정우(2014: 201: 2017)는 대한민국이 부동산으로 인해 "불로소득의 천국"이 되어버린 근본 원인을, 박정희의 경제 실정에서 찾는다. 박정희식의 고도성장에만 초점 맞추면, 그가 우리나라를 이른바 '토건국가'로 만든 부분을 간과하게 된다. 박정희가 땅값과 물가를 엄청나게 앙등시켜 그 뒤의 경제성장에 큰 해를 끼쳤다는 사실도 직시해야 한다.

어쨌든, 박정희가 재임한 18년 동안 대한민국은 토건 세력에 의해 난개발과 토지 투기라는 광풍에 휩싸였다. 동기간 전국의 토지가격은 그 이전보다 180배 이상 폭등했고, 따라서 토지 소유로 인한 불로소득은 국민소득의 무려 두 배 반이 될 정도였다. 그리고 그것은 전두환·노태우의 독재시대를 거치며 승승장구한다. 이로써 우리나라의 평당 땅값은 남한 면적의 100배인 캐나다를 6번이나 사고도 남을 만큼, 당당히 세계 1위를 차지하게 된다. 물론 이른바 민주정권인 김영삼·김대중·노무현 정권에서도 부동산 값은 올랐으나, 역대정권 통틀어서 그 책임을 묻는다면 단연코 박정희에게 절반의 책임이 있고 민주정권의 세 대통령을 합해 2% 정도의 책임이 있다고 이정우는 냉정히 평가한다. 박정희 정권 때 땀 흘려 일하는 사람들이 소외되었으며 온 국토가 온통 투기꾼들의 천국이었다며, "땅값 총액이 국내총생산(GDP)의 12배라는 전무후무한 값으로 올라간 때도 박정희 정권 말기"였다고 일갈한다(이정우, 2017. 3. 31).

박근혜 정권도 그 아버지에 비해 더하면 더했지 결코 뒤지지 않는다. 박근혜 정부 4년간 집값 상승액은 국내총생산의 증가액보다 3.5배나 많다. 경제정의실천시민연합 발표에 의하면, 주택 시가총액이 2013년 2월 4244조 원에서 2017년 1월 현재 5025조 원으로 781조 원 증가했다. 18.4% 늘어난 것이다. 동기간 아파트의 시가총액은 2106조 원에서 2802조 원으로 33% 증가했다. 주택 시가총액 상승분 781조 원 중 89.1%는 아파트 가격 상승분이다. 아파트 분양가상한제 폐지가 그 주된 원인이고, 이는 정부가 "빚내서 집사라"는 식의 인위적인 부동산 띄우기로 경기를 부양하려는 터무니없는 정책의 일환으로 빚어진 결과다(경향신문, 2017. 2. 8).

이명박 정부도 토건에 있어서는 타의 추종을 불허한다. "고인 물은 썩는다"는 평범한 진리를 확인하기 위해 4대강 사업에 쏟아부은 돈은 무려 22조 원, 그것도 모자라 수천억 원의 유지 관리비가 해마다 들어간다. 국민의 혈세로 말이다. 결국 그 평범한 진리를 재확인한 뒤 황교안 대행 정부는 오는 4월부터 '녹조라떼'라는 오명이 붙어버린 4대 강의 16개 보를 연중 방류하기로 결정했다. 4대강 토건사업이 완전한 실패와 사기였다는 사실을 간접적으로 시인한 셈이다.

그것으로도 모자라 수질개선을 위해 4대 강에 2조 원짜리 '친환경 필터링 시스템'(다목적 천변저류지, EFP)을 도입한단다. 16개의 보를 열어 연중 방류하는 것으로도 모자라 4대강에 인공호흡기를 달아보자는 시도인데, 또 아까운 혈세만 낭비하게 생겼다. 애초에 보를 만들어 흐르는 물만 가둬두지 않았다면 발생하지 않았을 일에, 애꿏은 돈을 쏟아붓는 셈이다. 4대 강의 수질개선을 위해서는 보를 열어 연중 개방할 필요도, 또 친환경필터링 시스템을 만들 필요도 전혀 없다. 그냥 원상복구하면 된다. 흐르는 물을 원래대로 자연스럽게 내버려두면 자연습지가 생기고, 자연습지가 생기면 인공필터링 시스템을 동원하지 않더라도 물은 정화되어 흐를 것이다. 결국 이명박 정권의 토건사업으로 발생한 사태를 다른 명목의 토건사업으로 해결하겠다는 발상인 셈이다. 속내는 그럴 것이다. 4대강 토건사업에 동조했던 관료들이 이 모든 사태가 자신의 책임이라고는 절대로 시인하지 않겠다는 것이 그 하나요, 다른 하나는 또 다른 토건사업에서 떨어지는 콩고물에 입맛을 또 한 번 다시고 있는 것일 게다(경

향신문, 2017. 2. 21),

한마디로 우리 정부는 이명박에서 박근혜로 정권이 바뀌어도 정신을 차리지 못했다. 정신 차릴 겨를이 어디 있었겠나. 이명박에 이어 또다시 토건사업으로 재미를 봐야 하는데. 그러기 때문에 이명박 정부가 싸놓은 똥을 완전히 치우지도 않으면서 그 썩은 냄새로 계속해서 국민을 괴롭히는 것이다. 싹 치우면 썩은 똥 냄새도 나지 않을 것이고, 썩은 냄새가 나지 않는다면 치우겠다는 생색도 못 낼 것이기 때문이다. 이런 꼼수에 국민은 허구한 날 당할 수밖에 없다. 돈은 돈대로 들면서 말이다. 그러나 어느 누구 책임지는 자는 없다. 그 사업으로 유공자라며 훈장과 포상을 받은 사람은 무려 1152명이나 되는데 말이다.

토건국가의 명맥은 역대 정권에서 대를 이어 계속되었다. 해서, '토건국가'라는 오명은 단지 일본에만 국한되지 않는다는 결론이 나온다. 역대 "정부의 무소신과 단기실적주의, 경기부양에 대한 집착, 졸부들의 치부 행진, 내부정보를 이용해 투기하는 기득권층, 건설업체 광고에 크게 의존하는 언론이 만들어낸 총체적 합작품"이 바로 부동산 불패신화다(이정우, 2015: 285). 부동산을 통한 경기부양을 두고 이정우는 "짧은 즐거움, 긴 고통. 이는 마약"일 뿐이라며 경계해야 한다고 일갈한다(2014: 232). 부동산 불패신화는 다시는 고개를 못 들도록 잠재워야 한다. 경기부양을 위해 정권이 부동산시장을 가지고 장난치지 못하도록 해야 한다.

다른 한편, 정부와 건설업체 간 유착관계에 함께 부화뇌동하여 지대추구 행위의 공범이 된 일반 국민들에게서도 부동산을 통한 불로소득을 철저히 환수, 부동산투기에 다시는 얼을 뺏기지 않도록 해야 한다. 부동산투기로 인해 발생한 불로소득은 어떤 이유로도 정당화 할 수 없는 불의한 돈이다. 그것으로 인해 빈부격차가 더 벌어진다면, 개인의 문제를 넘어 사회와 국가 전체에 해를 끼치는 불의한 일이다. 따라서 부동산투기로 발생하는 불로소득 자체를 원천적으로 봉쇄해야 한다. 만일 쉽지 않다면, 불로소득 발행 뒤에도 중과세를 통해 환수해야 한다. 불로소득의 이득보다 과세의 부담이 더 크면 굳이 불로소득을 추구하려 들지 않을 것이기 때문이다.

그런데 우리나라의 세금 체계는 전문가가 보기에 현재 "지대세와는 거리가 멀고, 토지보유세가 다른 나라에 비해 유달리 낮고 거래세가 높아서 토지 공개념과는 멀리 떨어져 있다고 할 수 있다"(이정우, 2015: 283). 따라서 세금 체계의 개혁이 절실하다. 이정우는 현재까지 무거웠던 토지 이전에 부과한 세금(등록세, 취득세, 양도소득세 등)은 가볍게, 대신 토지보유세는 강화하자고 제시한다(이정우, 2015: 283-285). 아울러 염불보단 잿밥에 더 관심을 둔 기업들의 부동산 보유도 법적으로 제한할 필요가 있다.

지대추구 행위, 승자독식, 그리고 연고주의의 종합체인 부동산투기 해결이 적폐청산의 첫걸음이다. 적폐는 불공정과 불의, 그리고 불평등을 양산하는 주범이며, 우리나라의 부동산투기는 그 주범의 자리에 당당히 놓일 자격이 충분하기 때문이다. 또한 부동산투기는 단지 정치권력과 부패 기득권세력만의 문제가 아니라는 것 또한 깊이 인식해야 한다. 부동산투기에 대한 야심이 항상 일반 국민의 가슴속에 똬리를 틀고 있는 이상 적폐청산의 칼끝은 우리 자신에게 향해야 한다. 그래야만 온전히 적폐가 청산될 수 있다. 잊지 말자. 부동산투기로 인한 불로소득의 편취를 과감히 포기할 때 우리나라의 불평등 해소는 비로소 길이 열린다는 것을.

결론:

대한민국의 정의를 다시 묻는다

존 롤즈(John Rawls). 철학자이지만 그의 딸은 나와 같은 학교에서 수학한 사회학자이기에 정겨운 이름이다. 어쨌든 롤즈의 그 유명한 《정의론》을 보면, 그가 일생을 통해 천착한 정의관이 무엇인지 뚜렷이 보인다. 롤즈는 이른바 서로가 서로에 대해 아무것도 모르며, 심지어 자신에 대해서도 무엇도 가늠할 수 없는 "무지의 베일(the veil of ignorance)"이라는 가상적인 상황에서 맺는 사회적 계약을 상정한다. 그리고 그 계약은 두 가지 대원칙에 구성원들이 동의해야 성립한다고 본다. 바로 롤즈가 말한 정의의 원칙이다(Rawls, 1999: 118-119).

제1원칙은 "각자는 모든 사람의 유사한 자유 체계와 양립할 수 있는 평등한 기본적 자유의 가장 광범위한 전체 체계에 대해 평등한 권리를 갖는다."

제2원칙은 불평등과 관련된 내용으로, 두 개 부문으로 나뉜다.

"사회적 그리고 경제적 불평등은 다음 두 가지,

①정의로운 저축 원칙과 양립하면서 최소 수혜자에게 최대 이득이 되고, ②공정한 기회균등의 조건 아래 모든 사람들에게 개방된 직책과 직위가 결부되게끔 편성되어야 한다(Rawls, 1999: 266)."

얼핏 어려워 보이지만 롤즈의 정의관은 매우 단순하다. 먼저, 평등보다는 자유가 더 우선해야 한다. 만일 사회에 불평등이 존재해야 한다면, 그 사회에서 가장 불우한 이에게 혜택이 돌아가도록 불평등해야 한다. 그리고 불평등은 특정 개인에 연결하는 것이 아니라 직책과 직위에 부여되어야 하며, 그 점유에 대해서는 모든 사람들에게 공정한 기회가 주어져야 한다고 역설한 것이다. 불우한 자들의 우선권과 공정기회가 롤즈가 말하는 정의관의 요체이다.

우리나라에 롤즈의 정의관을 적용해보면, 우리 사회가 그동안 과연 얼마나 정의롭지 못했는지 간파하지 않을 수 없다. 우리에게는 각자의 자유도 보장되지도 않았을 뿐더러, 우리가 적어도 불평등을 받아들여야 한다고 할 때조차 그 차등의 최대 수혜를 받았어야만 할 사회적 약자들에 대해 정말로 야박했다. 그리고 차등의 대상이 되어야 할 직위나 직책에도 문호가 공정하게 개방되어 있지 않았다. 갈수록 삶은 팍팍해지고 일상은 좌절로 점철되고 있다. 그 결과 서민들에게는 생활의 문제가 생존의 문제로 변모하고 있다. 깊은 한숨만이 대한민국을 가득 채우고 있다. 이 모두가 불평등의 모든 수혜를 사회적 강자, 즉 부패 기득권세력이 독식해가는 부조리하고 불합리한 상황 때문이다. 바로 부정의이며 불의다.

그러나 이것은 어쩌면 매우 한가한 소리일지도 모른다. 롤즈가 상정한 정의의 원칙이 순전히 가상의 "원초적 상황(original position)"에서 벌어지는 일종의 '사고실험'으로, 매우 이상적인 사회적 계약, 또는 사회적 합의에 바탕을 두었기 때문이다. 실제 사회적 계약과 합의는 정의를 담보하지 못하는 경우가 허다하다. 또 많은 경우 사회적 합의가 어떠한 도덕적 의무를 저절로 포함하지 않기 때문이다. 그렇기에 이상이 아닌 현실에서조차 사회적 계약이 도덕적 의무를 포함하고 있는지를, 즉 정의로운지를 철저히 감시할 필요가 있다.

이 점은 우리에게도 익히 알려진 샌델(Michael Sandel)이 친절히 알려주었다(2009: 145-146). 기사화된 변기 일화를 예로 들면서 샌델은 설명한다. 남편과 사별한 한 노파가 화장실 변기를 고치려고 수리공을 불렀다. 그 수리공은 수리비용으로 5천만 원이 넘는 돈을 요구했고, 세상물정에 어두웠던 노파는 그 가격에 합의해 고치기로 했다. 계약금으로 2천 5백만 원을 지불하려고 은행을 찾은 노파는, 큰돈(그런 돈은 미국에서는 일반인에게는 인출해서 흔히 손에 만질 수 없는, 가히 큰 금액이다)을 찾으려는 노파를 수상히 여긴 창구직원이 경찰에 신고해, 수리공은 사기죄로 체포되었다. 샌델은 이렇듯, 사회적 계약과 합의가 많은 경우 도덕적이지도 공정하지 않을 수도 있음을 지적한다. 롤즈의 사회적 계약에 의한 정의의 원칙을 비판하는 강편치를 날린 것이다.

샌델의 견해조차 우리나라에 고스란히 적용된다. 우리는 정당한 절차를 밟아 박근혜를 대통령으로 선출했고, 그녀와 국민은 대의민주주의 계약을 맺었다. 국민은 주권을 박근혜에게 위임했고, 박근혜는 그 신성한 주권을 아무런 도덕적 의무도 없이 공정히 사용하지 않았다. 오로지 최순실과 자신만을 위해 사적으로 전유했다. 자유민주주의의 절차상 아무런 하자가 없는 계약을 대통령과 국민 상호간에 맺었는데도 국민은 철저히 박근혜에게 농락당했다. 그 와중에 재벌을 위시한 부패 기득권세력들에 의해 국민들은 또다시 이중적으로 농락당하며 그나마 가진 것마저 탈탈 털리는 굴욕과 수모를 당했다.

아니, 합의를 했다고 해서 알아서 "잘되겠거니" 하고 마음을 놓거나, 더는 나랏일에 관심을 끄고 살던 국민들은 인식조차 하지 못했다. 악랄한 지대추구와 승자독식 그리고 그들만의 리그라는 연고주의가 팽배한 한국적 상황에서 기득권세력에게 스스로 '호구'나 '호갱'으로 진상되고 있다는 사실조차 말이다. 그게 바로 국민의 잘못이다. 정의는 감시자에 의해 항상 점검되어야 마땅한데, 우리 국민의 감시 기능은 고장났다. 그러는 동안 우리나라는 특혜국가가 되었고 정의는 증발되었다. 특혜를 누리는 자들만의, 그들을 위한, 그들에 의한 부조리·불공정·불평등의 국가가 되어버린 것이다.

우리는 그저 눈앞에 펼쳐지는 자그마한 부스러기에 만족하며 소시민으로 살고 있었을 뿐이다. 심지어 때로는 저도 모르는 사이에, 사회 전체에 만연한 지대추구 행위와 승자독식 그리고 연고주의를 암암리에 이용해 일상의 사욕을 탐하기까지 했다. 자신이 하는 그런 행위는 매우 하찮은 불의로 치부하면서 말이다. 안에서 새는 바가지가 밖에서도 새는 법. 그것은 진리다. 일상의 불의와 불공정, 불평등과 부조리를 눈감고 서슴없이, 잘못이라 생각지 않고 스스럼없이 범하던 이가, 갑자기 큰 자리에 올라 큰 권력을 쥐고 큰 부를 거머쥐었을 때, 행실이 갑자기 정의로워지고 갑자기 공정해지며 갑자기 합리적일 수 있을까? 우리 일상을 대대적으로 청소할 시점이다. 이제 잘못을 깨닫고 큰 적폐를 청산하는 데 대대적으로 목소리를 내고 행동해야 한다. 물론 우리 자신 안의 적폐도 청산할 각오를 단단히 해야 한다.

적폐청산이 먼저다

그러나 천만다행으로, 대한민국의 스러져가던 정의는 다시 승리했다. 박근혜는 파면되고 구속되었으며, 9년 만의 정권교체로 새 정부(문재인 대통령)를 세웠다. 이재용도 감옥에 넣었다. 하나는 무혈의 정치혁명이며 다른 하나는 국가 위에 군림하던 재벌에 철퇴를 내린, 엄중한 사회혁명이다.

나는 우리나라가 자랑스럽다. 이것은 분명 국민의 승리다. 그러나 미완의 승리다. 적폐청산은 이제부터다. 나는 새 정부가 어떠한 일을 새로 벌일 필요가 전혀 없다고 생각한다. 문재인 정부의 소임은 탄력받은 적폐청산을 일정 부분만이라도 마무리해주는 것이라고 생각한다. 국민은 지금 새로운 공약과 공약 이행, 그런 것에 지금 마음 둘 여력이 없다. 관심이 없다. 오직 하나, '닥치고 적폐청산!'이다. 적폐청산이 먼저다. 최우선이다. 그것으로 법과 원칙이 바로 선, 그래서 상식적인 정의가 구현되는 나라를 반드시 만들어야 한다. 즉 특혜국가를 철저히 허물고 정의로운 나라를 만들어야 한다. 해서, 이번 정부가 대한민국에 두 번 다시 찾아오지 않을 결정적 기회를 그냥 어물쩍거리며 허비해버린다면 국민이 용서치 않을 것이다. 무엇보다 역사 앞에 죄를 짓는 것이다. 따라서 새로 집권한 문재인 정부는 적폐청산에 전력을 다할 각오를 단단히 해야 한다.

역사학자 E. H. 카는 "상이한 이해가 조화를 이룰 수 있다는 교리는 자신들의 지배적인 지위를 정당화하고 공고화기 위하여 특권집단이 만들어낸, 그것도 완전하게 진정성을 갖고 있는 것처럼 교묘하게 고안된 도덕적 고안물이다"라고 말했다(E. H. Carr, 1949: 80). 적폐 때문에 그동안 피해를 봐왔던 국민들 모두 카의 견해에 전적으로 공감할 것이다. 따라서 적폐청산에 조금의 아량이라도 베풀 생각일랑 아예 꿈도 꾸지 말아야 한다. 용서와 아량, 그리고 관용도 엄정한 처벌과 철저한 반성 후에나 가능한 것이다 만일 문재인 정부가 적폐를 청산하는 척 적당히 시늉만 하고 넘어가려 한다면, 국민은 새 정부 또한 부패 기득권세력의 일부로 간주해 다시 촛불을 들고 일어날 것이다. 적폐청산의 대상들과는 결코 조화될 수 없다. 문재인 정부는 이를 명심해야 한다.

촛불 민심으로 수립된 새 정부가 반드시 해야 할 적폐청산을 간

추려본다.

첫째, 박근혜와 이재용을 반드시 단죄해야 한다. 구속수사는 단죄가 아니다. 재판에서 유죄판결이 나야 한다.

둘째, 단죄 후 절대로 사면해서는 안 된다. 이번에 사면하고 적당히 넘어가면 정경유착의 고리는 절대로 끊지 못한다. 독한 마음을 먹어야 한다. 추가로 구속하고 기소할 다른 재벌총수들도 마찬가지다.

셋째, 박정희·최태민(일가)·박근혜·최순실의 국내외 은닉재산을 모두 추적해 환수 조치해야 한다. 이와 관련해 반드시 특별법을 제정하고 특별검사를 임명해 가동해야 한다.

넷째, 박근혜·최순실 국정농단 게이트의 부역자들을 발본색원해야 한다. 최순실의 존재를 알고도 모른 체하며 지대를 추구했던 부역자들, 그들이 정치권에 있다면 정계에 발을 붙이지 못하도록 철저히 조사해 퇴출해야 한다. 박근혜 주위에서 호가호위하던 자들이야말로 적폐의 원흉이다. 박근혜 이름 덕에 국회의원, 장관, 기타 고위 관료까지 했던 인사들, 끝까지 박근혜를 감싸고 돌며 직언하지 않고 박근혜의 눈과 귀를 가린 인사들을 퇴출하고, 죄가 있다면 법적책임을 물어야 한다.

그들이 또 하급 관료라면 모두 찾아내 뿌리 뽑아야 한다. 문체부, 교육부, 해수부 등 샅샅이 뒤져 퇴출해야 한다. 동시에 국정농단에 희생되어 관직에서 물러난 양심적 관리들은 모두 다시 복직시키고 승진시켜야 한다.

다섯째, 최순실이 기안한 이른바 VIP예산을 즉각 중단하고 여기에 지출된 비용을 추적해 환수해야 한다. 그리고 그 와중에 콩고물을 먹은 지대추구자들을 발본색원해 법의 심판을 받게 해야 한다. 이를 위해 관련된 모든 제도적 장치를 마련해야 한다.

여섯째, 세월호 사태의 진상 규명을 위해 제2특조위와 특검을 가동해야 한다. 유족들의 한을 풀어주고 또한 향후 유사한 사건의 재발 방지를 위해, 석연치 않은 부분은 모두 철저히 조사해 규명해야 한다.

일곱째, 검찰과 사법부 개혁이 단행되어야 한다. 무소불위의 권력을 휘두르지 못하도록, 그리고 정치 검찰이 되지 않도록 원천 봉쇄하는 혁신안을 강구해야 한다. 사법부 또한 온전한 삼권분립이 이루어지도록 해야 한다. 판결에 있어 법관들이 상부의 눈치를 보지 않도록 진정한 자율성을 보장해야 하며, 동시에 전관예우를 근절하는 방안을 마련해, 재벌대기업이나 외부 입김이 검찰과 사법부에 작용하지 않도록 해야 한다.

여덟 번째, 정부의 고위관료에 사기업과 대형로펌의 외부 인사가 유입되지 않도록 해야 한다. 개방적인 관료사회를 만들기 위해서라는 명분으로 시행되고 있지만, 소속 사기업의 이익을 위해 공직을 이용할 게 분명하다. 반드시 근절해야 한다. 예를 들어 김앤장, 삼성 등에서(또는 등을 위해) 일하는 인물들이 청와대나 장관, 대법원장 등으로 등용되는 것이다. 또한 공직에 있다가 그들 기업체로 영입하는 시간도 최대로 늘려, 원천적으로 공직에서 얻은 인맥이나 정보를 사기업체의 이익을 위해 사용하지 못하도록 해야 한다. 모든 적폐는 여기서 시작된다.

아홉 번째, 재벌대기업체의 대관업무를 원천 금지해야 한다. 연줄을 통한 인맥 동원으로 금품이나 향응 등이 오가는 대관업무는 공직사회와 정치권을 부정부패로 이끄는 원천이다. 미국의 로비스트 제도를 도입할 생각이랑 아예 하지 말아야 한다. 로비스트는 합법화된 뇌물공여자다.

열 번째, 언론개혁이다. 특히 KBS와 MBC의 이사진 구성을 정권에 영향을 받지 않도록 재조정해야 한다. 또한 종편의 재허가 심사기준을 강화하고 방심위의 구성비도 개편해야 한다.

열한 번째, 교육개혁을 위해 교육부를 해체해야 한다. 교육부를 해체하고 교육청에서 각 지역의 교육을 담당하게 해야 한다. 교육에서 경쟁이라는 이념을 퇴출해야 한다. 그 일환으로 먼저 서울대를 폐지하고 전국 국립대학을 일괄적으로 통합해 운영할 필요가 있다.

열두 번째, 소득과 부의 불평등 해소를 위해 노력해야 한다. 부동산으로 인한 불로소득 문제가 가장 시급하다. 이를 원천적으로 봉쇄하고 발생한 것들은 세금(토지보유세 강화)으로 환수해야 한다. 정부는 인위적 경기부양책으로 부동산시장 활성화를 꾀해서는 안 된다. 아예 법으로 제한, 정책으로 사용하지 못하도록 해야 한다. 대기업의 임원(등기와 미등기)의 소득을 무조건 공개하도록 법제화해야 한다. 배당금이나 주식투자로 번 자본이득에 대한 과세도 철저히 시행해야 한다. 대기업 직원의 최저임금 대비 고위임원의 연봉이 일정수준을 넘지 못하도록, 고위임원의 임금소득 상한제(CEO연봉 상한제)를 실시해야 한다. 법인세의 실효세율을 올리고 부자에게 세금을 더 물려야 한다. 중산층의 궤멸을 막기 위해 기업에서의 노조탄압을 저지해야 하며, 노조조직률을 높이도록 애써야 한다.

우리 안의 적폐

안타깝게도 청산해야 할 적폐는 '저 밖에'만 있는 게 아니다. 우리 자신 속에도 해결해야 할 적폐는 켜켜이 쌓여 있다. 함께 청산해야 온전한 적폐의 청산이 완성될 것이다. 우리 안의 적폐는 무엇일까?

첫째, 지극한 자식, 배우자, 그리고 가족 사랑이다. 어떻게든 나만, 내 자식만, 내 가족만 행복하면 그만이라는 데서 비롯된 지대추구 행위, 그것은 결국 자기와 자기 자식과, 자기 가족을 병들게 한다. 그리고 사회를 병들게 한다. 어떻게든 할 수만 있다면 지대추구를 통해, 남의 것을 다 뺏어서라도 이익을 추구하겠다는 생각은 버려야 한다. 특히 자식을 위해서라면, 권석천(2015: 45)의 표현대로 자기 자식 대신 "남의 자식을 뒤주에 가두려는" 것과 진배없다. 그이상도 이하도 아니다. 비뚤어진 자식 사랑. 일그러진 가족애에서 벗어나야 한다. 보다 넓은 공적영역으로 시야를 넓혀야 한다. 크게 보면 무엇이 잘못인지 금방 알게 된다. 그러지 못하면 박근혜·최순실과 그 일당처럼 악당이 된다.

둘째, 내가 다른 사람을 좌지우지할 수 있다는 오만한 생각을 버려야 한다. 가진 돈과 지위, 그리고 권력으로 내 앞에 실존하는 타인을 쥐락펴락할 수 있다는 생각은, 감히 시도조차 하지 말아야 한다. 조금이라도 그런 생각이 들지 않도록 경계해야 한다. 설령 매우 정당한 절차에 의한다 할지라도 그것은 인간으로서 할 짓이 못된다. 만약 그 유혹을 뿌리치지 못하고 실행한다면 일상생활의 민주화를 짓밟는 것이다.

최순실은 자신이 부리던 노승일에게 "너 그러다 죽어!"라고 말했다. 최순실의 힘이라면 노승일이든 누구든 그 사람의 모든 것을 빼앗을 수 있다는 위험한 생각, 사익을 위해 공식·비공식적 권력을 최대한 이용해 상대방의 모든 것을 쥐락펴락할 수 있다는 무서운 생각. 과연 최순실만의 생각일까? 우리는 전혀 무관한가? 학연·지연·혈연으로 뭉치며 다른 사람을 내 편의대로 움직일 수 있다는 생각을 한 적이 없는가?

미국의 사회학자 고프만(Erving Goffman)은 내 앞의 인간이, 내가 늘 고귀하다고 생각하는 나와 똑같은 그런 고귀한 인간이라고 이야기한다. 그런 뜻에서 인간은 한 명 한 명이 "신(god)"이다(Goffman, 1967: 37, 95). 인간을 숭배하라는 뜻이 아니다. 혹여 내 앞의 인간을 내가 모든 것을 동원해 내 뜻대로 움직일 수 있다고 생각하는 사악한 유혹이 들 때면, 그를 나와 같은 사람으로, 나와 같은 고귀한 사람으로 대하라는 뜻이다. 그래서 그런 나쁜 생각과 행동을 즉시 멈추라는 것이다.

셋째, 모든 공고한 것은 반드시 깨트려야 한다. 나의 선입견, 나의 고정관념, 나의 상식 등에 매몰되어 살면 안 된다. 내가 믿고 있는 것들에 대해서 항상 의심해봐야 한다. "이게 진정 맞는 것일까?" 하고 말이다. 여기에는 끊임없는 성찰이 필요하다. 이것은 무척 피곤하고 고단한 일이긴 하다. 그러나 그것은 실수를 줄이는 일이다. 개인의 실수를 줄이고 또 줄이면, 곧 사회와 국가의 실수가 줄어드는 것이다. 우리가 그렇게 의심했다면 박근혜·최순실 국정농단은 애초에 일어날 수 없었다.

나의 선입견, 나의 고정관념, 나의 상식에 매몰되고, 그런 비슷한 생각을 가진 이들과 모이는 것은 곧 공고한 성을 쌓는 것과 같다. 그러나 공고한 성은 무너져야 한다. 아니 반드시 무너뜨려야 한다. 매일매일의 삶 속에서 우리는 공고한 것들을 깨트려야 한다. 나의 아집을 깨트려야 한다. 그것이 민주주의를 살리는 데 있어 관건이다. 이렇게 되면 적어도 함부로 떠들지 않게 된다. 타인의 이야기에 귀 기울이게 되고, 자신이 펼치는 주장조차 틀릴 수도 있다는 겸양의 미덕을 갖추게 된다. 이것이 바로 건전한 의사소통에 기반을 둔, 건전한 민주사회의 모습이다. 그러나 박정희 신화 속에서는 결코 이루어질 수 없는 일이다. 그러면 민주주의는 결코 우리 곁에 오지 않는다. 민주주의는 겸양의 사람에게만 부여되는 선물이다. 그러니 의심하라. 지지하는 사람도, 자기 자신까지도.

넷째, 철저히 홀로 서는 사람이 되어야 한다. 우리는 그동안 너무나 이런저런 연줄에 얽매여왔다. 그러면서 물론 좋은 것도 얻었지만 나쁜 것이 더 많다. 그것으로 공고한 성을 쌓았으며, 그것으로 부정을 저지르고 부패했다. 우리 안의 적폐다. 그 적폐를 청산하려면 고독한 개인이 되는 법을 깨우쳐야 한다. 고독한 개인이 될 필요가 절실하다. 불의에 굴하지 않는 정의로운 인간이 되려면 우선 홀로 생각하고 홀로 행하는, 남의 눈치를 보지 않는 버릇을 들여야 한다. 그것은 한순간에 되지 않는다. 수없이 넘어지고 나서야 비로소 제대로 걸을 수 있듯, 홀로 됨에도 훈련이 필요하다. 늘 떼 지어 패거리 속에 있던 사람이 결코 어느 날 갑자기 홀로 설 수는 없는 법이다. 부단한 노력이 필요하다. 그러나 시도하라. 그리고 실패하라. 그리고 좌절하지 말라. 그 수많은 실패가 성공으로 이끌 것이다.

마지막으로, "노(no)"라고 말할 수 있는 사람이 되어야 한다. 불의에 '노'라고 이야기할 수 있는 사람이 되어야 한다. 그래야 우리 안의 적폐가 청산되고 나라의 적폐가 온전히 청산될 수 있다. 부당한 권력에 '노'라고 맞서며 피해를 감수한, 유진룡 전 문체부장관, 노태강·진재수 전 문체부 고위관료 같은 이들이 공직을 채워야 한다. 그들이 세운 자존심은 곧 국민과 나라의 자존심이다. 공직에만 해당되지 않는다. 일반 국민들도 반드시 몸에 배도록 익혀야 하는 결기이다.

부디 우리(국민) 밖의 적폐는 물론 우리 자신 안의 적폐까지 청산되기를. 그렇게 정의가 바로 서는 순간을, 공정하고 정의로운 사회를 다시 한 번 고대한다.

저작

강준만, 《입시전쟁잔혹사》(서울: 인물과 사상사, 2009).

곽노현, "이용훈 대법원장에게 고함: '사법 스캔들' 주인공은 바로 이용훈 대법원장", 〈프레시안〉, 2009. 3. 11.

권석천, 《정의를 부탁해》(서울: 동아시아, 2015).

김경근, "한국 사회의 교육격차", 전국교육연구소 네트워크 세미나: 사회양극화 경향과 교육격차 해소방안 주제발표, (2005): 5-35.

김광기, "'존재감'을 위한 일반적 조건, 그리고 한국적 조건", 《현상과 인식》, 34권 3호, (2010): 175-201.
김광기, 《우리가 아는 미국은 없다》(서울: 동아시아, 2011).
김광기, 《정신차려 대한민국》(서울: 랜덤하우스코리아, 2012).
김광기, "김앤장은 한국판 골드만삭스", 〈경향신문〉, 2016. 6. 6.
김광기, 《부자는 어떻게 가난을 만드는가: 0.01%를 위한 나라 미국 경제로 보는 한국중산층의 미래》(파주: 21세기북스, 2016).

김부태, 《한국 학력 사회론》(서울: 내일을 여는 책, 1995).

김상조, "이재용 부회장이 버려야 할 것들", 〈경향신문〉, 2017. 2. 7.

김용철, 《삼성을 생각한다》(서울: 사회평론, 2010).

김헌동·선대인, 《대한민국은 부동산공화국이다?: 공공의 적, 개발5적의 실체를 밝힌다》(서울: 궁리, 2005).

남기업, "롤스의 정의론을 통한 지대기본소득 정당화 연구", 《공간과 사회》, 24권 1호 (2014): 84-112.

노홍섭, "그리스도교 예배의 정신: 조찬기도회는 중지되어야 한다", 《사상계》, 14권 4호 (1966).

박영신, "교육의 '두 도시'", 《사회이론》, 21호 (2002): 14-45.

박정신·박규환, "'뒤틀린 기독교' 굳히기: 박정희 시대 한국 개신교의 자취", 《현상과 인식》, 36권 1/2호, 통권 116호 (2012): 41-60.

박태견, 《참여정권, 건설족 덫에 걸리다》(서울: 뷰스, 2005).

삼성금융연구소, 《월간금융리포트》, (2006), 2월호.

손낙구, 《부동산 계급사회》(서울: 후마니타스, 2008).

신광영, "기고: '사회 양극화' 통계의 진실", 〈경향신문〉, (2017. 2. 14.)

신장섭, 《경제민주화 일그러진 시대의 화두》(파주: 나남, 2016).

오준호, 《기본소득이 세상을 바꾼다: 기본이 안 된 사회에 기본을 만드는 소득》(고양: 개마고원, 2017).

위평량·이은정, "재벌의 순환출자현황과 정책적 시사점", 《경제개혁리포트》,

경제개혁연구소, (2015), 2015-15호.

위평량, "최근 연도 법인세 실효세율 분석과 시사점", 《경제개혁리포트》, 경제개혁연구소, (2016), 2016-3호.

유시민, 《노무현은 왜 조선일보와 싸우는가-상식과 몰상식의 싸움, 타협은 없다》(서울: 개마고원, 2002).

이완배, 《한국 재벌 흑역사(상): 삼성·현대》(서울: 민중의소리, 2015).

이왕원·김문조·최율, "한국 사회의 계층 귀속감과 상향이동의식 변화:연령, 기간 및 코호트 효과를 중심으로", 《한국 사회학》, 제 50권 5호(2016): 247-284.

이정우, 《약자를 위한 경제학》(서울: 개마고원, 2014).
이정우, 《불평등의 경제학》(서울: 후마니타스, 2015, 제2판).
이정우, "독재정권이 땅값 올렸다", 〈경향신문〉, (2017, 3, 31).

이주호, "드러나는 평준화의 허상들," 《2006년 국정감사 정책 자료집9》, (2006).

이총희, "회사기회유용과 일감 몰아주기를 통한 지배주주 일가의 부 증식 6차 보고서(2016년)", 《경제개혁리포트》, 경제개혁연구소, (2016), 2016-13호.

장수명·한치록, "교육정책과 계층이동", 《계층구조 및 사회이동성 연구》, 한국보건사회연구원 (2011): 103-154.

장하성, 《왜 분노해야 하는가: 한국 자본주의 Ⅱ-분배의 실패가 만든 한국의 불평등》(성남: 헤이북스, 2015).

정희남·김창현, 《거시경제정책이 토지시장에 미치는 영향》, 국토개발연구원,

(1997).

최순영, "2004~2006년 특목고(외고·과학고) 학생의 출신중학교 현황(과학고 2교, 외국어고 6교),", 서울시교육청 요청 자료 답변서, (2006).

Alperovitz, Gar, and Lew Daly, *Unjust Deserts: How the Rich Are Taking Our Common Inheritance and Why We Should Take It Back*(New York, NY: New Press, 2009).

Amsden, Alice H., *Asia's Next Giant: South Korea and Late Industrialization* (New York, NY: Oxford University Press, 1989).

Anderson, Jenny, "From Finland, and Intriguing School–Reform Model", *New York Times*(Dec., 12, 2011).

Arendt, Hannah, *Eichmann in Jerusalem: A Report on the Banality of Evil*(New York, NY: Viking Press, 1963).

Balzac, Honore de, *The Thirteen*(New York: Macmillan, 1901).

Bartels, Larry M., "Economic Inequality and Political Representation", Unpublished Paper(2005).
http://citeseerx.ist.psu.edu/viewdoc/download;jsessionid=04BB501203D1D93E02CF344C40C6E5F2?doi=10.1.1.172.7597&rep=rep1&type=pdf

Bauman, Zygmunt, *Does the Richness of The Benefit Us All?*(Cambridge: Polity Press, 2013), 지그문트 바우만, 《왜 우리는 불평등을 감수하는가?: 가진 것마저 빼앗기는 나에게 던지는 질문》(안규남 역, 파주: 동녘, 2013).

Berger, Peter L., Brigitte Berger, and Hasfried Kellner, *The Homeless Mind:*

Modernization and Consciousness(New York, NY: Random House, 1973).

Callahan, David, *The Cheating Culture: Why More Americans Are Doing Wrong to Get Ahead*(New York, NY: Havest Book, 2004).

Carr, E. H., *The Twenty Year's Crisis*(London: MacMillan, 1949).

Coetzee, John M., *Diary of a Bad Year* (New York, NY: Penguin Books, 2007), 존 맥스웰 쿳시, 《어느 운 나쁜 해의 일기》(왕은철 역, 서울: 민음사, 2009).

Collins, Randall, *Conflict Sociology: Toward an Explanatory Science*(New York, NY: Academic Press, 1975).

Credit Suisse, *Global Wealth Databook* (2014). http://www.cartacapital.com.br/economia/oxfam−em−2016−1−mais−ricos−terao−mais−dinheiro−que−resto−do−mundo−8807.html/global−wealth−databook−2014−v2.pdf−1436.html
Credit Suisse, *Global Wealth Databook* (2016). http://publications.credit−suisse.com/tasks/render/file/index.cfm?fileid=AD6F2B43−B17B−345E−E20A1A254A3E24A5

Dal Bo, Ernesto, "Regulatory Capture: A Review", *Oxford Review of Economic Policy*, Vol. 22, Issue 2, (2006): 203−225.

Descartes, *René, Discourse on Method*(La Salle, IL: Open Court Publishing Company, 1962).

Dore, Ronald, *The Diploma Disease: Education, Qualification, and Development*(London: Institute of Education, University of London, 1997).

Dorling, Daniel, *Injustice: Why Social Inequality Still Persists* (Portland, OR: The Polity Press, 2011), 대니얼 돌링, 《불의란 무엇인가: 사회 불평등을 지속시키는 다섯 가지 거짓말》(배현 역, 파주: 21세기북스, 2012).

Frank, Robert H., and Philip J. Cook, *The Winner-Take-All Society: Why the Few at the Top Get So Much More Than the Rest of Us*(New York, NY: Penguin Books, 1996).

Freeman, Richard B. and James L. Medoff, *What Do Unions Do?*(New York, NY: Basic Books, 1984).

Friedman, Milton, "Some Comments on the Significance of Labor Unions for Economic Policy", *The Impact of the Union: Eight Economic Theorists Evaluate the Labor Union Movement*, John Maurice Clark and David McCord Wright (eds.), (New York, NY: Harcourt Brace & Company, 1951).

Fishkin, Joseph, Bottlenecks: *A New Theory of Equal Opportunity* (New York, NY: Oxford University Press, 2014), 조지프 피시킨, 《병목사회: 기회의 불평등을 넘어서기 위한 새로운 대안》(유강은 역, 서울: 문예출판사, 2016).

Fitzsimmons, William, Marlyn E. McGrath, and Charles Ducey, "Time Out or Burn Out for the Next Generation", Harvard College Admissions & Financial Aid (2017).
(https://college.harvard.edu/admissions/preparing-college/should-i-take-time).

Goffman, Erving, *Interaction Ritual: Essays On Face-to-Face Behavior*(Garden City, NY: Anchor Books, 1967).

Hirschman, Albert, and Michael Rothschild, "The Changing Tolerance for

Income Inequality in the Course of Economic Development", *The Quarterly Journal of Economics*, Vol. 87, No. 4 (1973): 544–566.

Hofstadter, Richard, *The Age of Reform*(New York: Knopf, 1955).

Hunter, Floyd, "Pilot Study of National Power and Policy Structures", Institute for Research in Social Science, University of North Carolina, *Research Previews*, Vol. 2, No. 2 (1954)(mimeo).

Lasch, Christopher, *The Culture of Narcissism: American Life in an Age of Diminishing Expectations*(New York, NY: W.W. Norton, 1979).

Lawson, Neal, *All Consuming*(London: Penguin Books, 2009).

Lippmann, Walter, *Public Opinion*(New York, NY: MacMillan, 1922).

McCormack, Gavan, *The Emptiness of Japanese Affluence* (New York, NY: Routledge, 2001). (Revised Edition). 개번 매코맥, 《일본, 허울뿐인 풍요: 제로 성장 사회를 위하여》(한경구·이숙종·최은봉·권숙인 역, 서울: 창작과 비평사, 1998).

Magee, Stephen P., William A. Brock, and Leslie Young, *Black Hole Tariffs and Endogenous Policy Theory: Political Economy in General Equilibrium*(New York, NY: Cambridge University Press, 1989).

Merton, Robert K., *Social Theory and Social Structure*(New York, NY: Amerind Publishing Co., 1968).

Milanovic, Branko, *Global Inequality: A New Approach for the Age of Globalization* (Cambridge, MA: Harvard University Press, 2016), 브랑코 밀라

노비치, 《왜 우리는 불평등해졌는가: 30년 세계화가 남긴 빛과 그림자》,(서정아 역, 파주: 21세기북스, 2017).

Mills, C. Wright, *The Power Elite*(New York, NY: Oxford University Press, 1956)

OECD, *Strengthening Social Cohesion in Korea*(OECD Publishing, 2013).

Park, Chung-Shin, *Protestantism and Politics in Korea*(Seattle, WA: University of Washington Press, 2003).

Rawls, John, *A Theory of Justice*(Cambridge, MA: The Belknap Press of Harvard University Press, 1999), Revised Edition, 존 롤즈, 《정의론》(황경식 역, 서울: 이학사, 2003).

Roty, Richard, *Achieving Our Country*(Cambridge, MA: Harvard University Press, 1998), 리처드 로티, 《미국 만들기》(임옥희 역, 서울: 동문선, 2003).

Rousseau, Jean-Jacques, *Politics and The Arts: Letter to M. D'Alembert on The Theatre*(Glencoe, Ill.: Free Press, 1960).

Sandel, Michael J., *Justice: What's the Right Thing To Do?*(New York, NY: Farrar, Straus and Giroux, 2009), 마이클 샌델, 《정의란 무엇인가》(이창신 역, 파주: 김영사, 2010).

Skidelsky, Robert, and Edward Skidelsky, *How Much is Enough?: Money and the Good Life*(New York, NY: Other Press, 2012), 로버트 스키델스키·에드워드 스키델스키, 《얼마나 있어야 충분한가》(김병화 역, 서울: 부키, 2013).

Stigler, George J., "The Theory of Economic Regulation", *The Bell Journal of*

Economics and Management Science, Vol. 2, Issue 1 (1971): 3–21.

Stigler, George J., *The Citizen and the State: Essays on Regulation*(Chicago, Il: University of Chicago Press, 1975).

Stiglitz, Joseph E., *The Price of Equality*(New York, NY: W.W. Norton & Co., 2012), 조지프 스티글리츠, 《불평등의 대가: 분열된 사회는 왜 위험한가》(이순희 역, 파주: 열린책들, 2013).

Taylor, Adam, "Why Finland's Unorthodox Education System is The Best in The World," *Business Insider*(Nov., 27, 2012).

World Bank Group, *Doing Business 2017: Equal Opportunity for All*(2017). http://www.doingbusiness.org/~/media/WBG/DoingBusiness/Documents/Annual-Reports/English/DB17-Report.pdf

Weber, Max, *From Max Weber*, trans. and ed. Hans Gerth and C. Wright Mills(New York, NY: Free Press, 1946).
Weber, Max, *The Protestant Ethic and The Spirit of Capitalism*(Los Angeles, CA: Roxbury Publishing Company, 2002), 막스 베버, 《프로테스탄티즘의 윤리와 자본주의 정신》(박성수 역, 서울: 문예출판사, 1996).

Welzer, Harald, *Cimate Wars: What People Will Be Killed For in the 21st Century*(Malden, MA: Polity Press, 2012), 하랄트 벨처, 《기후전쟁》(윤종석 역, 서울: 영림카디널, 2010).

기사

"민병훈 판사, 재판 전부터 이건희 무죄 확신", 〈한겨레21〉(720호), 2008. 7. 21.

"'사법 스캔들' 주인공은 바로 이용훈 대법원장: [기고] 이용훈 대법원장에게 고함", 〈프레시안〉, 2009. 3. 11.

"이건희 회장 '사회공헌 약속' 언제 지키나", 〈경향신문〉, 2010. 5. 13.

"정치의 계절, 대기업 대관팀 '바쁘다 바빠'", 〈주간경향〉(982호), 2012. 7. 3.

"한국형 로비스트 대관팀①: '우리의 일터는 술상 위'···합법과 불법 사이 줄타기", 〈조선일보〉, 2014. 4. 7.

"한국형 로비스트 대관팀②: 대기업 대관팀, 정부·국회·법조 전방위 커버", 〈조선일보〉, 2014. 4. 8.

"한국형 로비스트 대관팀③: '은밀하게 강력하게'···협단체와 역할분담", 〈조선일보〉, 2014. 4. 10.

"국민건강 규제하다 규제 푸는 로비스트로···복지부 '관피아' 공직자윤리법 피해 비영리단체행", 〈주간조선〉(2365호), 2014. 5. 15.

"'정피아' 금융권 주요자리 점령", 〈국회뉴스〉, 2014. 10. 15.

"'정피아'가 '관피아'보다 세다?", 〈주간경향〉(1101호), 2014. 11. 18.

"정피아, 관피아 재림의 전주곡", 〈중앙일보〉, 2014. 11. 20.

"금융권, 정피아 낙하산 비상···제도 개선 시급", 〈노컷뉴스〉, 2015. 3. 2.

"10대 재벌총수 배당금 3천억 대 '껑충'", 〈민중의소리〉, 2015. 3. 8.

"中企 "10명 필요하면 40명 뽑아놔요, 금방 관둬버리니···"", 〈조선일보〉, 2015. 3. 21.

"세월호 이후 '관피아' 대신 '정피아'", 〈연합뉴스TV〉, 2015. 4. 5.

"한국 경제는 곧 삼성전자인가", 〈경향신문〉, 2015. 7. 7.

"인허가 장벽 높을수록 숫자 늘어나는 대관팀", 〈주간조선〉(2365호), 2015. 7. 13.

"학벌타파 외쳐온 시민단체 해산이유···'학벌 좋아도 삶은 힘들어'", 〈연합뉴스〉, 2016. 4. 29.

"19년간···법인세 부담 '줄고' 소득세 '늘고'", 〈경향신문〉, 2016. 5. 25.

"관피아 절반이 경제부처 출신: 국세청·기재부·공정위 고위직···다음 코스는 대기업 바람막이?", 〈경향신문〉, 2016. 6. 9.

"10대 재벌, '대기업집단 내부지분율' 57.3%로 역대 최고치: 계열사 통해 '총수 일가 지배구조'더 굳혀", 〈경향신문〉, 2016. 7. 8.

"상속재산 100억 원 이상 '금수저' 167명", 〈경향신문〉, 2016. 8. 1.

"각 기업, 국회 대관팀 인력 찾기에 분주…왜", 〈시사오늘〉, 2016. 8. 16.

"대한민국은 재벌 부동산 공화국, 1% 기업 부동산 보유액 966조 원, 상위 10개 기업 부동산 보유액 6년 새 147% 폭증", 〈뉴스타워〉, 2016. 8. 30.

"대기업의 역사, 땅재벌의 역사", 〈한겨레〉, 2016. 8. 30.

"대기업, 연봉 깜깜이 미등기임원 '증가'…국회 조롱", 〈시사오늘〉, 2016. 9. 2.

"한국의 상위 10% 소득집중도, 미국 이어 2위…경제 성과 상위권에 집중", 〈스포츠경향〉, 2016. 9. 5.

"인사·보도 장악 '언론의 친위대화'…지배구조부터 바꿔야", 〈경향신문〉, 2016. 12. 13.

"이대 지원 185억 사실상 환수 안 해…'엄중 처벌'커녕 면죄부 주는 교육부", 〈경향신문〉, 2017. 1. 6.

"특검, '이재용, 삼성합병으로 수조 원 이득'혐의 입증 자신", 〈노컷뉴스〉, 2017. 1. 14.

"삼성 이재용 부회장 연봉은?…'빅3' CEO 보수 극과 극", 〈에너지경제〉, 2017. 2. 6.

"박근혜 4년 집값 상승액, GDP의 3.5배", 〈경향신문〉, 2017. 2. 8.

"삼성전자, 월급 7천810만 원 이상 151명, 김앤장도 119명", 〈연합뉴스〉, 2017. 2. 13.

"박근혜표 규제프리존법은 재벌의 뇌물청부입법", 〈민중의소리〉, 2017. 2. 13.

"투자는 뒷전…기업예금 증가율 6년 만에 최대", 〈경향신문〉, 2017. 2. 14.

"포승줄 묶인 사진 한 장에 삼성 브랜드가치 100억 달러 날아갔다", 〈한국경제〉, 2017. 2. 19.

"'공짜 지분 뻥튀기' 지주사 전환 대주주들에 8000억 원 세금특혜", 〈한겨레〉, 2017. 2. 19.

"4대강에 2조원짜리 '인공호흡기': 정부, 오염원인 '보' 그대로 두고 '천변 저류지' 10곳 조성계획", 〈경향신문〉, 2017. 2. 21.

"박근혜 최순실 전경련 커넥션 규제프리존법 폐기하라", 〈민중의소리〉, 2017. 2. 23.

"박정희 스위스 비자금 수조원대…최순실이 세탁", 〈한겨레〉, 2017. 2. 23.

"노웅래 '박정희 정권, 월남장병 전투수당까지 꿀꺽'", 〈오마이TV 장윤선의 팟짱〉, 2017. 2. 24.

"규제프리존법은 뇌물의 대가", 〈한국농정〉, 2017. 2. 24.

"상위 20% 250만 원 오를 때, 하위 20% 40만 원 올라", 〈경향신문〉, 2017. 2. 27.

"공정성 잃은 공정위, 반성이 먼저다", 〈경향신문〉, 2017. 2. 27.

"3.1절 대규모 탄핵반대 집회…교회·극우 기독교 단체가 채운 숫자는?", 〈뉴스타파〉, 2017. 3. 2.

"지주의 나라-불로소득이 문제다: ①임금 노동자 꿈 앗아가는 '부동산거품'", 〈경향신문〉, 2017. 3. 6.

"박근혜-이재용, 독대 때마다 '청탁-대가' 정산", 〈한겨레〉, 2017. 3. 6.

"삼성·청와대 압박 무릎 꿇은 공정위…끝까지 거부한 금융위", 〈한겨레〉, 2017. 3. 6.

"판사들 사법개혁 움직임 저지하라: 대법, 지시 거부한 판사 인사조치", 〈경향신문〉, 2017. 3. 6.

"안원구, 주진우, 최순실 재산 찾아 삼만리…거기가 어디든 끝까지 간다", 〈TBS 김어준의 뉴스공장〉, 2017. 3. 10.

"삼성, 감사원 인사개입 의혹…통화 내용 입수", 〈SBS뉴스〉, 2017. 3. 13.

"지주의 나라-불로소득이 문제다: ②부동산거품은 왜 꺼질 수 없었나", 〈경향신문〉, 2017. 3. 15.

"기업 대관업무는 사실상 올스톱", 〈한국경제매거진〉, 2017. 3. 22.

"판사 96% '법관독립 위해 사법행정 바꿔야' 설문응답", 〈뉴시스〉, 2017. 3. 25.

"대학재정지원 부당개입…불신 자초한 교육부", 〈한국경제〉, 2017. 3. 26.

"지주의 나라-불로소득이 문제다: ③땅으로 떵떵거리며 사는 부자들", 〈경향신문〉, 2017. 3. 30.

"Superhuman Heroes", *Economist*, 1998(June 4).

"Barack Obama under fire for picking a crony fundraiser as his ambassador to Britain", *The Telegraph*, 2009(Feb. 21).

"Richest 400 Took Record Share of Capital Gains during Market Meltdown

Year," *Forbes*, 2011(May 11).

"White House Opens Door to Big Donors, and Lobbyists Slip In", *New York Times*, 2012(April, 14).

"Labour Standards: Racing to The Bottom", *The Economist*, 2013(Nov. 27).

"South Korea Targets Executives, Pressed by an Angry Public", *New York Times*, 2016(July, 4).

"EpiPens Cost just Several Dollars to Make. Customers Pay More Than $600 for Them", *CNBC News*, 2016(August, 25).

"WH Says Ivanka Trump Taking on Larger Role but Without Official Title", *The Hill*, 2017(March, 21).

아직 끝나지 않았다

> "오직 정의를 물같이, 공의를 마르지 않는
> 강같이 흐르게 할지어다(아모스 5:24)."

"정의는 살아 있다!"

원고를 열심히 쓰고 있던 2017년 3월 10일 오전 11시 21분, 헌재의 박근혜의 대통령 파면 주문이 나올 때 내 입에서 터져 나온 말이다.

한동안 가슴이 먹먹했다.

눈물도 찔끔 났다.

기쁨의 눈물이었다.

정의가 살아있다는 것을 확인했을 때의 기쁨.

그렇다, 정의를 맛보는 기쁨.

그것은 최고의 기쁨 중 하나임에 틀림없다.

그 기쁨을 무엇에 비할 수 있을까.

돈과 명예 그리고 권력을 가졌을 때의 기쁨은 분명 그 근처에도 못 갈 것이 분명하다.

신이 정의의 존재라면, 우리는 지난겨울 정의가 살아 있다고 느낀 것만으로도 신을 만난 그 지복의 기쁨을 감히, 조금이나마 맛보았다고 이야기할 수 있을 것이다.

이제 우리가 해야 할 일은 정의 실현으로 잠시 맛봤던 기쁨을 적폐청산을 통해 계속적으로 맛보는 것이다.

그러기 위해서는 부패 기득권세력인 저 높은 곳의 사람들을 바꾸고 시스템을 바꾸어 그 기쁨을 맛볼 뿐만 아니라, 우리의 일상 속 뿌리 깊게 똬리를 틀고 있는 적폐를 일소하면서도 만끽해야 한다. 우리의 마음을, 우리의 태도를 바꾸어야 한다. 그 무엇에도 비교할 수 없는 기쁨이 소소한 일상에서의 정의 실현에서 비롯된다는 것을 가슴속에 새기고 다시 시작해야 한다. 해서 적폐청산을 19대 대통령으로 취임한 문재인 정부에게만 맡겨서는 안 된다. 그것은 또한 국민의 몫이기도 하다.

우리는 박영수, 윤석렬 특검팀과 한정석 판사, 강부영 판사, 그리고 이정미, 김이수, 강일원, 이진성, 김창종, 안창호, 강일원, 서기석, 조용호 헌재 재판관들의 이름을 기억할 것이다.

저 춥고도 엄혹했던 2016년과 2017년 초의 겨울을, 이 땅의 무너진 정의를 실현하고자 광장을 채웠던 용기 있는 국민들에게 이 책을 바친다.

정의는 살아 있다.

그러나 이제부터가 진짜 시작이다.

2017. 5월.

산격동 연구실에서

김 광 기

KI신서 7044

대한민국의 정의를 묻다
특혜국가와 적폐청산

1판 1쇄 인쇄 2017년 6월 5일
1판 1쇄 발행 2017년 6월 9일

지은이 김광기
펴낸이 김영곤 **펴낸곳** ㈜북이십일 21세기북스

출판사업본부장 신승철
책임편집 박유진 **디자인** 데시그
영업본부장 신우섭
출판영업팀 이경희 이은혜 권오권 홍태형
출판마케팅팀 김홍선 배상현 신혜진 박수미
프로모션팀 김한성 심재진 최성환 김주희 김선영 정지은
홍보팀 이혜연 최수아 박혜림 문소라 백세희 김솔이
제휴마케팅팀장 류승은
제작팀 이영민

출판등록 2000년 5월 6일 제406-2003-061호
주소 (10881) 경기도 파주시 회동길 201(문발동)
대표전화 031-955-2100 **팩스** 031-955-2151 **이메일** book21@book21.co.kr

ⓒ 김광기, 2017

(주)북이십일 경계를 허무는 콘텐츠 리더

21세기북스 채널에서 도서 정보와 다양한 영상자료, 이벤트를 만나세요!
가수 요조, 김관 기자가 진행하는 팟캐스트 '[북팟21] 이게 뭐라고'
페이스북 facebook.com/21cbooks   **블로그** b.book21.com
인스타그램 instagram.com/21cbooks   **홈페이지** www.book21.com

ISBN 978-89-509-7089-5 03330